형통 누림

성경의 맥 관통

신주식 지음

풍성

형통누림

성경의 맥 관통

지은이 | 신주식

펴낸날 | 2008. 8. 12

등 록 | 제25100-5호

발행인 | 지화옥

발행처 | 풍 성

총 판 | 비전북(031-907-3927)

ISBN | 978-89-960389-3-1

가 격 | 9,800원

성경의 맥 관통

나무 심기 | 창조·광야시대

줄기 자라기 | 정복·왕정시대

꽃 피우기 | 왕정시대

가지치기 | 포로· 귀환 시대

열매 맺기 | 복음 시대

열매 재생산하기 | 교회·선교시대

열매 수확 | 성취시대

풍성

Contents

6. 더 많은 열매를 맺으라 _ 218

7. 최후 승리를 기대하며 살라 _ 300

들어가는 글

한눈에 성경의 맥을 관통하길 바라며

'직장에서 쫓겨나진 않을까?' '혹시 일이 잘못되진 않을까?' 하는 고민이 깊어져 가는 현대인. 현재 모든 일이 잘 되고 있는 사람들도 "혹시 경쟁에서 밀려나진 않을까? 다른 사람에게 밀리면 어떻게 하나?" 등의 걱정으로 불안한 나날을 보내고 있다. 현대인은 '불안'에 빠져있다. 불안에 빠져 있다는 것은 자신의 정체성을 찾지 못한 결과에서 나오는 현상이다. '내가 누구이며, 무엇을 하며 살아야 행복할 것인가?'에 대한 해답을 찾으면 문제는 해결될 수 있을 것이다. 성경은 바로 이 문제를 해결하는 열쇠다!

개인과 나라의 흥망은 하나님의 말씀을 어떻게 받아들이느냐에 따라 결정된다. 로렌 커닝햄은 「하나님의 책」에서 "일찍부터 기독교 신앙을 받아들여 성경을 읽고 적용한 나라들은 지속적으로 발전하고 부요해졌지만, 그렇지 않은 나라들은 계속해서 가난과 빈곤으로 허덕이게 되었다"고 하였다. 그렇기 때문에 "모든 그리스도인과 교회는 복음이 흥왕해지고 믿는 자들이 늘어난 영적 부흥뿐 아니라, 말씀의 적용과 실천을 통해 사회와 나라가 바뀌는 총체적인 '변화'까지 추구해야 한다"고 말했다. 우리가 성경을 배워 적용한다면 개인과 나라 전체는 번영과 부흥을 누릴 수 있다.

현재 유대인은 전 세계 0.2%의 인구밖에 안 되는 민족이지만 역대 노벨상의 30%를 수상했다. 그들은 미국의 여러 분야를 탁월하게 주도해 나가고 있다. 그 힘의 근원은 어디에서 왔을까?

그들은 자기 조상의 역사를 통해 말씀의 중요성을 깨달았다. 그래서 그들은 아이들에게 먼저 하나님은 누구시며 그들 자신이 만물을 만드시고 주관하시는 창조주의 백성임을 가르친다. 창조주의 자녀라는 정체성을 바탕으로 자라난 그들은 세상을 창조해 나가는 리더가 되었고 그들 중에서는 세계적인 갑부들이 많이 나왔다.

유대인은 놀라운 부를 얻고 자녀의 축복을 받았는데 우리는 어떠한가? 유대인은 부분적인 구약성경만 믿고 순종했음에도 놀라운 축복을 받았다. 반면에 기독교인들은 성경 전체를 가지고 있음에도 부분적인 순종만을 했기 때문에 부분적인 축복만 누리고 있다. 일본에 하나님을 믿는 사람이 1% 밖에 되지 않지만 경제 대국이 될 수 있는 비결이 있다. 그들은 재물을 정직하게 사용해야 한다는 성경의 원칙을 따르고 있기 때문이다. 그들은 부분적인 순종에도 하나님의 놀라운 축복을 누리고 있는 것이다. 바다에 소금은 약 3% 밖에 안 되지만 바다를 썩지 않게 만든다. 우리는 성경 말씀을 믿고 있다고 하지만 성경대로 사는 것이 무엇인지 모르고 살고 있다. 이것이 문제이다. 먼저 '내가 누구인가? 무엇을 하고 살 것인가?' 라는 '나를 찾는 작업'이 필요하다.

성경은 나를 발견할 수 있는 보물지도가 그려져 있는 '인생 설명서'이다. 그런데 왜 우리는 성경에서 보화를 찾지 못했는가? '인생 설명서'인 성경을 주신 하나님의 의도를 파악하지 못했기 때문이다. 오로지 성경을 쪼개고 또 쪼개어 성경이 무엇을 말하고자 하는지, 하나님의 의도가 무엇인지를 잃어버렸을 뿐이다. 또한 성경을 자기의 삶에 원하는 것에만 적용하기에 급급하였다. 내 마음대로 성경을 쪼개고 해석하면 결국 하나님께서 예비한 축복을 누리지 못하게 된다. 이제는 성경을 읽을 때, 하나님의 의도와 하나님의 목적이 무엇인지 찾아야 한다. 그렇게 하기 위해서는 쪼개는 헬레니즘 방식이 아니라 성경을 통으로 보는 히브리식 사고가 필요하다. 성경 저자들 모두가 히브리인으로 히브리 사고를 하였다. 이제는 히브리식 사고를 통해 사건보다 더 중요한 하나님의 의도와 목적을 찾아야 할 것이다. 성경을 하나님의 관점에서 보면 성경이 한눈에 보일 것이다. 기대해보시라!

산을 오르기 위해 지도가 필요하듯이 성경을 등정하기 위해서는 지도가 필요하다. 똑같은 산이라도 어떤 코스를 따라 가느냐가 관건이다. 가는 길은 천차만별이다. 일단 구약과 신약을 역사 순서대로 묶어서 보고자 한다. 예를 들어 구약의 역사서와 시가서, 그리고 시가서와 예언서가 서로 연결이 잘 되지 않는다는 점을 알아야 한다. 그러므로 성경을 한눈에 이해하기 위해서는 시간이 흐르는 순서대로 재통합 정리해야 한다. 이제 성경을 창세기–출애굽기–민수기–여호수아–사사기–사무엘상·하–열왕기상·하–에스라–느헤미야 순으로 따라 가고자 한다. 신약에서는 사도행전과 서신서를 시간 순서대로 연결할 것이다.
이 교재는 100일, 6개월, 1–2년 과정으로 성경공부 모임에 사용하도록 계획되어 있다. 매일 혹은 매주 직장이나 가정, 교회에서 소그룹에서 사용한다면 많은 도움이 될 것이다. 또한 성경 일독과 함께 할 수 있도록 프로그램도 마련되어 있다.

1. 성경은 형통과 번영을 가져다 준다

성경대로 살려고 하는 자는 형통한 삶을 살았다.

또한 개인과 그가 속한 공동체까지 번영하였다. 성경은 개인과 나라를 바꾸는 힘이 있다. 그러나 하나님의 말씀을 등지면 북한과 같이 반드시 가난해지고 만다. 선택은 당신의 손에 달려 있다.

지금 당신에게 물질적인 풍요와 번영이 있다고 할지라도 하나님의 말씀을 멀리하면 그것을 잃어버릴 수 있다. 선진국이 된 나라들의 공통점은 성경 말씀을 적용하였다는 것이다. 하나님을 사랑하고 이웃을 사랑하라는 하나님의 계명을 얼마나 잘 지켰느냐에 따라 평안과 번영은 보장된다. 안타깝게도 하나님을 열심히 믿었던 미국과 서유럽국가들이 하나님의 말씀보다 뉴에이지나 명상 등으로 이방 신비종교에 빠져들고 있다. 점점 더 많은 젊은이들 중에는 성경이 현실 세계에 뒤떨어지고 도움이 안 된다고 여기고 있다. 그 결과 이혼, 술과 마약, 음란, 포르노 중독 등에 빠지고 있는 사람들이 증가하고 있다. 텔레반의 테러 위협과 이슬람의 성장 등은 두려워하면서 우리 자신 안에 있는 진짜 큰 문제의 심각성을 보지 못하고 있다. 성경을 멀리하고 물질만능주의와 쾌락주의에 빠져 살면 언젠가는 무너지게 된다.

그러나 우리에게는 소망이 있다. 로렌 커닝햄과 제니스 로저스는 「하나님의 책」에서 "우리가 하나님께 소망을 두고, 성령의 능력으로 열방을 제자 삼으며, 성경의 계시를 열방에 가르칠 때 모든 나라는 바뀔 수 있다"고 말한다.

우리에게는 영적 부흥이 필요하다. 그러나 개인과 나라가 바뀌려면 '부흥을 넘어 변화'로 나아가야 한다. 변화는 생각을 바꾸는 일에서 시작된다. 바울은 '오직 마음을 새롭게 함으로 변화를 받아'야 한다고 말했다. 새로운 변화는 '생각의 변화'가 일어날 때 이루어진다. 「하나님의 책」에 소개된 종교 역사를 살펴봄으로써 생각의 변화가 어떻게 열방에 번영을 주었는지 살펴보자.

인류 역사상 가장 위대한 혁명은 '종교 개혁'이다. 유럽은 백년전쟁과 장미전쟁으로 페스트가 엄습하여 유럽 인구의 1/3이 죽게 됨으로써 황폐해졌다. 혼란한 가운데 신자들은 성인들을 숭배하거나 면죄부를 구입하여 천국직행을 원했다. 루터는 타락한 교회의 모습을 보고 종교 개혁을 일으켰다. 1517년 95개조 반박문을 비텐베르크 교회 정문에 못을 박음으로 인해 루터 자신이 생각하지 못했던 놀라운 일이 벌어졌다. 그때까지 라틴어로 되어 있어 상류층만 읽을 수 있었던 성경을 독일어로 번역하였다. 성경이 일반인들에게 보급이 되자 독일뿐만 아니라 유럽이 변화되기 시작하였다. 루터는 그리스도를 믿는 모든 사람은 왕 같은 제사장이라는 진리를 발견하였다. '만인 제사장론'은 하나님 앞에 모든 사람은 평등하다는 진리로 민주주의의 뿌리를 내리게 하였다. 그의 가르침은 교회를 넘어 사회 개혁을 이끌었고, 역사상 가장 큰 부와 지식의 폭발이 일어나게 했다. 종교 개혁가들은 대중에게 성경을 가르쳤고 사람들은 글을 배웠다. 글을 배운 시민들은 종교 서적과 정치, 그리고 경제 분야까지 배우게 되어 지식 폭발이 이루어졌다. 그전까지는 왕과 귀족들은 부유했지만 백성들은 늘 가난에 시달렸다. 그러나 '만인 제사장 교리'를 통해 사람들은 창조적인 에너지를 얻고, 부를 창조해 나아가게 되어 삶이 풍요로워지기 시작했다. 절대 빈곤에 허덕이던 나라들이 말씀을 적용하자 중산층이 생겨나고 나라는 점점 부유해졌다. 말씀의 지혜를 적용한 나라는 반드시 번영한다는 것이 증명된 것이 종교개혁이다. 하나님의 말씀은 개인뿐만 아니라 나라까지 번영을 주는 축복의 길인 것이다.

종교 개혁의 물결은 스위스 제네바를 죄악의 도시에서 최상의 도시로 탈바꿈시켰다. 1530년 제네바는 유럽에서 악취가 가장 심한 도시로 알려져 있었다. 그곳은 창녀와 빈민들, 범죄자로 가득 차 있었다. 이러한 도시를 변화시킨 사람은 칼빈이다. 그는 마을을 돌아다니며 하나님을 믿으라고 설교할 뿐 만 아니라 사회를 개혁하는 일을 주도하였다. 칼빈과 그의 동역자는 성경을 연구하고 가르쳤다. 그는 개인적으로 그리스도를 영접하여 구원받아야 한다는 것뿐만 아니라 하나님의 말씀에 기초한 나라를 세워보고자 하였다. 당시 사람들은 교회만이 거룩하고 세상에 관한 일은 세속적이라고 여기고 주일마다 교회에 가서 영적인 것으로 채워야 한다고 생각했다. 그러나 종교개혁자들은 모든 직업은 다 하나님의 부르심으로 보았다. 그들은 어떤 일을 하든지 삶의 모든 영역에서 하나님을 삶을 주인으로 모시고 일을 해야 한다고 하였다. 종교개혁자들은 삶의 전 영역을 '하나님 앞에서'라는 자세로 일상생활을 살았다. 삶의 영역 가운데에서는 가정에 대해서도 가르쳤다. 제네바 가정의 가장들은 무책임했고 술주정뱅이들로 가득 차 있었고, 가정의 무질서는 가난과 부도덕을 낳았다. 종교 개혁가들은 가정을 돌보고, 술 취하지 말고, 열심히 일을 하여 미래를 위해 저축할 것을 가르쳤다. 막스 베버는 "서구 국가의 번영은 제네바에서 시작되었으며, 그 결정적인 원인은 칼빈이 제네바에서 전한 가르침이다"라고 말했다.

로렌 커닝헴은 "스위스를 비롯하여 종교 개혁에 참여한 나라들은 국민이 자유를 누리면서 성경의 원칙에 따라 새로운 부를 창조한다면 모두가 부유해질 수 있다는 것을 깨달았다. 실제로 그 나라들은 하나님이 주신 잠재력을 활용하여 점차 번영했다"고 하였다. 종교 개혁가들은 모든 어린이들이 하나님의 말씀을 배워야 한다고 생각하여 역사상 최초로 모든 계급을 위한 학교를 세웠다. 종교 개혁으로 더 많은 사람들이 글을 읽고 배움으로 지식이 증가되어 하나님이 주신 재능을 활용하여 번영을 누리게 되었다. 그들은 가난한 자들을 책임지고 돌보아야 한다는 말씀을 실천하기 위해 난민들을 위해 집을 지어주고, 고아들을 돌보는 일을 하였다. 칼빈은 사회 개혁과 교육, 정부, 경제 등 분양에서 성경의 원칙을 적용함으로 자유와 번영을 누리게 되었다. 그때 이후로 여전히 스위스는 작지만 부유한 나라로서 평화를 누리고 있다.

유럽의 대학살을 가져온 프랑스의 대혁명과 마르크스 공산주의 사상에서 네덜란드를 건져낸 인물이 있었다. 목사 출신으로 네덜란드의 수상이 된 아브라함 카이퍼이다. 그는 합리주의와 인본주의에 빠져있는 나라를 구하기 위해 칼빈을 연구하였다. 그 결과 하나님은 주일에만 활동하는 분이 아니라 삶의 모든 영역에서 활동하시는 분이 된다는 것을 알게 되었다. 그는 1901년 수상으로서 사회를 개혁했고, 가난 자와 소외된 자, 노동자의 권리를 보호했다. 그는 남아프리카에서 서로 전쟁 중이던 영국인과 보어 인 사이에서 중재를 맡아 평화를 이루어 냈다. 그는 먼 미래를 위해 일했고 네덜란드 사회의 기초를 성경위에 두었다. 네덜란드는 아브라함 카이퍼를 통해 안정과 번영을 누리게 되었다.

영국이 산업혁명을 통해 나라가 부강해졌다고 믿고 있지만 사실 그것은 요한 웨슬레의 부흥 운동을 통해 이루어졌다고 볼 수 있다. 산업혁명 당시 수많은 사람들이 보다 나은 혜택을 누리기 위해 도시로 몰려 왔다. 하지만 그들은 공장 소모품으로 하루 종일 열악한 환경의 공장과 탄광에서 일을 해야 했다. 그들은 늘 가난에 시달렸고, 콜레라 같은 질병에 감염되어 죽어 갔다. 이러한 참담한 현실을 잊기 위해 술에 빠진 사람이 많았다. 어린이들은 너무나 가난하여 학교를 갈 수 없었으며 공장이나 탄광에서 하루에 열두 시간 이상 일을 해야만 했다. 기계에 손이 끼어 죽거나 떨어져 죽는 아이들도 많았다. 심지어 기계공장에서 일하는 아이들은 화학물질로 인하여 이가 다 썩고 죽는 아이도 많았다. 그 당시 사회혁명이 일어나 공산주의 국가가 될 위기에 처하였다. 하지만 감사하게도 하나님은 영국을 구할 사람을 예비해 놓으셨다. 그가 요한 웨슬레이다. 그는 복음으로 영국 국교회를 바꿀 수 있었다고 믿었다. 그러나 영국 국교회는 환영하지 않았기에 요한 웨슬레 형제는 들판이나 공장에 찾아가서 말씀을 전했다. 그때 역사상 가장 위대한 사회운동이 번져갔다. 그는 새 신자들에게 제자훈련을 시켜 조직을 만들어 영국 사회를 개혁하는 일을 하였다. 웨슬레는 복음을 전하는 것은 사람의 영혼만 구원하는 것이 아니라 생각과 환경도 바꾸는 것이라 믿었다. 그는 노예제도 폐지 운동, 과부를 위한 쉼터, 가난한 자들을 위한 진료소, 무상학교 들을 세웠다. 웨슬레의 노력으로 그에게 영향을 받은 사람들이 고아원, 주일학교, 병원, 정신병자 수용소 들을 세웠다. 웨슬레가 일으킨 부흥은 영국을 가난에서 벗어나게 하였고 강대국으로 만들었다. 말씀대로 살고자 하는 사람에게 지금도 하나님은 일하신다.

인도를 세운 진정한 영웅은 윌리엄 캐리 선교사이다. 그는 구두수선공으로 독학으로 언어를 연구하여 인도에 선교하러 갔다. 당시 인도는 힌두교의 영향으로 소수의 지도층만 부와 교육의 혜택을 누리고 살았다. 나머지 사람들은 카스트 제도에 의해 영원한 노예로 가난하게 살다가 죽었다. 일반인은 전혀 교육 혜택을 받을 수가 없었다. 케리는 인도에 40개 종족 언어로 번역하는 일을 했을 뿐 아니라 어린이와 여성을 위해 수십 개의 학교를 세웠고 인도 최초의 대출도서관을 만들었다. 그는 원치 않는 아기를 살해하는 풍습을 금지하는 법안을 만들어 1804년에 통과시켰다. 그뿐 아니라 최초의 인쇄소를 설립해 대중 매체를 통해 인도에 개혁의 바람을 일으켰다. 그는 인도 경제를 위해 저축은행의 개념을 도입하였다. 윌리암 캐리는 인도 땅을 변화시키는 등불이 되었다. 한국은 20세기에 역사상 가장 놀라운 기적적인 변화를 경험했다. 100년 전의 한국은 미신과 유교에 지배되어 가난한 국가였을 뿐 아니라 일본에게 36년 동안 무자비한 지배를 받아 나라의 존재자체가 위험에 빠져 있었다. 그때 한국을 지킨 것은 핍박받던 교회였다. 수많은 선교사들이 와서 피를 뿌린 결과 신앙을 지킨 사람들은 나라를 위해 기도하였다.

1865년 로버트 토머스 선교사가 한국 땅을 밟자마자 순교를 당했다. 그는 참수형을 당하기 직전에 사형을 집행한 박춘권에게 성경을 건네주었다. 나중에 박춘권은 토마스 선교사가 준 성경을 통하여 예수를 믿게 되었으며, 이후에는 평양교회의 장로가 되었다. 선교사의 순교의 피와 성도들의 핍박 가운데 신앙을 지킴으로 한국은 1945년 해방되었다. 그러나 신사 참배에 대해 온전한 회개가 이루어지지 않았다. 1950년 6.25전쟁을 일어났다. 3년 동안의 전쟁으로 온 나라를 폐허가 되었고, 천만 명의 이산가족과 십만 명의 전쟁고아가 생겼다. 나라는 황폐해졌고 국민은 더욱 가난 해졌다. 황폐한 땅에 장미꽃이 피어난 것 같이, 복음으로 말미암아 기적 같은 일이 일어났다. 현재 한국은 미국에 이어 1만 7천명의 선교사를 많이 보내는 나라가 되었다. 한국의 경제가 역사상 가장 빠르게 성장한 밑바탕에는 교회 성장과 세계 선교의 열정에 있었다. 한국 교회의 성장은 순교자들이 피를 흘리면서 성경을 전해 준 것이 열매를 맺고 있기에 가능한 것이다.

프랑스의 미래학자 아탈리는 '미래의 물결'에서 한국은 앞으로 11개의 경제 강대국에 포함될 것이라고 하였다. 골드만삭스는 2007년 3월 30일자 「머니투데이」 에서 "한국이 포함된 N-11은 높은 잠재력으로 고성장을 이룩할 것"이라며 "투자자들의 꿈을 현실로 만드는 기회의 땅이 될 수 있다"고 밝혔다. 앞으로 남북한이 통일되고 경제대국이 되는 일은 한국교회가 말씀대로 살고, 세계 선교국으로 사명을 감당할 때 반드시 일어나게 될 것이다.

아프리카는 다른 어떤 곳보다 많은 금과 다이아몬드, 동이 있으며 석유와 석탄도 풍부하다. 사하라 남부 아프리카에는 교회에 다니는 사람의 비율이 70%가 된다. 그런데 왜 그들은 지독한 가난과 기근으로 고생을 하고 있는가? 그렇게 많은 신자가 있음에도 왜 많은 비극이 있는가? 그것은 하나님 말씀을 믿는다고 하면서도 정령 숭배를 하고, 부족을 위한 욕심 때문에 끊임없는 내전이 일어나고 있기 때문이다. 이것은 교회와 선교사에게도 책임이 있다. 복음을 모든 사람에게 전하라고 하는 명령(마 16:15)은 잘 따랐지만, 모든 족속을 제자 삼아 가르치라는 명령(마 28:19-20)을 잘 따르지 않았기 때문이다. 아프리카를 변화시키는 길은 성경을 삶에 적용하는 것이며, 그렇게 할 때 위대한 변화와 번영이 일어나게 될 것이다.

마르틴 루터, 칼빈, 요한 웨슬레, 아브라함 카이퍼, 윌리암 캐리 등은 세계의 역사를 바꾼 인물들이다. 우리도 하나님의 말씀에 순종하여 삶의 모든 영역에 적용한다면 변화를 일으킬 수 있다. 위인들에 비교해서 우리의 영향력은 너무나 작아 보인다. 그러나 우리는 예수님처럼 12명의 제자 훈련에 집중할 수 있지 않는가? 평생 동안 12명은 제자로 가르치는 일을 목표로 삼아보자. 이 제자들이 하나님의 말씀대로 적용하고 산다면 다음 세대는 틀림없이 번영을 누리며 하나님이 기뻐하시는 나라가 될 것이다.

하나님의 의도를 알면 성경이 한눈에 보인다

하나님의 목적 _ 하나님의 복을 누림
4. 기업 _ 우리는 사명을 위해 지음 받았다
3. 교제 _ 우리는 그리스도를 닮도록 창조되었다
2. 공동체 _ 우리는 하나님의 가족으로 태어났다
1. 구원 _ 우리는 하나님의 기쁨을 위해 계획되었다

우리는 이 세상에 목적을 가지고 태어났다.

우리가 이 땅에 살고 있는 이유를 알게 되면 마음의 평안과 자신감을 가지고 행복을 누리고 살게 될 것이다. 사람들은 이 땅에 살고 있는 목적을 모르기 때문에 불안하게 살아간다. '나는 어디에서 왔는가?' '이 땅에 살고 있는 목적은 무엇인가?' 이 목적을 알고자 수천 년 동안 많은 사람들이 질문을 던져 왔다.

이 해답을 우리 자신에게서 해답을 찾고자 한다면 결코 삶의 목적을 찾지 못할 것이다. 왜냐하면 인간은 우연히 태어난 존재가 아니라 하나님이 창조하신 존재이기 때문이다. 만약 인간이 우연히 만들어진 존재라면 방향키 없는 배와 같이 방황하게 될 것이다. 하나님께서 우리를 창조하셨기에 우리의 '인생 목적의 설명서'를 가지고 있을 것이다. 수많은 책이나 강연을 통해서도 우리는 자신 안에 있는 삶의 목적을 알 수 없다. 우리가 우리 자신을 창조한 것이 아니기 때문이다. 우리를 창조하신 분을 통해 우리의 삶의 목적을 분명하게 알게 될 것이다. 릭 워렌은 「목적이 이끄는 삶」에서 "가장 큰 비극은 죽음이 아니라 목적이 없는 삶이다"라고 말했다.

우리가 창조된 목적을 어떻게 발견할 수 있는가? 하나는, 추리를 통해 짐작하고 추측하여 이론을 만드는 것이다. 그러나 수많은 철학자들과 현명한 사람들은 많은 연구를 하였지만 "삶의 의미가 무엇입니까?"라는 질문에 "이것이 삶의 목적이다"라고 분명하게 답을 하지 못했다. 그렇다면 우리에게 창조의 목적을 알 수 있는 대안이 있다. 그것은 바로 하나님의 말씀을 통한 계시이다. 우리를 만드신 하나님에게 삶의 목적을 물어보는 것이 가장 빠른 길이다. 성경에는 분명하게 삶의 목적을 제시해주고 있기 때문이다. 그것은 '하나님의 복'을 누리며 사는 것이다.

하나님이 인간을 창조하시고 제일 먼저 하신 일은 복을 주시고 사명을 맡기신 것이다(창 1:28). 성경에는 하나님의 목적에 대하여 분명하게 기록해 놓았는데 왜 현대를 사는 우리들은 하나님의 의도를 파악하지 못하고 있는 것인가? 하나님의 목적에 대하여 구체적으로 출애굽기 6장에 분명하게 밝혀 놓았음에도 불구하고 사람들은 하나님의 말씀에 귀를 기울이지 않고 있기 때문이다.

강신권은 이 본문이 하나님의 경영 목적을 분명하게 밝혀 놓은 '하나님의 목적사'라고 하였다. 이제까지 성경을 '하나님의 구원 역사'라는 관점으로 보아왔다. 그러나 구속사는 하나님의 목적에서 볼 때에 출발점이다. 하나님의 첫째 목적은 아무도 멸망치 않고 구원받는 것이 하나님의 분명한 뜻이다. 그렇다고 하나님이 우리를 이 세상에 남겨두신 것은 전도만 하라고 하신 것은 아니다. 너무 구원만을 강조하다가 행함의 부족이라는 문제가 생겼다. 주일마다 '구원의 출퇴근 현상'이 벌어지고 있다. 주일날 교회에 오면 구원을 확신하지만 세상으로 나아가면 신자다운 삶과 확신을 갖지 못하고 살아간다. 구원의 확신을 가지는 것은 중요하다. 그러나 구원은 시작이라는 것을 잊지 말아야 한다. 이제는 구속사를 넘어 '하나님의 목적사'를 통해 하나님의 의도를 파악해 보자. 출애굽기 6장의 한 장면이다. 이스라엘 백성들이 400년 동안 포로로 잡혀 있는 가운데 모세는 하나님의 목적과 의도를 알고자 하여 질문했다. "어찌하여 이 백성으로 학대를 당케 하셨나이까?" 라는 현실의 문제에 대한 질문과 "어찌하여 나를 보내셨나이까?"라는 자신의 소명에 대한 질문을 했다. 이 질문에 하나님은 4가지 목적을 분명하게 말씀하셨다. 이것은 하나님의 경영학이다. 여기에 하나님이 목적하신 의도가 담겨 있다.

하나님은 우리가 구원받은 자녀가 되어, 하나님의 가족이 되며, 하나님과 교제하는 삶을 살아가기를 원하신다. 더 나아가 땅을 기업으로 삼아 누리며 사는 것이다. 하나님의 목적은 우리가 구원받고, 공동체를 이루어, 교제하며, 궁극적으로 사명을 성취하는 함으로 하나님의 복을 누리는 것이다. 하나님은 우리가 구원받은 자녀가 되어 이 땅에서 '천국 맛보기', 즉 하나님의 나라를 이루길 원하신다. 이 땅을 선물 받은 우리가 이 땅에서 상속자가 되어 풍성한 삶을 누리는 것이 하나님의 뜻인 것이다. 하나님의 기업을 받기 위해서는 하나님의 가족이 되는 것이 중요하다. 하나님이 이스라엘 백성을 출애굽 시킨 목적은 '나는 너의 하나님이고, 너는 나의 백성'이 되는 것이고 그렇기에 구원받은 자녀가 '하나님의 가족'이라는 공동체를 만들기를 원하셨다. 오늘날은 교회를 통해 이 땅에서 천국을 맛볼 수 있다. 하나님은 그 모델을 광야에서 성막을 만들어 교제하며, 더 나아가 약속의 땅을 차지하여 기업을 누리라고 우리에게 샘플을 보여 주셨다.

하나님 목적에는 '축복의 패키지' 선물이 모두 들어있다. 구원 안에는 풍요로움과 차고 넘치는 복 그리고 기업의 상속까지 포함되어 있다. 구원의 패키지 선물을 놓치지 말라. 하나님이 약속하신 복을 누리지 못하는 이유는 바로 우리 자신들의 잘못된 생각이다. '내가 무엇을 할 수 있겠어.' '나는 못할 것 같아'라는 낡은 생각을 버리라. 옛 방식이나 좁은 생각에서 벗어나야 한다. 새로운 일을 하기 위해서는 새 부대를 준비해야 한다. 생각을 바꾸기 전에는 결코 축복을 누릴 수 없다. 좁은 생각을 버리고 하나님의 생각을 품자. 하나님께서 우리를 구원하시고, 풍성케 하시고 넘치는 복을 주실 것을 기대해보라. 우리가 하나님께서 예비하신 행복한 삶을 살려면 믿음의 눈으로 바라보아야 한다. 하나님이 예비하신 복은 우리가 생각하는 것과는 차원이 다르며, 우리가 상상하는 것보다 훨씬 크고 위대하다. 하나님의 자녀로서 받아 누릴 축복을 기대하라.

어떻게 해야 복을 누릴 수 있는지 그 비결을 알기 원하는가?

한눈에 신구약을 본다

성경은 **생명나무**, 곧 **하나님 나라 이야기**이다

7가지 성경(Bible) 역사이야기

1. **나무 심기** | 창조하라(Begin)_모세오경
   하나님 나라의 시작 (창조와 광야 시대)
2. **나무 자라기** | 도전하라(Best)_역사서
   하나님 나라의 정복 (정복 시대)
3. **나무 꽃피우기** | 꽃을 피우라(Beautiful)_시가서과 역사서
   하나님 나라의 왕권 실현 (왕정 시대)
4. **나무 잘라내기** | 회복하라(Burn)_선지서
   하나님 나라의 분열과 회복 (포로, 귀환 시대)
5. **나무 열매 맺기** | 승리하라(Battle)_복음서
   하나님 나라의 도래 (복음 시대)
6. **재생산하기** | 열매 맺으라(Better)_사도행전과 서신서
   하나님 나라의 확장 (교회 시대)
7. **나무 열매 수확하기** | 기대하라(Believe)_계시록
   하나님 나라의 완성 (성취 시대)

에덴동산에 행복을 주는 나무가 있었다.

그곳에는 생명나무와 선악을 알게 하는 나무가 있었는데 하나님은 인간이 생명나무에서 나오는 열매를 먹고 생명을 얻고, 더 풍성한 복을 누리며 살도록 계획하셨다. 그러나 인간은 스스로 풍요를 누리기 위해 하나님이 주시는 풍성함보다 선악과를 선택하였다. 그 결과 쫓겨나 가시와 엉겅퀴가 나오는 땅에서 나는 수고의 열매를 먹고 살아야 했다. 그것은 불행, 불안, 불만의 연속이었다.

그러나 하나님은 생명나무이신 예수님을 통해 인류를 구원할 목적을 가지시고 이 땅에 '생명나무 씨앗'을 심으셨다. 하나님이 아브라함에게 씨가 되는 축복을 주시고, 하나님의 뜻을 이루는 축복의 통로가 되도록 하셨다. 이 땅에는 수많은 가시와 엉겅퀴들로 가득차 있지만 생명나무의 가지들은 애굽의 압제 아래에서 출애굽하여 가나안 땅에 들어가 자라게 된다.

다윗의 통치 시절에는 평안과 안식을 누리며 번영하게 되어, 열방들은 찬란하게 꽃피운 이스라엘을 사모하였다. 그러나 왕과 백성들이 하나님께 등을 돌림으로 이스라엘의 영광은 꺾어졌다. 선지자들은 회복을 위해 과감히 가지치기를 해야 한다고 소리쳤다. 아무런 희망도 없을 때에 생명나무이신 예수님이 등장하셨다. 그분이 십자가를 지심으로 모든 것이 끝이 나는 것처럼 보였지만 그곳에서 새순이 자라 가지를 내고, 우리가 열방까지 뻗어나갈 수 있게까지 해 주셨다. 우리는 예수님으로 말미암아 풍성한 열매를 맺을 수 있는 행복한 나무가 되었다. 우리가 이 땅에서 생명의 씨앗을 심어 가꾼다면 더 풍성한 열매를 맺을 수 있다. 주님이 다시 오시면 우리에게서 풍성한 수확을 기대하실 것이다.

구약을 한눈에 본다!

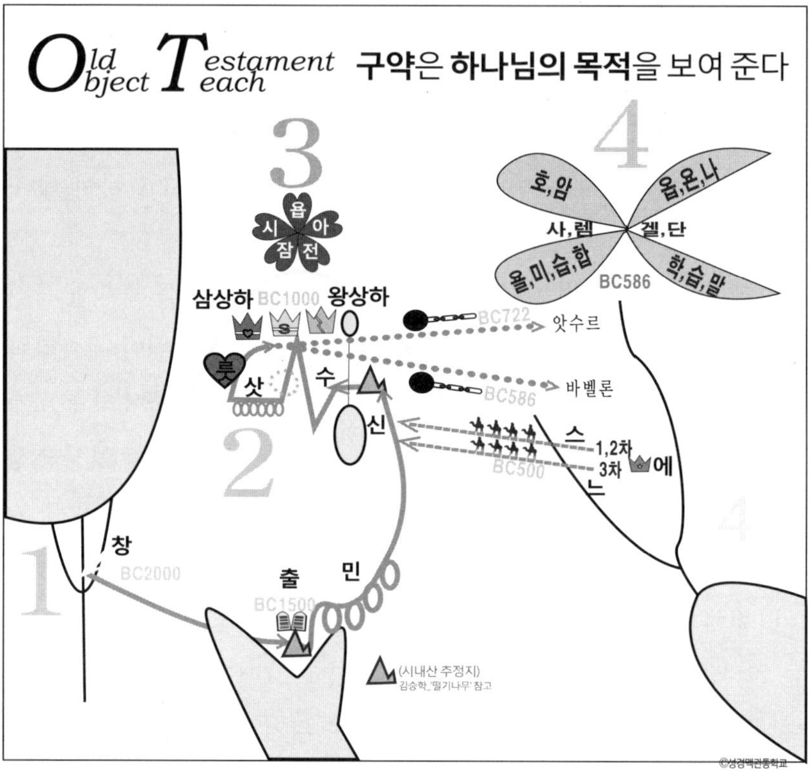

1. 창조와 광야 시대 | 하나님의 나라 시작 _ 모세오경

(창조 - B.C 1,500년) 대표인물 : 모세

2. 정복 시대 | 하나님의 나라 정복 _ 역사서

(B.C 1,500 - 500년) 대표인물 : 여호수아

3. 왕국 시대 | 하나님의 나라 왕국 실현 _ 역사서와 시가서

(B.C 1,000 - 500년) 대표인물 : 다윗

4. 포로 · 귀환시대 | 하나님의 나라 회복 _ 선지서

(B.C 1000 - 400년) 대표인물 : 엘리야, 이사야, 에스라

신약을 한눈에 본다!

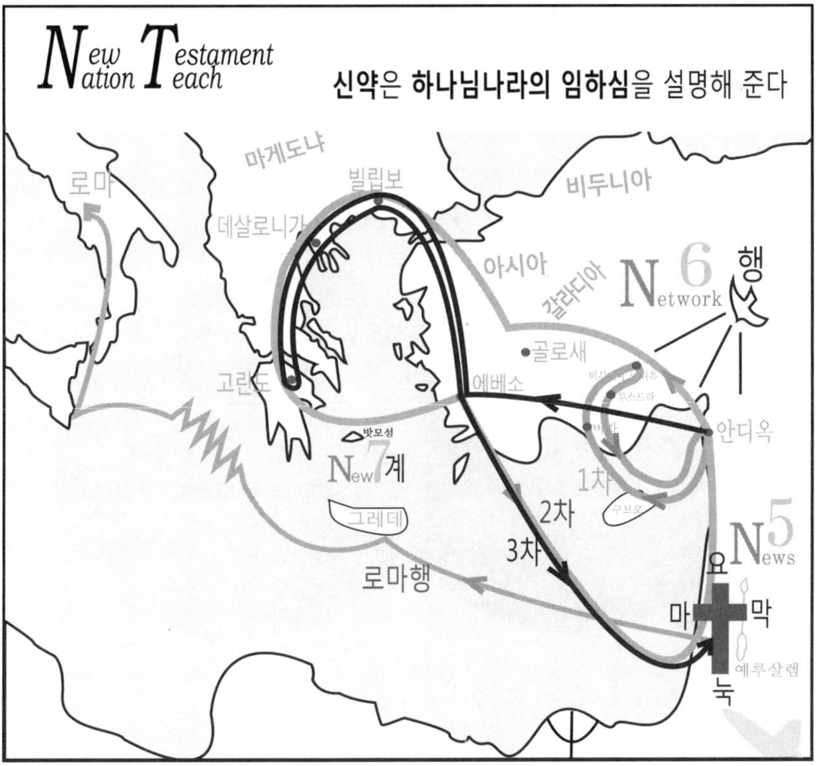

5. **복음시대** | 하나님의 나라 도래 _ 복음서

6. **성령 · 교회시대** | 하나님의 나라 확장 _ 사도행전과 서신서

7. **성취시대** | 하나님의 나라 완성 _ 계시록

* 바울의 선교여행

1차–'C' 모양, 2차– 땅콩 모양, 3차– 국자 모양으로 보면 쉽다.

2. 한눈에 성경을 보는 세 가지 관점

성경은 하나님의 나라 이야기이다.

히브리인들은 하나님의 나라를 평강(샬롬)과 안식(웰빙)과 번영이 넘치는 곳으로 여겼다. 하나님의 나라는 풍요로운 복이 넘치는 곳이다. 골즈워디는 "하나님의 나라는 하나님의 백성이 하나님의 장소에서 하나님의 통치를 받으며 하나님의 복을 누리는 것이다"라고 정의했다. 나라를 이루기 위해서는 국민(씨), 영토(땅), 주권(뜻)이 있어야 한다. 이 세 가지 관점으로 성경을 꿰뚫어 보면 우리를 향한 하나님의 복을 알 수 있다.

1. 뜻 _ 누가 참 행복(평안)을 주는가?

불안한 현대인들이 가장 갈망하는 것은 행복(평안)이다. 평강이라는 단어는 히브리인들이 사모하는 단어이며, 구약 전체의 핵심 사상은 샬롬(평강)사상이다. 예수님도 부활 후에, 제자들에게 "샬롬"이라고 문안하시고 '샬롬'을 주시기 원하셨다. 하나님은 우리가 '평안'을 누리며 살기를 원하신다. 평안을 누리며 살기를 원하는가? 평안을 얻기 위해 힘쓸 필요가 없다. 하나님이 주신 평안을 누리만 하면 된다.

천지 창조의 역사에 하나님의 의도가 잘 나타난다. 하나님은 천지를 창조하실 때 분명한 목적을 가지고 창조하셨다. 하나님이 인간을 창조하신 목적은 '하나님의 복'을 누리는 것이다(창 1:28). 인간은 만물을 잘 다스리며 살 때 평안을 누리며 살게 된다. 그래서 하나님은 에덴동산을 인간에게 '선물'로 주셨다. 아담은 하늘나라의 모델 하우스인 에덴동산에서 하나님의 대리자로서 휘파람을 불며 다스리는 일을 하였다. 그가 에덴동산을 다스리는 일 중의 하나가 동물들에게 이름을 지어주는 일이었다. 아담은 이름을 지어줌으로써 동물을 다스리는 권리를 가지게 되었다. 아담은 에덴동산을 선물로 받을 상속자가 된 것이다. 얼마나 기쁜 일인가!

하나님은 상속자인 아담에게 누가 주인이라는 것을 분명하게 못 박아 두고자 하셨다. 우리가 남에게 돈을 빌려주면 차용증서를 만든다. 빌려준 돈은 내 것이라는 표시이다. 이애실은 「어 성경이 읽어지네」에서 "선악과는 바로 차용증서와 같은 증거물"이라고 말했다. 선악과는 우리를 시험에 빠지도록 주신 것이 아니라 우리의 행복을 위해 주신 선물이었던 것이다. 만약 당신이 대기업을 인수받으려면 그만한 통치 능력이 있어야 한다. 아담도 상속자로서 통치교육을 받아야 했다. 인간은 하나님의 은혜로운 통치를 받을 때만이 평화와 안식을 누릴 수 있기 때문이다. 하나님은 소유자로서 공급받는 인간과 분명히 구분하고자 하셨다. 이애실은 "얼마나 중요하면 계약까지 하고자 하셨을까요? 영수증을 박아 놓으신 것입니다. 사인까지 해서 늘 눈에 잘 보이는 곳에 두셨습니다. 그것이 선악과입니다"라고 말했다.

아담과 하와는 먹을 때마다 선악과를 먹고 싶은 유혹이 있었을 것이다. 왜냐하면 그 열매를 본즉 보암직하고, 먹음직하고, 먹기에 탐스럽게까지 생겼기 때문이다. 만약 그 선악과가 혐오스럽게 생겼다면 먹을 사람이 아무도 없을 것이다.

어느 날 사단은 하와에게 다가와 선악과를 먹으면 '눈이 밝아질 것'라는 총명함과 '너도 하나님처럼 될 수 있을 것'라는 유혹을 한다. 아담과 하와는 '선악을 분별할 수 있는 과일'을 먹으면 하나님처럼 내 마음대로 판단할 수 있는 능력을 가지게 된다고 하니 얼마나 기뻐했겠는가? 선악과는 선과 악을 내 마음대로 판단하여 자신의 이익이 되는 것은 모두 좋다고 결정하는 것이다. 한마디로 자신의 마음에 맞으면 모두 옳다고 판단하는 일종의 '신'이 되는 것이다. 만약 인간이 마음대로 선과 악을 판단하고 결정하는 능력이 있다면 바로 자신이 '신'이 된다. 신만이 선과 악을 판단하고 결정할 수 있는 존재이기 때문이다. 우리가 신의 위치를 인정하지 않으면 즉시 내가 자동적으로 '하나님 노릇'하게 되는 것이다. 한마디로 내 마음대로 판단하고 남에게 간섭을 받지 않고 살면 행복할 것이라고 여기는 것이다. 인간은 하나님이 선악과를 통해 행복을 위해 주신 '계약'을 지켜야 했었다. 그러나 당장 눈에 보이는 화려함 때문에 선악과를 먹고 말았다. 하나님과 약속을 어기고 하나님과의 행복한 관계를 깨고 스스로 '신'이 되어 행복을 추구하고자 하였던 것이다. 그러나 결과는 뱀의 제안과는 완전히 딴판이었다. 눈이 밝아질 것이라고 했지만 열린 눈으로 본 것은 도리어 벗은 몸뿐이었다. 서로가 부끄러워 무화과나무 잎으로 가리고 하나님이 두려워 피해 숨을 수밖에 없었다. '하나님과 같이 될 것'이라는 제안처럼 되기는커녕 하나님께 받은 상속자의 지위까지 박탈당하고, 그들은 하나님의 소유인 동산에서 쫓겨났다. 땅에는 엉겅퀴와 가시가 나서 땀을 흘리며 일을 해야 했다. 여기서 끝나는 것이 아니라 늙으면 '죽을 병'으로 인생을 마감해야 했다. 마귀는 '하나님 노릇을 할 것'이라는 속임으로 인간의 삶은 불행과 불안 그리고 불평으로 가득하도록 만들었다. 결국 인간은 다른 사람들의 것을 빼앗아 행복을 채우고자 하지만, 그 공백은 오직 하나님으로만 채울 수 있는 공간이다. 히브리인들은 하나님이 다스리는 곳에는 평화(샬롬), 안식, 풍요가 있다고 믿었다. 하나님을 떠난 자리에는 불화, 불안, 불행이 찾아온다고 여겼다.

사단의 속임수에 빠진 아담이 하나님의 통치를 받는 것을 거부한 것은 스스로의 힘으로 살기로 결심 했다는 것이다. 하나님이 주신 복을 누리는 것을 외면하고 스스로의 힘으로 평화와 안식을 확보하려는 노력에 들어 간 것이다. 그들은 인간 스스로의 자원으로 자신의 행복을 추구하고자 하기 시작했다. 그들이 할 수 있었던 일은 고작 나무 잎으로 자기 몸을 가리는 일이었으나 그 나뭇잎은 하루도 못되어 시들고 말았다. 창조주을 의지하지 않고 자신의 자원으로 자신의 삶을 확보하고자 한 노력은 무의미한 시도였던 것이다. 인간은 모든 것이 제한되고 유한한 존재로 결핍성을 가지고 살아간다. 이것은 하나님의 통치를 거부했기 때문이다. 그 결과 결핍만 가져왔고, 굶주리며 병들어 죽게 되었다.

하지만 하나님은 '죽을 병'으로 죽어가는 인간을 긍휼히 여기셨다. 하나님의 무한한 자원으로 풍성하게 채워주시는 샘플을 보여 주셨다. 짐승을 대신 잡아 가죽옷을 입혀 주심으로 하나님의 보호 없이는 살 수 없다는 것을 보여 주신 것이다(창 3장). 인간의 제한된 삶은 수치감과 열등감과 패배감으로 살게 되지만, 하나님의 자원으로 살면 풍성함을 누릴 수 있는 길을 여셨다. 인간은 유한한 존재이지만 하나님의 지혜를 가지면 불안이 없어지고, 하나님의 사랑을 받으면 두려움을 이길 수 힘을 받게 된다. '죽을 병'에 든 인간이 하나님의 다스림을 받아들이면 죽음에서 해방된다.

그런데 왜 사람들은 하나님의 다스림을 받아들이는 것을 주저하는 것인가? 인간의 힘으로 평강을 누릴 수 있다고 믿기 때문이다. 그러나 인간의 결핍된 자원만으로는 평안을 누릴 수 없다.

김세윤은 「구원이란」 에서 누가복음 15장에 "한 부자의 둘째 탕자 이야기는 바로 '아담 이야기의 재현'이며. 바로 '우리들의 이야기'이다" 라고 하였다. 둘째 아들은 자신의 유산으로 안정과 풍요를 가질 수 있다고 생각하여 독립을 요구한다. 그는 '선물로 받을 땅'을 뒤로 하고 이 땅에서 성공을 위해 나선다. 그러나 둘째 아들의 자원은 곧 고갈되어 '부족함'과 '결핍함'을 가지게 되었다. 먹을 것이 없어 돼지를 치는 일을 하다가 돼지가 먹는 쥐엄 열매를 먹으려 하였지만 그것도 허락되지 않았다. 이때 자신의 존재를 생각하면서 되돌아 갈 것을 결심을 한다. 아버지는 저주하지도 않고 용서해주실 뿐만 아니라 '상속자의 위치'를 다시 회복시켜 주신다. 그는 아버지가 값없이 베푸는 '풍성함'의 잔치를 맛본다. 이것이 예수님이 우리에게 주시는 구원의 풍성함이다. 탕자는 되돌아 온 땅에서 평화(샬롬)와 안식(웰빙)과 풍요로움으로 행복을 누리며 살게 된다.

에덴동산에 거함	에덴동산에서 쫓겨남
선물로 주심(평안)	착취로 빼앗음(경쟁–불화)
가죽 옷을 입혀 주심(안식)	무화과 잎으로 가림(두려움–불안)
풍족함(행복)	부족함과 결핍함(불행)

우리가 왕이신 하나님의 통치아래 들어가는 것은 혼인잔치에 참여하는 것과 같다. 잔치에는 갖가지 음식이 즐비하게 놓여 있다. 그곳에서 배불리 먹고 마시며 흥겨움이 넘치며 서로 나누며 사랑이 넘친다. 이렇게 잔치는 풍족함과 만족과 사랑이 넘치는 곳이다. 예수님은 하나님의 나라가 바로 이런 것들이 있는 곳으로 비유를 즐겨 썼다. 사단의 나라는 근본적으로 '부족함'과 '결핍함'이 있어 서로 조금이라도 더 많이 차지하기 위해 치열한 경쟁을 하며 자신의 자원을 늘리고자 착취와 불의를 일으킨다. 이러한 현실 세계에서 하나님의 나라에 들어가면 하나님의 아빠 노릇해 주심으로 무한한 풍성함에 참여하고 평안을 누리게 된다. 풍성함으로 평강을 누리며 사는 상속자로서의 삶을 살 것이냐 아니냐는 당신의 선택에 달려 있다. 누가 이 풍성함을 누릴 것인가?

2. 씨 _ 누가 복을 받아 안식(웰빙)을 누릴 것인가?

히브리인들은 인간이 하나님의 형상으로 지음 받았다는 사실에 감격해 한다. 하나님의 형상을 가졌다는 것은 '하나님의 형상을 따라…하나님의 모양대로…' 창조된 존재라는 것이다. 그들은 하나님이 창조주이시기 때문에 우리 또한 지·정·의를 가지고 창조적인 일을 할 수 있는 능력을 가졌다고 본다. 인간은 예술, 철학, 문학, 정치, 경제, 교육, 사랑 등을 하나님의 모양을 따라 이 땅에 반사할 수 있도록 창조되었고, 하나님은 이러한 능력을 세상 모든 사람에게 주셨다. 사람이 존재하는 제1의 목적은 '하나님의 모양대로' 반사하며 사는 것이다.

고대 근동의 왕들은 자신들만이 '신의 형상, 모양이다'라고 선포함으로써 자신들과 평민들을 차별화했다. 그러나 성경은 인간은 모두 하나님의 피조물로 인간 차별을 부인한다. 모든 인간은 하나님의 형상으로 만들어졌기 때문에 왕의 신분을 가진다. 우리는 '왕의 상속자'가 되었다. 하나님은 인간을 돼지나 닭같이 먹고 살다가 죽으라고 창조하지 않으셨다. 또한 로봇처럼 일만 시키려고 만들지도 않으셨다. 사람만이 창조주 하나님과 인격적인 교제를 나눌 수 있도록 모든 사람에게 지·정·의를 주셨다.

우리는 하나님의 형상을 따라 지음 받은 존재이므로 하나님을 따라 살아야 풍요로움을 누리며 살 수 있다. 하나님의 형상을 따라 창조되었다는 것은 무엇을 의미하는가? 하나님은 한 분이지만 세 인격을 가지시고 계시기 때문에 다양성과 통일성을 가지고 계신 분이시다. 이것은 매우 중요한 개념이다. 세 분은 동일한 목적을 가지고, 서로 협력하고 사랑함으로 뜻을 이루신다. 하나님은 이러한 능력으로 다양함 가운데 통일을 이루시며, 우리가 그분의 모양대로 살 때 놀라운 창조능력을 발휘하여 번영을 이루게 된다.

이슬람교는 오직 알라만을 믿을 것을 강조하는 통일성만 강조하고 다양성을 차단함으로 발전을 이루지 못하고 있다. 그들의 정부는 종교적 율법주의를 국민에게 강요하고 자유를 주지 않으며 다른 생각이나 행동을 차단한다. 반면 다양성만 추구하고 통일성이 없는 정령숭배, 힌두교 국가아래 사는 국민은 가난과 불평등 아래 절망적인 삶을 강요당하며 살고 있다. 로렌 커밍햄은 "가난과 불평등의 문제가 심각하고 자유가 없는 나라에서 살고 싶다면, 힌두교 신들을 섬기면 된다"고 말했다.

다양성과 통일성을 가지고 하나님을 섬긴 나라의 국민들은 자유와 번영을 누리며 살고 있다. 서구 유럽과 미국이 개인의 자유와 민주 정치아래에서 풍요한 번영을 누리게 살게 된 것은 바로 하나님이 주신 모양대로 살기 때문이다. 부부 관계에서도 서로의 다양성을 인정하고 인격적으로 하나가 되고자 노력을 할 때 이러한 축복을 누릴 수 있다. 우리가 하나님의 형상을 따라 살고, 다양성과 통일성을 사회에 반사하면 폭발적인 지식의 증가와 부를 창출하게 된다. 다양성을 존중하는 사회에서 자신의 생각과 노력으로 사회에 기여함으로써 부요한 사회를 만들 수 있다.

우리가 하나님의 통일성을 그대로 반영하고 행복하게 살기 위해서는 공동체를 이루고 살아야 한다. 남자가 먼저 창조 되고 여자가 태어나기 전까지는 하나님께서는 "좋지 않다"고 말씀하셨다. 그러나 여자를 창조하시고 난 후에 아담은 "이 내 뼈 중에 뼈요. 살 중에 살이다"라는 행복한 고백을 하였다. 사람은 서로 관계를 맺고 살아야 행복하다. 서로 사랑하는 공동체를 이루는 것이 하나님의 복을 누리는 비결이다. 하나님은 복을 누리게 하기 위해 제일 먼저 가정을 만드셨다. 하나님은 가정을 통해 하나님의 형상을 나타내셨고 '안식 누림'이 인류까지 흘러가도록 계획하셨다.

히브리인들은 하나님이 남녀를 서로 돕는 배필로 살도록 하셨다고 믿는다. 그들은 '돕는 배필'이라는 뜻을 '내 앞에선 또 다른 하나의 나'라고 여긴다. 남편이 아내를 학대하는 것은 곧 나를 학대하는 것이다. 하나님이 남녀가 연합하도록 사랑의 관계를 맺으며 살도록 하셨는데, 그들은 '연합되었다'라는 것을 접착제로 붙여졌다고 여겨 만약 남녀가 떨어진다면 종이가 찢어지듯이 아픔이 있다고 보았다. 하나님은 남녀를 인격적으로 동등하게 창조하셨다. 인간은 '하나님의 형상'으로 태어났기 때문에 모두 존귀하다.

연인은 몸이 둘이지만 부부가 되면 몸이 하나가 된다. 하나님은 사랑의 관계로 하나로 묶일 때, 행복함을 느끼는 신비의 방법을 만드셨다. 히브리인들은 결혼이란 단순하게 두 남녀가 하나로 합치는 것이 아니라 공동생활을 꾸려가기 시작하는 것이라고 본다. 그들은 결혼이 '사랑으로 하나 된 공동체'를 이루고자 하신 하나님의 뜻이라고 믿는다. 하나님은 결혼을 통해 가정을 이루어 하나님의 형상을 나타내는 행복한 가정과 사회를 만들기를 원하셨다. 하나님의 관심은 한 사람 아담에서 시작하여 인류 전체에게로 나아가고자 한 것이다.

그러나 그러한 계획은 첫 출발부터 인간의 욕심 때문에 빗나가기 시작했다. 아담이 하나님의 통치에 벗어나 도리어 사단의 통치를 받음으로 하나님이 주신 안식과 행복은 깨어지고 말았다. 인간이 하나님의 형상을 잃어버림으로 불안했던 역사를 보자.

인간의 한정된 지혜와 능력은 불안한 문제들로 나타난다. 행복해야 할 가정에 사랑이 부족해 갈등이 일어났다. 아담의 아들 가인이 동생 아벨을 죽이는 끔찍한 일이 벌어졌다. 하나님과 관계에서 불순종함으로 행복해야 할 공동체가 깨어지기 시작했다. 가인이 아벨을 죽인 이유는 하나님이 자신의 제사는 받지 않고 아벨의 제사를 받았다는 시기심이었다. 가인과 아벨은 인간의 모습을 보여 주는 예이다. 가인은 '부족한 자원을 확보하기 위해 힘으로 착취와 폭력으로 다스리고자 하는 자'이고, 아벨은 '하나님의 공급하심을 의지하며 하나님의 통치를 받기를 원하는 자'이다. 가인은 강력한 힘을 가지고 하나님을 경외하는 자들의 대표인 아벨을 핍박하였다. 안식이 없는 사람은 자신의 힘으로 살고자 한다.

가인의 후손은 하나님의 통치를 받는 '씨'가 되기를 거부하고 자신의 힘으로 살려고 했다. 이에 하나님은 아벨 대신 셋을 통해 하나님의 통치를 받는 백성들과 다시 관계 하셨다. 이것이 하나님의 사랑이다. 가인의 후손은 세상 문화를 발달시키는 사람들이 되었고, 셋의 씨들은 하나님의 이름을 부르며 하나님과 동행한 신앙인이 되었다. 셋의 씨들은 하나님을 왕으로 인정하며 하나님의 통치를 받기를 원하는 사람들이었다. 이들은 하나님이 공급해 주시는 힘으로 사는 은혜를 받은 자들이었다. 하나님의 통치를 받음으로 하나님의 상속자가 되는 '구원'받은 자가 된 것이다.

그러나 셋에서부터 노아까지 하나님의 은혜를 입은 자들은 세상에 영향력을 주기는커녕 도리어 악의 문화에 지배를 받게 되었다. 그 사건이 하나님의 아들들(창 6:2)이라고 불리는 셋의 후손들이 사람의 딸들을 좋아 함으로 그들과 섞여 결혼한 것이다. 복의 통로가 되어야 할 씨가 사명을 감당하지 못함으로 홍수 심판을 받게 되었다. 구원 얻은 하나님의 자녀들이 빛과 소금의 역할을 감당하지 못하면 오히려 역습을 당하고 심판을 불러오게 된다. 하나님은 우리가 인류라는 공동체 안에서 살도록 하셨기 때문에 사명을 감당하지 못하고 타락하면 심판을 피할 길이 없다. 심판 가운데서도 하나님은 그 중 얼마를 남겨 두신 자들로 하나님의 나라를 이어가신다. 하나님의 안식을 누릴 자를 다시 세우신다.

악이 충만한 인류 역사를 보신 하나님은 물청소를 통해 깨끗하게 정리하셨다. 노아 홍수로 세상은 깨끗하게 청소하였으나 사람의 마음까지 깨끗하게 청소되지 못했다. 이것을 알 수 있는 것이 바로 바벨탑 사건이다. 바벨 나라의 니므롯은 힘으로 '하나님 노릇'하며 자신의 이름을 하늘에까지 닿게 하려고 바벨탑을 쌓게 하였다. 바벨 나라는 하나님을 떠나 힘으로 다스려지며, 가난한 자를 착취하고, 불의가 판이 치는 세상이다. 진정한 왕이신 하나님은 바벨탑을 무너지게 함으로 사람들을 흩어지게 하셨다. 이어서 아브라함의 등장은 바벨의 사람들이 인간의 힘으로 하고자 했던 것을 하나님의 은혜로 '구원'하는 역사를 보여준다.

창세기 12장에서 하나님은 아브라함을 부르시고 '하나님 노릇'해 주심으로 상속자로 삼겠다고 하신다. 이것이 '하나님의 사랑'이다. 아브라함은 아무런 자격이 없이 선물을 받은 것이다. 아브라함은 상속자로 기업을 누리는 삶을 살기 위해 하나님을 왕으로 섬겨야 했다. 인류에게 "누가 하나님의 구원을 받을 것인가"라는 질문에 대해서 하나님은 아브라함을 통해 그 답을 보여 주셨다. 아브라함이 하나님을 믿고 섬김으로 그는 복의 상속자가 되어 인류에게 복을 전해주는 통로가 되었다. 모든 민족이 복을 받게 하는 샘플이 되는 것이 아브라함을 부르신 목적이다. 아브라함은 멸망당하는 인류에게 '하나님 노릇'해 주심으로 풍요로움을 누릴 수 있다는 것을 보여주는 본보기이다. 우리도 믿음으로 아브라함이 받은 축복을 받을 수 있다. 진정으로 안식을 누리길 원한다면 하나님께 순종할 때, 아브라함처럼 '하나님 나라의 안식'을 받을 수 있다.

하나님이 아브라함에게 '하나님 노릇' 해주시겠다고 찾아오심으로 그의 운명은 뒤바뀌게 되었다. 아브라함은 아담의 숙명적인 결핍과 부족함에서 해방되어 하나님이 주시는 풍성함으로 평안과 안식을 누리게 된 것이다. 이제까지 인간의 제한된 자원으로 안식과 행복을 확보하려는 노력을 내려놓고, 창조주 하나님이 아빠 노릇해주심을 믿고 의지한 것이다. 자신의 결핍성과 부족함에서 발생되는 '죽음 병'에서 하나님의 무한한 영생의 삶을 얻게 된 것이다. 하나님을 믿음으로 죄와 죽음에서 벗어나 하나님의 풍성한 생명을 누리게 되었다. 바로 이것이 복음이다. 당신이 하나님을 믿는 순간, 하나님의 형상이 회복되어 하나님의 복을 누리는 상속자가 된다.

자신감을 가지고 당당하게 말해보라. "하나님이 저를 하나님의 형상대로 창조하시고 저를 위한 놀라운 계획을 가지고 계심을 믿습니다. 지금 당장 그 계획을 찾고 싶습니다."

3. 땅 _ 어떻게 땅을 다스리며 복(풍성함)을 누릴 것인가?

성도들 가운데 구원의 평안과 하나님의 자녀 됨으로 천국 가는 것에만 관심을 가지고 우리가 사는 이 땅에 대하여 무관심한 경우가 많다. 하나님은 이 땅에 깊은 관심을 가지셨고 이 땅을 사랑하사 독생자까지 보내셨다. 하나님은 태초에 땅을 창조하시고, 그 땅을 사람에게 맡기셨다. 첫 인간인 아담(adam)은 흙(adamad)에서 나왔다. 사람과 땅은 동반 관계를 맺고 있다. 사람은 '흙으로 된 창조물'이기 때문에 땅을 떠나서는 살 수 없는 존재이다. 땅이 풍요로우면 사람도 풍요롭게 살게 된다. 땅이 황폐해지면 사람도 불행한 삶을 살게 된다. 오늘날 지구의 온난화로 인간이 고통 받고 있는 것은 인간이 환경을 파괴했기 때문이다. 땅은 하나님과 인간관계를 보여주는 역사 무대이다. 구약적인 하나님의 복은 '땅'으로, 눈에 보이는 축복이었다. 천지를 창조하실 때 하나님은 눈을 땅에 두셨다. 우리도 땅에 대한 관심을 가져야 한다. 하나님의 비전을 이루기 위해서 땅이 필요하다. 그리고 하나님 나라의 문화를 이루기 위해서도 땅을 다스려야 한다.

하나님이 선물로 주신 에덴동산은 풍부함으로 가득한 땅이었다. 동산에서 과일 나무들이 가득하여 매우 맛있는 과일로 풍성하였다. 에덴동산은 먹고 살기 위해 전혀 걱정할 필요 없는 최고의 낙원이었다. 그곳에는 4개의 강들이 동서남북으로 흐르고 있었는데, 이는 풍요로움의 극치를 보여준다. 그러나 축복을 주었던 강과 땅들이 황폐해진 것은 하나님이 주시는 선물을 '남용'하였기 때문이다. 에덴동산에서 쫓겨난 인간은 다시 풍요를 채우기 위해서 땅에서 땀을 흘리며 일하게 되었다.

일하면서 엉겅퀴와 가시 같은 존재가 사람을 괴롭히기는 했지만, 그렇다고 땅은 저주 받은 것이 아니다. 여전히 하나님이 주신 선물이며 도전하고 개발하면서 기쁨을 누릴 수 있는 축복의 무대이다.

구약의 역사는 창조된 '땅'에서 인간이 살아가는 역사 이야기이다. 구약에서 이스라엘 사람들은 젖과 꿀이 흐르는 가나안 땅을 차지하고 왕국을 건설하여 풍요로움을 누렸다. 그렇지만 바벨론 포로가 되어 땅을 잃어버리게 되었고 다시 하나님의 은혜로 땅으로 귀환하여 회복을 기대한다.

구약은 한마디로 땅의 이야기를 토대로 하여 이루어져 있다. 땅은 '정복–소유–상실–회복'으로 이루어지는 파노라마와 같다. 구약의 땅에 대한 이야기는 신약에서 '하나님의 나라'로 표현 된다. 신약은 예수님이 오심으로 땅 끝까지 복음을 전파됨으로 땅의 '정복–열매–성취'로 주님이 재림하심으로 완성된다.

땅은 하나님이 다스리시는 역사를 눈으로 볼 수 있도록 보여주시는 무대이다. 인간은 이 무대 위에서 다양한 문화 형태의 문명의 역사를 이루어 가고 문화를 경작해 나아간다. 인간의 역사를 단순히 땅을 차지하기 위한 전쟁의 역사로 볼 수 없다. 이것은 땅을 만드시고 이 땅에서 하나님의 뜻을 이루어가는 '하나님–인간–땅'의 삼각관계 안에서 이해해야 한다.

어떤 사람은 '환경 운명론'에 의해 살면서 항상 부족함을 느끼며 산다. 또 어떤 사람은 '선택 운명론'으로 개발을 통해 풍요로움을 누리는 사람이 있다. 어떤 운명론을 선택하느냐에 따라 인생이 달라진다. 이 차이는 바로 생각의 차이다. 어떤 관점으로 바라보느냐에 따라 그 결과는 달라진다.

마이클 노박은 "그냥 그 자체로 남겨진 창조물은 불완전하기에 인간은 창조주가 숨겨 놓은 잠재력을 이끌어 내면서 신과 공동 창조자가 되어야 한다는 사명을 받았다. 창조물은 발견되기를 기다리는 비밀로 가득 차 있고, 인간의 지성을 통해 풀려나기를 기대하는 수수께끼로 가득 차 있다. 세상은 하나님의 손에서 튕겨 나올 때보다 인간이 노력하는 만큼 더 풍부해지게 되어 있다"고 말했다.

하나님은 창조자이시고 인간은 땅의 대리인으로 '개발자'로 부름을 받았다. 땅을 정복하고 다스리는 개발 임무가 하나님이 주신 선물이며 사명이다. 하나님은 사람이 땅을 다스림으로 '새로운 창조'의 일을 계속하기를 원하신다. 우리는 땅을 다스리고 정복함으로 풍요를 누릴 수 있는 권세를 받았다. 이 얼마나 귀한 선물인가? 이러한 풍요를 누릴 수 있는 것을 하나님의 창조 사역에서 찾아볼 수 있다. 하나님이 창조하시고 제일 먼저 복을 주셨다. 복을 주시고 3가지 사명을 주셨다. 사명은 우리가 누릴 축복이다.

"하나님이 그들에게 복을 주시며 그들에게 이르시되 생육하고 번성하여 땅에 충만하라, 땅을 정복하라, 바다의 고기와 공중의 새와 땅에 움직이는 모든 생물을 다스리라 하시니라"고 하셨다(창 1:28). 땅에 충만하라, 땅을 정복하라, 땅을 다스리라. 하나님은 땅에 충만하고, 정복하고, 다스리는 창조 사역으로 복을 누리길 바라셨다. 인간은 하나님처럼 창조 사역을 하며 살아야 하는 존재이다. 우리가 창조적인 일을 해야 행복해진다. 이것이 목숨을 걸고 해야 할 '사명'이다. 하나님은 인간이 하나님의 나라의 풍성함을 누리기 위해 '땅'을 주신 것이 아니라 땅을 다스릴 수 있는 '능력'을 주셨다. 우리가 풍성함을 누릴 수 있는 도구는 땅에서 나오는 다이아몬드나 석유가 아니라 우리의 '생각'이다. 우리가 이 생각을 가지고 하나님이 어떤 분이지를 그대로 나타낼 때, 하나님께 영광이 되는 것이다. 하나님은 에덴동산을 다스리며 즐기면서 재창조하라고 주신 것이지 결코 노역을 하라고 주신 것이 아니다. 그렇다면 우리가 해야 할 창조 사역은 무엇인가?

첫째, 창조사역으로 땅에 충만하도록 해야 한다. 땅에 '충만하라'는 것은 하나님이 우리가 번성하고 충만한 삶을 이 땅에서 살기를 원하신 것이다. 그래서 하나님은 남자와 여자가 결혼을 통해 축복을 누리길 원하셨고, 자녀들이 복을 누리길 원하셨다. 더 나아가 온 인류가 하나님의 사랑으로 번성하기를 원하신다. 하나님은 구원 받은 자녀가 온 땅에 충만하시기를 가장 바라신다.

또한 만물을 다스리는 경영을 통해서도 충만함을 누리길 원하신다. 모든 것은 하나님의 것이지만 만물을 다스리고 창조하는 일은 인간에게 맡겨졌다. 인간이 만물을 다스려 나아가는 것이 '경영'이다. 경영은 만물을 잘 관리하고 운영해 나아가는 것을 말한다. 경제와 경영 영역에서도 하나님은 만물을 인간이 계획적으로 다스림으로 풍성함을 누리며 살기 원하신다.

둘째, 분명한 목적을 가지고 정복하며 사는 삶을 살아야 한다. 땅을 '정복하라'는 말은 자연을 이용하고 남용하라고 권리를 주신 것이 아니다. 자연을 정복하는 것은 본질을 규명하고 법칙을 가지고 활용하는 것이다. 사람도 본질을 규명해야 그 법칙을 찾아 다스려야 한다. 사람의 본질은 공동체이며 그것은 오직 사랑으로 통치되어야 하는 것이다. 하나님의 법칙대로 통치하는 것이 정복하는 것이다. 타락해가는 악의 문화를 하나님의 나라 문화로 변화시켜 나아가야 한다. 정복하는 힘은 사랑에서 나온다.

셋째, 사랑으로 다스리고 통치하는 삶을 살아야 한다. '다스린다'는 것은 억압이나 착취를 뜻하는 것이 아니라 '섬기다'와 '봉사하다'의 뜻이다. 인간은 하나님과 같은 방식으로 다루면서 왕처럼 사람과 자연을 가꾸고 보살펴야 한다. 우리가 다스려야 할 영역은 사람과 땅이다.

사람을 다스리는 것이 '정치'이다. 정치는 원래 좋은 의미를 가지고 있다. 정치란 부정을 바로 잡고 사회를 바르게 유지하는 힘이다. 사람이 둘 이상 모이면 누군가 다스리는 것이다. 가정을 잘 다스려야 가정이 행복하고, 나라를 잘 통치해야 나라가 평안해진다. 힘으로 다스리고 통치하면 백성은 고통을 당한다. 세상의 정치가들은 권력의 힘으로 다스리려고 한다. 하지만 성경에서는 사랑으로 섬기며 다스리라고 한다. 하나님의 통치 방법이 '사랑'이기 때문이다. 무력으로 통치한 구소련은 무너졌다. 반면 링컨은 사랑으로 통치하는 것이 하나님의 뜻임을 믿고 행하였기 때문에 노예 해방을 이루었다. 사랑의 통치는 결국 힘의 정치를 이긴다.

사람을 잘 다스리고 발전해 나아가기 위해서는 '교육'이 있어야 한다. 교육은 사람들이 개발한 것을 이어받아 발전시킴으로 풍요로운 사회를 만드는 중요한 일이다. 요즈음 세상의 교육은 돈 벌이로 전락하고 말았다. 우리는 교육을 통해 하나님이 창조한 것을 개발함으로 인류 행복과 자아 성취를 위한 도구로 사용해야 한다. 공부를 하는 이유가 자신의 강점을 개발하여 사명을 감당하는 것이어야 한다.

또한 땅을 다스리는 일도 하나님이 인간에게 주신 선물이다. '환경을 보존'하는 것뿐만 아니라 '개발'함으로 굶주려 있는 인류를 돕는 일도 감당해야 한다. 하나님의 문화 명령, 곧 창조사역과 회복사역을 통해 이 땅을 천국 모형으로 만들어야 한다.

우리가 변화시켜야 할 7가지 영역에 대하여 로렌 커닝헴은 가족, 종교, 교육, 문화(예술, 연예, 운동), 대중 매체(언론), 경제(사업, 과학), 정부 등이 집중해야 할 영역이라고 하였다. 이 일곱 가지 영역은 나라의 방향을 바꾸고 변화 시켜야 할 부분이다. 우리에게는 이 영역을 정복하고 변화시켜야 할 책임이 주어졌다.

우리는 착취와 억압이 아닌 섬김과 사랑의 기독교 문화로 이 땅에 많은 사람들이 하나님의 나라에 들어올 수 있도록 해야 한다. 장애인 돌봄 사역, 소외자 돌봄, 인권 회복 운동, 정의로운 사회 실현 등을 교회가 앞장 서야 한다. 세상 사람들로 하여금 하나님을 믿는 사람들의 문화가 압도적으로 좋음을 알게 하여 "나도 하나님을 믿어야 겠다"라는 고백이 흘러나오도록 해야 한다. 문화 역시 하나님을 전하는 일을 소홀히 해서는 안 되는 분야인 것이다. 문화 명령의 궁극적인 목표는 이 땅에 하나님의 문화를 통해 하나님의 나라를 건설하는 것이다.

하나님이 주시는 풍성함을 누리길 원하는가? 그러면 하나님의 나라를 위해 무엇을 할까를 생각해 보라. 조엘 오스틴은 "하나님은 우리를 베푸는 사람으로 창조하셨다. 베풀며 사는 법을 깨닫지 못하는 한, 우리는 결코 진정한 만족감을 얻을 수 없다"고 했다.

1
창조

1. 새 비전을 창조하라

나무 심기 | 창조·족장시대 (B. C 약 2,500(노아홍수)-1500년)

창조의 물결

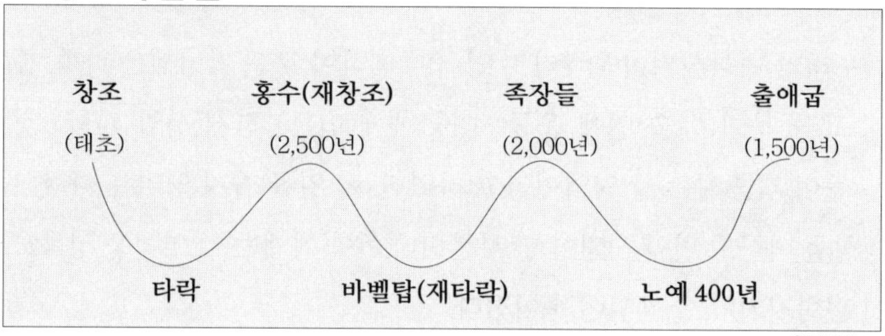

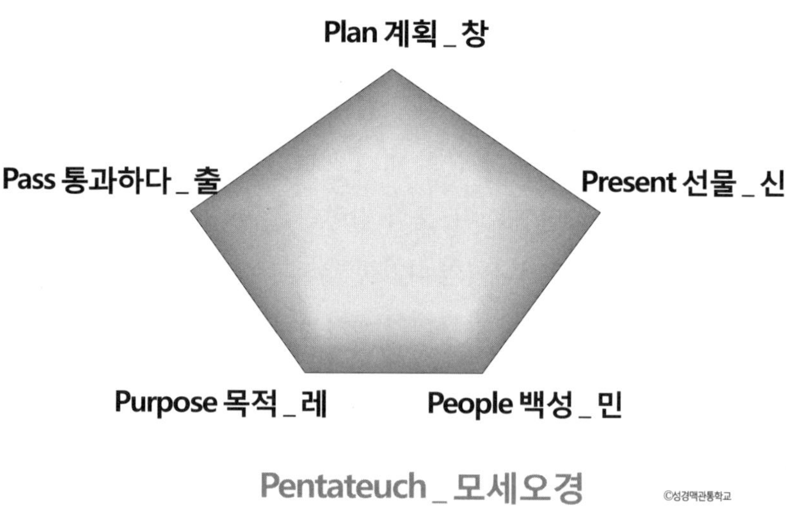

하나님이 시작하신 일은 작은 씨앗과 같다.

씨앗은 미약해 보이지만 그 속에는 엄청난 열매가 담겨 있다. 씨앗을 심는 사람은 작은 씨앗에서 무한한 가능성을 본다. 하나의 씨앗을 심는 것은 미래를 심는 것이다. 하나님이 주시는 풍요로움을 누리기 위해서는 작은 씨앗에서 큰 비전을 바라보아야 한다.

하나님의 나라를 '나무'라고 본다면, 어떤 토양에 씨앗을 심느냐에 따라 열매는 달라진다. 성경적인 토양 위에 뿌리 내린 나무는 줄기가 잘 자랄 것이다. 그리하여 자유와 번영이라는 풍성한 열매를 맺게 될 것이다. 만약 나쁜 토양 위에 나무가 자라면 가난이라는 열매가 맺힐 것이다. 열매 속에 있는 씨는 다시 나무로 자라는 과정을 반복하게 될 것이다. 한 알의 밀알에서 많은 열매를 맺게 된다. 그 작은 씨앗은 미약하지만 나중에는 심히 창대케 된다. 작은 씨앗 안에 번영과 창대함이 담겨 있기 때문이다.

모세오경은 '흙'이라는 토양에서 시작하여 '약속의 땅'인 가나안 정복 준비로 끝을 마친다. 약속의 땅을 '안전한 땅'으로 확보하기 위해서는 창조주 하나님의 도우심이 절대적으로 필요하다. 젖과 꿀이 흐르는 가나안 땅을 누리기 위해 필요한 것은 군사적인 준비나 힘이 아니라 믿음이다. 믿음은 작은 씨앗과 같이 보이지 않지만 그 안에 무한한 가능성이 잠재되어 있다.

하나님은 우리가 이 땅을 다스리는 창조 사역으로 하나님의 복을 누리기를 원하셨다. '창조의 씨앗'을 받은 아브라함은 순종함으로 자손과 땅 그리고 복의 근원이 되는 축복을 받았다. 하나님은 우리가 아브라함의 축복을 누리고 살기를 원하신다.

3. 위대한 시작 _ 창세기

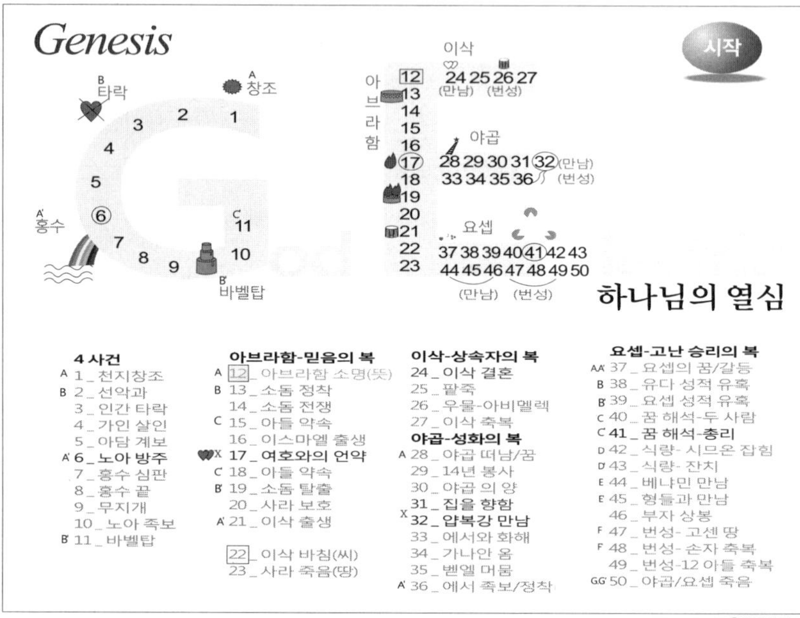

세상은 어떻게 시작되었는가? 창세기는 우리의 삶은 어디에서 와서, 어디로 가야하는지를 답해 준다. 하나님은 역사의 구경꾼이 아니다. 그분은 족장들의 삶을 통해 우리를 찾아오시고 우리를 위해 일하시는 분이심을 보여 주신다.

창세기는 네 사건과 네 사람의 이야기이다. 1–11장은 창조, 타락, 홍수, 바벨탑 사건이 기록되어 있고, 12–50장은 네 명의 족장의 삶을 맞추어 아브라함이라는 한 사람과의 약속을 시작으로 전 인류를 구원하려는 역사가 이삭, 야곱, 요셉으로 이어진다.

기록 목적 _ 모세는 노예 생활하고 있는 이스라엘 사람들을 위로해주고, 애굽의 속박에서 구원해 주시리라는 소망을 주려고 썼다.

저자 _ 모세　　**기록연대** _ B.C 약 1446–1406년

주제 _ 하나님께서는 인류를 축복할 통로가 될 한 민족을 택했다.

●● 성경관통 _ 창조사역은 미래를 여는 문이다

대우주를 지으신 하나님의 창조법칙은 소우주인 우리 인생에게도 동일하게 적용된다. 우리가 하나님의 창조 법칙을 따를 때, 놀라운 축복이 임하게 된다. 어두웠던 인생은 빛나는 인생으로 바뀌고, 무질서했던 삶이 질서 있는 삶으로, 공허했던 인생이 의미 있는 인생으로 변화된다. 빈곤의식으로 찌들었던 삶은 풍요의식으로 충만해지는 변화가 일어날 것이다.

인간은 '하나님의 형상을 따라 하나님의 모양대로' 지음 받은 존재이기 때문에 창조적인 일을 하며 살 때 행복을 누릴 수 있다. 하나님은 인간에게 땅에 충만하고, 정복하고, 다스리라는 문화 창조 사역을 명령하셨다. 우리는 '작은 창조자'로 태어났다.

그렇다면 왜 우리는 풍성한 행복을 누리지 못하는가? 그것은 자신을 어떻게 보느냐에 따라 결정된다. "나 같은 것이 무엇을 할 수 있겠나?"라는 생각을 계속하면 실패할 수밖에 없다. 그러면 창조적인 생각이 나올 수가 없다. 긍정적인 생각, 적극적인 생각으로 바꾸라. 우리의 미래는 생각에 따라 새롭게 창조될 수 있다.

인간은 5-7%의 잠재력 밖에 사용하지 못한다고 심리학자는 말한다. 누에의 길이는 겨우 8센티미터 밖에 되지 않지만 명주실은 자그마치 천 미터 이상이 된다. 누에는 자기 몸보다 이 천배가 넘는 실을 품고 있는 것이다. 엄청난 잠재력이 우리 안에도 있다. 하나님은 당신을 위해 상상할 수 없는 큰 계획을 준비해 놓으셨다. 하나님과 협력할 때 모든 영역에서 창조의 기적은 일어난다.

1.4 사건 _ 창 1-11장

히브리인들은 '하나님께서는 질서를 창조하고 만드셨다'라고 생각하였다. 태초에 하나님이 천지를 만드시고 질서를 만드셨다. 그들은 인간이 질서를 따라 살 때 '행복'을 누릴 수 있다고 보았다. 죄는 질서를 깨트리는 행위로 결국 '불행'이 찾아온다. 하나님은 인간을 위해 그 질서를 계속 유지하고자 은혜를 베푸신다. 하나님을 모시면 질서가 잡힌다. 무질서한 삶들이 회복되어진다.

1. 창조 _ 1-2장

하나님은 천지를 창조하신 '왕'으로 이 세상을 풍요롭게 만드셨다. 목적을 가지시고 창조된 인간은 하나님의 목적대로 살 때 행복을 누릴 수 있는 존재이다. 하나님은 남자와 여자를 하나님의 형상대로 만드시고 '땅'을 정복하고 다스리는 권세를 주셨다(창 1:28).

하나님은 인간이 에덴동산에서 하나님과 함께 함으로 풍요와 안식을 누리길 원하셨다. 그러나 인간은 다른 결과를 낳았다.

2. 타락 _ 3-5장

에덴동산의 삶이 그렇게 좋았다면 오늘날에는 왜 그러한 축복을 누리지 못하고 사는가? 아담과 하와가 선악을 알게 하는 나무의 열매는 먹지 말라고 경고하셨음에도 불구하고 불순종했고, 그 결과 하나님의 축복을 상실하였기 때문이다. 그럼에도 불구하고 사랑 많으신 하나님은 '여인의 후손'을 통하여 회복을 약속하셨고(3:15), 그것은 궁극적으로 메시아가 사단에게 승리할 것이라는 첫 복음이었다. 그분으로 인하여 에덴동산이 회복 될 것이다.

가인의 후손은 더욱 타락해 세상 문화를 만들어 갔지만, 셋의 후손들은 문화적인 일보다는 하나님과 동행하는 삶에 더욱 관심을 두었다. 대표적인 예로 에녹은 300년 동안 "하나님과 동행함"으로 세상 나라에서 하나님의 축복을 누리는 삶을 살았다.

맥잡기 여기에서 타락의 원인인 죄에 대하여 생각해보자. 죄라는 것을 헬라식 사고에서는 '과녁에서 빗나갔다'라고 한다. 히브리식 사고에서는 '질서를 깨버린 것'이다. 은혜라는 것은 히브리식 사고로 보면 '하나님이 인간이 깬 질서를 다시 회복하시는 것'이다. "은혜 받았습니다" 라는 말은 "내 삶의 질서가 회복되고 있는 중입니다" 라는 의미이다.

3. 홍수 _ 6–9장 : 재창조

하나님의 아들들이 세상의 딸들한테 반해서 통혼함으로 세상과 하나가 되었다. 세상은 더욱 악해져 하나님의 심판을 피할 수 없을 정도가 되었다. 이에 하나님은 한탄 하시며, 온 세상을 홍수로 물청소하셨다. 그 심판 가운데 노아는 은혜를 입었고, 하나님은 그를 통하여 역사를 새롭게 시작하시기 위하여 축복하시고 언약을 체결하신다(6:5). 하나님은 물로 전 세계를 멸망시키는 일이 결코 없을 것이라는 언약을 무지개로 보여 기억하게 하셨다(8장).

4. 바벨탑 _ 10–11장 : 재 타락

노아 홍수 후에 번성한 노아의 후손들이 하나님이 되고자 자신들의 이름을 새겨 바벨탑을 쌓았다. 고대 바벨탑을 연구한 결과 아파트 3층 정도였다고 한다. 결국 인간들은 하나님 노릇을 시도하다가 하나님의 심판을 받게 된다. 이에 하나님은 강림하셔서 그들의 언어를 혼잡케 하여 인간의 계획이 무산되게 하시고 사방으로 땅 끝으로 흩어지게 하셨다. 인류의 점점 더 깊은 죄악에도 불구하고 하나님은 인류를 구원할 새로운 '씨앗'을 준비하신다. 그것은 바로 한 민족 이스라엘을 통한 전 인류 구원계획으로, 이 계획을 성취하기 위한 한 사람 아브라함을 부르신 것이다!

2. 네 사람 _ 창 12-50장

12-50장의 족장이야기는 "누가 하나님 나라의 상속자(씨)인가?"에 대한 이슈이다. 하나님 나라 백성인 아브라함(씨)과 이삭(종자씨)과 야곱(못자리)에서 요셉(경작기)으로 이어져 창세기를 끝내면서 야곱의 70명 가족으로 마무리 한다. 이 이야기는 애굽(번성기) 땅에서 어떻게 국민 만들기가 이루어졌는지 보여 준다.

1. 아브라함 _ 12–23장 : 하나님의 부르심

하나님께서 아브라함을 75세에 부르신 것은 하나님의 분명한 의도가 있었다. 말씀을 순종하여 좇아간 아브라함에게 하나님께서는 "땅"

과 "자손" 그리고 "복의 근원"이 되는 복을 주셨다(12:1-3).

아브라함을 부르신 목적 - 축복의 통로 (12:1-3)	
자손	후손으로 큰 나라 이룰 상속자 약속(15장)-믿음을 의로 여기심 이스마엘 낳음(고통의 시간). 이삭을 바침(22장)-행함으로 인정
땅	사라를 묻을 가나안 땅을 샀다. 후손의 기업이 될 것이다(23장)
뜻	그를 통해 자손들은 복을 받고, 모든 족속이 복을 받을 것이다

2. 이삭 _ 24-27장 : 상속자로서 복을 누림

하나님께서 아브라함에게 하신 약속을 이삭이 순종함으로 큰 축복을 받았다(22장). 기근으로 인하여 이삭은 애굽으로 가고자 했지만 하나님께서 "이 땅에 머물라"는 말씀에 순종했고, 하나님은 그 땅에 복을 주셔서 "백배의 농사와, 떼를 이룬 양과 소, 많은 종을 가진 거부"가 되었다(26장). 이것을 본 이방인 아비멜렉도 "이제 너는 여호와께 복을 받은 자"임을 인정했고, 평화조약을 맺는다. 순종은 상속자의 복을 누리는 징검다리이며, 지름길이다.

3. 야곱 _ 28-36장 : 성화되어져 감

야곱의 이야기에서는 이삭을 이어 아브라함에게 속한 자손의 복을 받았다는 점이 중요하다. 사실 야곱은 "속이는 자"로 인격이 엉망이었다. 그러나 그가 하나님의 상속자가 된 것은 야곱이 잘했기 때문이 아니라 하나님의 주권적인 은혜이다(롬 9: 11).

평범하였던 12명의 아들이 이스라엘의 열두 지파의 시조가 될 수 있는 것도 하나님의 은혜이다. 야곱에게 "심히 풍부하여 양떼와 노비와 약대와 나귀가 많았더라"는 성공의 비결은 하나님이 그를 축복해주신 은혜 외에는 다른 설명을 할 수 없다. 이러한 복을 받은 비결은 압복강 나루에서 하나님과의 만남으로 이루어진 결과이다(32장). 하나님과의 만남이 복을 누리는 빠른 길이다.

4. 요셉 _ 37-50장 : 고난을 이기고 영화를 누림

요셉은 하나님께서 그와 함께하심을 의식하고 모든 역사를 하나님이 주관하고 계심을 믿음으로 형통함을 보인 본보기이다. 17살의 소년 요셉은 형들의 미움을 받아 애굽에 팔려가서 보디발 장군의 집에 갇혔지만 하나님이 함께 하심으로 형통하였다(39장). 그는 감옥에 있었지만 하나님은 최악의 상황을 그에게 주신 꿈을 이루는 계기로 전환시키셨다. 그의 삶은 비참해 보였으나 하나님의 꿈이 있는 한 그는 달랐다. 자신을 불쌍한 존재나 자학하거나 근심에 사로잡히지도 아니했다. 요셉은 최선을 다하여 그 비전을 바라보는 믿음으로 살았고, 결국 총리가 되었다.

창세기의 끝맺음은 새로운 전주곡으로 요셉이 자신의 유골을 가나안 땅에 장사해달라는 이야기로 출애굽 시대를 바라보게 한다.

나눔의 축복 _ 믿음의 족장들을 향한 하나님의 계획은?

4. 목적을 향해 탈출하라 _ 출애굽기

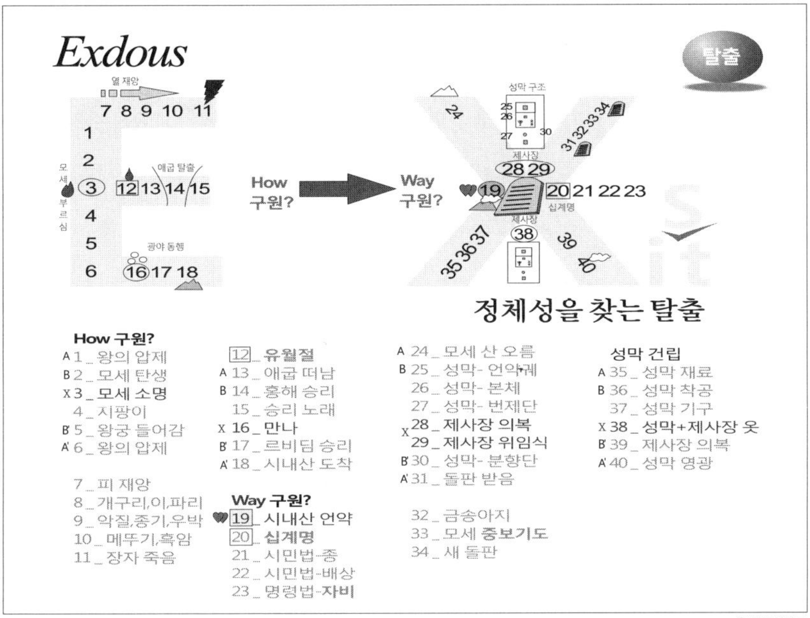

©성경맥관통학교

구원이란 무엇인가? 구원받은 자는 어떻게 살아야 하는가?

출애굽기는 두 가지 중요한 이슈를 보여준다. 첫째, 이스라엘 백성들(씨)이 400년 동안 종노릇한 애굽 땅에서 하나님의 능력과 은혜로 탈출하여 구원받았다(1–18장). 여기서 어떻게 국민 만들기가 이루어졌는지 보여준다. 둘째, 출애굽을 한 백성은 하나님의 법(뜻)대로 살아가야 할 목적을 받았다(19–40장). 시내산에서 언약을 맺은 신부된 백성은 하나님과 교제하며 살아야 행복하다.

기록 목적 _ 모세가 출애굽 사건을 통해 이스라엘 백성들이 당한 고생과 속박으로부터 구속하신 하나님의 신실함을 묘 사한다.

저자 _ 모세 **기록연대** _ B. C 1445–1405년

주제 _ 하나님께서는 열국의 제사장 나라가 되라고 구원하셨다.

성경관통 _ 꿈이 좌절되면 노예가 된다

기대하는 바가 없으면 현실에는 축복도 나타나지 않는다.

하나님은 우리가 기대한 것보다 더 풍성히 채워주실 수 있는 전능하신 분이시다. 기적적으로 홍해를 갈라 구원해 주셨고, 광야에서도 만나를 먹이시고 생수를 마시도록 해 주셨다. 이스라엘 백성들은 광야에 있으면서 부족함을 모르고 지냈다. 이렇게 풍성하게 채워주시는 분이 바로 하나님이시다. 그럼에도 불구하고 우리는 왜 낙심하고 좌절감을 느끼는가?

인생 가운데 가장 무서운 적은 마음 안에 있는 것이다. 낙심한 마음, 좌절된 마음, 포기하고 싶은 마음이다. 기대한 일이 일어나지 않을 때 우리들은 좌절한다. 그리하여 새로운 일이 일어날 것이라는 기대도 하지 않게 된다.

이스라엘 백성은 400년 동안 이집트의 노예로 살았다. 이들의 문제는 너무 오랫동안 노예 생활을 하면서 생각이 굳어버렸다는 것이다. 이집트의 압제자에게 평생 이용당하며 부당한 대우를 받아왔다. 그러면서도 그들은 하나님이 기적을 행하시려는 것을 도무지 받아들이지 못했다. 그래서 항상 문제만 바라보고 불평하면서 세월만 보냈다. 무려 400년 동안!

' 이제는 희망이 없어.' '이제는 한계에 도달 했어'라는 지점에 왔는가? 낙심하지 말라. 눈을 들어 하나님을 바라보라. 그곳에 소망이 있다. 하나님께서 하시는 모든 일에는 하나님의 뜻이 담겨 있다. 자기 연민에 빠져 주저앉아 있으면 노예가 된다. 연민에 빠지면 대부분 그렇게 된다.

1. 출애굽_ 어떻게 구원 받았나 (1-18장): 육신적인 구원

400년이 지난 후, 하나님 나라의 백성들인 야곱의 가족 70명 이 애굽에 내려가서 하나님의 보호를 받으며 적어도 200만 명에 이르게 되었다(1장). 이스라엘 백성들이 폭발적으로 증가하자 바로는 남자 아이를 죽이라고 한다. 그러나 하나님의 도우심으로 그 계획은 수포로 돌아갔다. 그래서 바로는 더욱 심한 벽돌을 굽는 일을 하며 압제를 하였다. 이에 이스라엘 백성들은 자신들의 무능력과 한계를 느끼면서 고통에서 해방되기를 하나님께 간구하기 시작했다. 이에 하나님은 그의 백성들의 고통 하는 소리를 들으시고, 그들을 구원하기 위한 작전을 세우셨다. 그것은 하나님이 하나님 나라의 백성을 인도할 강력한 지도자를 적진 속에 세우신 것이었다. 그러나 이 조급한 지도자 모세는 자신의 동족을 학대하고 있던 애굽인을 죽였고, 이 때문에 광야로 도망가야 했다(2장).

하나님은 모세를 40년 동안 일개의 광야의 목자 생활을 통해 인간적인 모든 기대와 야망이 무너진 뒤에 비로소 80세에 하나님은 모세를 가시떨기 나무에서 부르시고 구원 사역을 맡기셨다(3장).

애굽에 다른 왕이 즉위한 후에, 모세는 애굽으로 돌아가서 바로에게 이스라엘 백성을 보내달라고 요구했다(4장). 그러나 바로는 마음이 강퍅하여 "여호와가 누구관대 내가 그 말을 듣고 이스라엘을 보내겠느냐"(5:2). 이에 하나님은 자신의 이름을 '여호와'라고 계시해 주셨는데, 스스로 계신 분이심을 보이셨다(6장). 하나님의 자신의 이름에 자신의 뜻을 드러내셨다. "내가 왕이다! 내가 어떻게 행할 것인지를 보라. 그러면 내가 누구인지 알 것이다."

하나님은 열 재앙이라는 실물교육을 통해 진짜 왕은 바로가 아니라 하나님이라는 것을 백성들에게 경험하게 하셨다. 그들은 마지막 재앙을 당하지 않으려고 어린 양을 잡아 문설주와 인방에 발랐고, 죽음의 사자가 그 집을 지나감으로 생명을 보존 하는 "구원"을 경험했다(12장). 하나님의 백성들은 자신들의 죄 때문에 죽임을 당해야 했지만 그들 대신 양들이 죽었다. 유월절 사건은 우리의 죄를 위해 대신 죽으심으로 죽음을 지나가게 하여 구원을 주시는 하나님을 경험하게 한 특별한 사건이었다.

바로는 노예를 잃어버리는 일을 가만히 보고만 있을 수 없어 군대를 보내어 추격했다. 이스라엘 백성들 앞에는 홍해가 막고 있고, 뒤에서는 애굽 군대가 따라 왔다. 아무런 능력이 없는 그들을 위해 하나님은 홍해를 가르셨다(14장). 이스라엘 백성은 갈라진 바다를 건너갔지만 애굽 군대는 모두 익사했다(15장). 이스라엘 백성들은 홍해를 건넘으로 "세례"를(고전10:2) 경험하였다. 그들은 구원이 자연의 힘이나 인간의 노력이 아닌 하나님의 주권적인 능력으로 이루어진 것을 알게 되었다.

그러나 백성들은 하나님이 출애굽과 아말렉 전쟁에서 그들을 구해 주심에도 불구하고 당장 물이 없음을 불평하고, 먹을 것이 없음에 탄식하였다. 그 때 하나님은 반석에서 물을 공급하시고(15,17장), 하늘에서 만나와 메추라기를 공급하셨다(16장).

모세의 고백	
40년 궁궐에서 모세	"나는 모든 것을 할 수 있다"
40년 광야에서 모세	"나는 아무것도 할 수 없다"
40년 부름 받은 모세	"아무것도 아닌 나를 통해 하나님은 일 하신다"

2. 십계명_ 왜 구원 받았나 (19-40장): 영적인 구원

기적적인 출애굽을 경험한 백성에게 하나님이 원하시는 것은 무엇인가? 이스라엘 백성이 하나님의 신부가 되어 하나님과 동행하는 삶을 살기 위하여 부르신 것이다. 신부된 백성이 젖과 꿀이 흐르는 땅에서 살기 위해 하나님의 법을 알아야 복을 누릴 수 있기 때문이다. 하나님은 당신의 백성이 하나님 나라를 만들기 위해 "법"을 주신다. 그것이 구약은 십계명이고, 신약은 산상수훈이다.

이 법을 주시기 위해 광야를 거쳐 도착한 곳이 시내산이다(19장). 시내산에서 2개월 동안 진을 쳤다. 이곳은 모세가 가시떨기 가운데 하나님의 임재를 경험했던 곳으로, 모세는 이제 모든 이스라엘 백성도 정식으로 하나님을 만나기를 원했다. 10개월 동안 머물면서 하나님은 자기 정체성을 모르는 백성들에게 "소명"을 깨닫게 하신다. 아브라함에게 베푸신 하나님의 약속을 물려받을 상속자로서 하나님은 그들과 시내산에서 계약을 체결하셨다(19장).

하나님의 백성 됨으로 누리는 축복 - 시내산 언약 (19 : 1-25)	
배경	당시 나라를 세우기 위해 왕과 신하가 언약을 맺듯이, 하나님은 하나님 나라의 개국 선포하며 백성과 언약을 맺는다.
기초	출애굽, 광야 인도, 시내산까지 인도하심은 하나님의 주권적 의지
내용	"나는 너의 하나님이 되고 너희는 내 백성이 될 것이다"
축복	하나님의 소유(보물), 제사장 나라(존귀한 위치), 거룩한 백성
의미	하나님 나라의 씨가 감옥에서 나와 하나님의 뜻을 이루는 공동체를 통해 하나님과 인격적이고 법적인 관계를 맺는 것이다
목적	하나님은 백성이 아브라함같이 '축복의 통로' 가 되어 이스라엘 나라를 통해 열방이 복을 받기를 원하셨다.

하나님이 주신 율법은 법에 복종함으로 하나님의 언약 백성에 속하기 위해 지키는 것이 아니라 그 언약 안에 있는 복을 누리며 살도록 주신 선물이다. 그들은 하나님의 뜻에 따라 살아야 했다.

하나님은 이스라엘 백성들이 가나안 땅에서 하나님의 나라 문화를 이루어야 하는 "사명"을 이루기 위한 법도 주셨다. 그들에게 당장 시급한 문제는 약속의 땅에 살기 전에 광야에서 공동체를 유지하는 것이었다. 찬란한 문화와 종교를 가진 도시 국가를 건설하기 위한 교육이 필요했다. 그 다음에 가나안 땅에서 하나님의 나라를 건설하는 것이었다. 하나님이 약속한 가나안 땅에는 젖과 꿀만 있는 것이 아니라 가나안 문화가 자리 잡고 있었다. 가나안 문화에서는 아이를 불에 태워 몰렉 신에게 제사를 지냈고, 여제사장과 성적인 행위를 하는 것이 종교 행위였다. 이러한 종교와 문화에 물들지 않고 문화를 정복하기 위해서는 훈련이 필요했다.

우선 사람 사이에 생길 수 있는 법을 제정하는 것이 필요했다. 당시 가나안에는 근친결혼, 동성애 등이 난무하였으므로 결혼과 가정 윤리뿐 아니라 재산 문제 등을 해결해 줄 수 있는 기본법이 필요했다. 이러한 법을 준행하기 위해서는 무엇보다 하나님과의 관계가 중요하였다. 그래서 하나님이 십계명을 주시면서 1–4계명은 하나님과 어떻게 관계하며 살 것인지에 대한 것이고, 5–10 계명은 사람 사이에 생기는 일에 대한 법으로 주셨다. 이 계명은 하나님이 우리에게 무거운 짐을 주기 위한 것이 아니라 행복을 위해 주신 선물이다. 부부가 서로 사랑할 때 행복한 것처럼 우리도 하나님과 우리의 관계가 사랑으로 이어질 때 행복하다.

제사장 나라가 되기 위해 국민이 지켜야 할 "계명"은 "네 마음을 다하고 목숨을 다하고 뜻을 다하여 주 너의 하나님을 사랑하라"는 것과 "네 이웃을 네 몸과 같이 사랑하라"는 것이다(마 22: 37–39). 하나님이 사랑의 계명인 율법을 주신 것은 하나님의 성품을 반영하는 삶을 살도록 하기 위해서이다.

십계명은 하나님의 신부로써 살아갈 구체적인 법규를 주신 것이다			
1_하나님만 섬김	경배 대상	6_ 살인금지	생명 보호
2_우상숭배 금지	경배 방법	7_ 간음 금지	결혼 보호
3_이름 존귀	경배 정신	8_ 도둑질 금지	사유재산 보호
4_안식일 지킴	경배시간안식보호	9_거짓증거 금지	진실 보호
5_부모 공경	가정 보호	10_탐심 경계	마음 보호

몇 주 후에, 모세는 하나님을 만나기 위해 산에 있는 동안 백성들은 송아지 우상을 만들어 환락을 즐겼다. 이것은 신혼 방을 만든 하나님을 등지고 영적 간음하는 행위였다. 화가 나신 하나님은 그들의 죄 때문에 함께 가시지 않겠다고 말씀하셨다(33장). 이 말을 들은 백성들은 하나님이 함께 하시지 않으면 평안할 수 없다는 것을 알았기 때문에 관계가 회복되기를 바랬다. 모세의 중보기도를 통하여 하나님은 다시 관계를 회복할 수 있는 성막에 대한 구체적인 지침서를 주셨다. 성막은 하나님이 우리와 교제하기 위해 마련한 작품이다. 하나님은 구름이 성막을 덮도록 하여, 백성들에게 하나님이 그들과 동행하신다는 사실을 알게 해 주셨다. 오늘날 우리는 하나님의 말씀에 순종함으로 하나님의 임재를 경험한다.

나눔의 축복 _ 나는 어떻게 구원받았는가? 왜 구원 받았는가?

5. 하나님과 동행하는 복을 누리라 _ 레위기

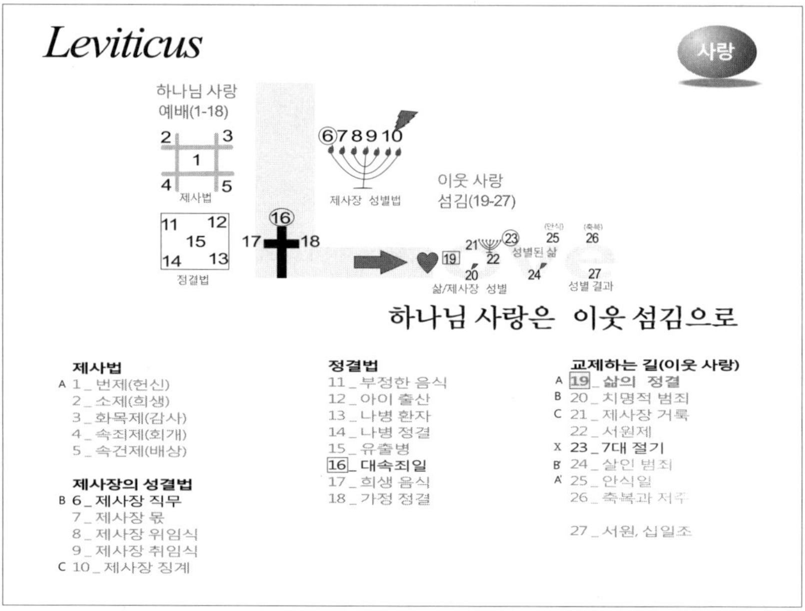

이스라엘 백성들이 가나안 땅에 들어가기 전에 하나님의 나라 백성으로서 "법"(하나님의 뜻)을 아는 것이 급선무였다. 그리고 세상 나라를 향해 나아가서 어떻게 살아야 하는지를 구체적으로 알아야 했다. 가나안 땅 문화를 정복하기 위한 준비가 필요 했다.

1-18장은 하나님의 백성들이 어떻게 하나님께 나아가 교제해야 하는 것에 대한 '예배'에 관한 지침이다. 19-27장은 이웃을 사랑함으로써 여호와께로부터 받은 사랑에 대한 감사를 표현하는 '삶'에 대한 지침을 말해준다.

기록 목적_ 레위기는 구속받은 백성들이 어떻게 하나님과 교제하며, 거룩한 삶을 살아야 하는지를 보여주기 위해 기록하였다.

저자 _ 모세 **기록연대** _ B. C 1405년(모압 땅에서 죽기 직전)

주제 _ 하나님께 예배하는 자는 삶에서 하나님과 동행해야 한다.

성경관통 _ 왜 예배에 목숨을 걸어야 하는가?

"꼭 예배를 드려야 합니까?" 라고 반문하는 사람들이 있다.

오늘날 교회에서 예배의 감동이 사라지고, 사람들은 예배를 습관처럼 무덤덤하게 드린다. 히브리인들은 인생의 기본을 '예배하는 삶'으로 보았다. 그런데 의외로 오늘날 많은 사람들은 기본을 가볍게 여긴다. 우리가 일상생활에서 먹고, 자고, 쉬며 살아가는 법을 무시하는 것은 곧 자신을 무너뜨리는 행위와 같다. 히브리인은 시대가 바뀌었다고 해서 기본적인 것을 떠나면 질서가 무너진다고 보았다.

예배는 그리스도인의 기본이다. 기본이 무너지면 모든 것이 서서히 무너진다. 예배는 곧 생명이다. 생명의 공급함이 부족해지면 결국 무너지고 만다. 예배는 허기진 영혼에 양식을 공급하는 영혼의 식탁이다. 한마디로 예배는 밥이다. 밥을 먹는 것은 기본이다. 기본을 거를 수 없다. 전병욱은 "기도와 말씀과 찬송이 있는 예배는 성도의 생명을 유지하는 영적인 종합 비타민이다! 그러므로 예배에 목숨 걸어야 인생이 바뀐다!"고 말한다.

성도에게 예배는 존재의 이유이자 목적이며, 삶의 구심점이고 원동력이다. 그러므로 예배에 모든 것을 집중해야 한다. 왜 예배에서 회복이 일어나지 않는가? 그것은 예배 중에 하나님을 만나지 못하기 때문이다. 이제 하나님을 만날 준비를 하라. 예배를 잘 드리기 위해서는 나 자신부터 참된 예배자가 되겠다는 결단을 해야 한다. 예배를 통해 하나님의 능력을 공급받지 않고서는 삶의 현장에서 승리할 수 없다. 예배를 잘 드릴 때 비로소 현장에서 승리할 수 있고 영적인 주도권을 쥐고 사람들을 이끌 수 있다.

● ● 성경관통 _ '하나님께 영광 돌린다'는 의미

사람들은 "하나님께만 영광 돌립니다"라고 말할 때, 짜증을 낸다. "왜 하나님만 영광을 받는가? 그러면 우리는 무엇인가?"라고 반문한다. 영광이라는 의미를 살펴보면 쉽게 알 수 있다. 영광이란 하나님을 그대로 반사하는 것이다. 태양의 빛을 받아야 달이 빛나듯이 하나님 모습을 그대로 정확하게 우리의 삶을 반사해 내는 것이다. 나를 통해 하나님을 반사할 때 최고의 행복과 가치를 느끼게 된다. 아들이 잘하면 부모에게도 영광이 되는 것이다. 아들이 "부모님을 높입니다"라고 말만 한다고 영광이 되는 것이 아니다. 아들 노릇을 잘 해야 부모에게 영광이 돌아가는 것이다. 결국 하나님께 영광 돌리는 삶이란 우리에게도 큰 기쁨이 된다.

인간이 하나님의 모양을 예술계, 정치계, 경제계, 교육계, 가정에 그대로 반영하여 반사할 때, 최고의 가치를 발휘하게 된다. 하나님의 모습을 가장 잘 반사한 것이 최고의 '가치'를 지니게 된다. '가치'라는 단어에서 '예배 Worship'가 나왔다. 예배란 하나님의 모습을 가장 잘 반사한 것이다. "모든 원천이 하나님께 나왔으니 당연히 존귀함을 받아야합니다"라고 영광 돌리는 것이다. 우리가 예배시간에 모여 큰 소리로 찬양을 한다고 하나님께 온전히 영광 돌리는 것이라고 볼 수 없다. 우리의 가정, 교육계, 문화계, 대중 매체, 정치, 경제 분야에서도 하나님의 모습을 반영할 때 최고의 예배를 돌리게 되는 것이다. 모든 영역에서 하나님과 동행함으로 하나님을 드러낼 때, 하나님께 최고의 예배가 되는 것이다. 우리의 삶이 곧 예배이다. 삶을 통해 예배하는 삶을 살아야 한다.

성경관통 _ 5대 제사, 성막(증거막), 7대 절기

제 사	드리는 방법	의 미
번제	희생 제물을 태워 드림	죄의 진노 삭제 +온전한 헌신
소제	고운 가루 구움	감사(과거), 자원(현재), 서원(미래)
화목제	제사 드린 후 나눠 먹음	화평케 됨 + 친교와 교제
속죄제	죄 지은 자는 제물 드림	예수님이 죄의 삯을 지불함
속건제	피해를 배상함	손해 배상함(20% 배상해야 함)

성 막	내 용	의 미
문	누구나 들어올 수 있는 넓은 문(믿음)	만민을 위한 구원의 문
번제단	제물을 번제단 위에 놓고 태움(칭의)	완전한 화평 +온전한 헌신
물두멍	반드시 손발을 씻고 성소 들어감(회개)	의롭게 여기심 +구별된 삶
진설병	매일 12개의 떡을 가져다 놓음(말씀)	그리스도의 양식 +섬김
등대	올리브 기름으로 성소 불을 밝힘(성령)	그리스도의 빛 +빛된 삶
분향단	아침과 저녁으로 향을 태움(기도)	하나님의 임재 +성도의 기도
증거궤	십계명 돌판, 만나, 아론의 싹난 지팡이	하나님 임재 자리에 나아감

절 기	날 짜	내 용	의 미
유월절	1월 14일	애굽에서 해방을 기념	십자가에서 죽으신 주
무교절	1월 15-21일	출애굽의 나온 것 기념	거룩한 성도의 생활, 헌신
초실절	1월 17일	첫 안식일 다음날(주일)	그리스도의 부활, 교회 성별
오순절	50일 후	매년 수확을 경축함	성령의 강림
나팔절	7월 1일	인도함을 받음을 기념함	이스라엘을 다시 모으심
속죄일	7월 10일	매년 민족의 죄 속죄함	메시아를 갈망하며 회개함
초막절	7월15-21일	광야의 보호와 은혜 기념	천년왕국, 추수 후 기쁨의 절기

히브리 민족은 출애굽을 하여 가나안 땅에 들어가고자 시내산에 모여 있지만 무엇을 해야 할지를 몰랐다. 그들이 가나안 땅에 들어가서 평안을 누리기 위해 가장 중요한 한 일은 '법'(하나님의 뜻)을 지키는 것이었다. 하나님과 교제하고 이웃과 관계하는 법을 교육받아야 했다. 그래서 하나님은 시내산에서 언약식을 하고 난 후에 가장 중요한 교제하는 법, 곧 예배하는 법을 가르쳐 주셨다.

1. 하나님께 나아가는 길 _ 제사와 제사장을 통한 예배 (1–18장)

하나님께서 이스라엘 백성과 시내산에서 언약식을 가졌다. 만약 신혼부부가 맺은 언약을 어길 경우 어떻게 될 것인가? 이때 문제가 생긴다. 하나님은 신부인 백성들이 언약을 어길 경우 회복할 수 있는 두 가지 방법을 주셨다. 그것은 제사와 제사장이다.

제사는 이스라엘이 하나님과 언약관계의 회복을 진심으로 바라는 뜻으로 드렸다. 제사에는 5가지로 전적인 헌신을 뜻하는 번제, 하나님께 헌신과 봉사를 상징하는 소제, 하나님과 성도가 화목을 위한 화목제, 죄를 씻기 위한 속죄제는 죄를 씻기 위해 짐승이 대속 제물로 피를 흘렸다. 피는 죄를 대속하는 희생된 생명을 상징한다. 마지막으로 속건제는 보상하는 제사로 타인에게 피해를 입혔을 때에 그에 대한 책임을 지고 난 후 드리는 제사이다.

제사장은 하나님 앞에서 백성을 대표하는 사람으로 그의 백성을 대신하여 중보자로서의 사역을 감당하는 사람이다(8–10장). 백성들이 하나님께 나아가기를 두려워했기 때문에 하나님과 다리를 놓는 일을 하였다. 제사장은 제사를 하나님의 뜻대로 해야 하는데 나답과 아비후는 인간적인 방법으로 수행하다가 하나님의 불이 내려와 죽임을 당하였다(10장). 이를 통해 하나님의 일을 할 때에 자신의 경험이나 지식으로 하기보다는 성경의 방법대로 섬겨야 함을 깨닫게 해준다. 하나님이 이스라엘을 부르신 이유는 '제사장 나라가' 되어 열방에 복의 근원으로서 사역을 감당하라고 부르신 것이다. 우리는 왕 같은 제사장으로서 하나님의 뜻대로 하나님의 복을 전하는 하나님의 나라 백성이 되는 특권을 받았다.

2. 하나님과 동행하는 법들 _ 이웃 사랑하는 삶 (19-27)

하나님은 광야 생활에서 사람 사이에 생기는 일들에 대해 처리할 수 있는 법을 주셨다. 깨끗한 음식과 몸(11-14장), 산모와 피부를 정결하는 법(12-15장), 그리고 재산 문제 등의 해결법이다.

그리고 가나안 땅에 들어갔을 때 피를 마시는 행위나 성적인 문화에 영향을 받지 말아야 할 것을 것을 가르쳐 주시면서(17-21장). 하나님은 가나안 문화와는 다르게 이웃에 대한 사랑으로 나타나야 한다고 하셨다. 이러한 모든 법보다 하나님과의 관계를 가까이 할 수 있는 방법을 제시해 주셨다. 그것은 7대 절기(23-27장)와 안식년(25장) 축제를 지키는 것이었고, 그를 통해 세상이 맛볼 수 없는 축복을 누리길 원하셨다. 하나님과 동행하기 위해 주신 법은 이웃 사랑하는 삶이고, 이웃 사랑이 바로 예배자의 모습이다.

나눔의 축복 _ 예배와 동행하는 삶이 왜 중요한지 말해보자.

6. 불평은 전진하지 못하게 한다 _ 민수기

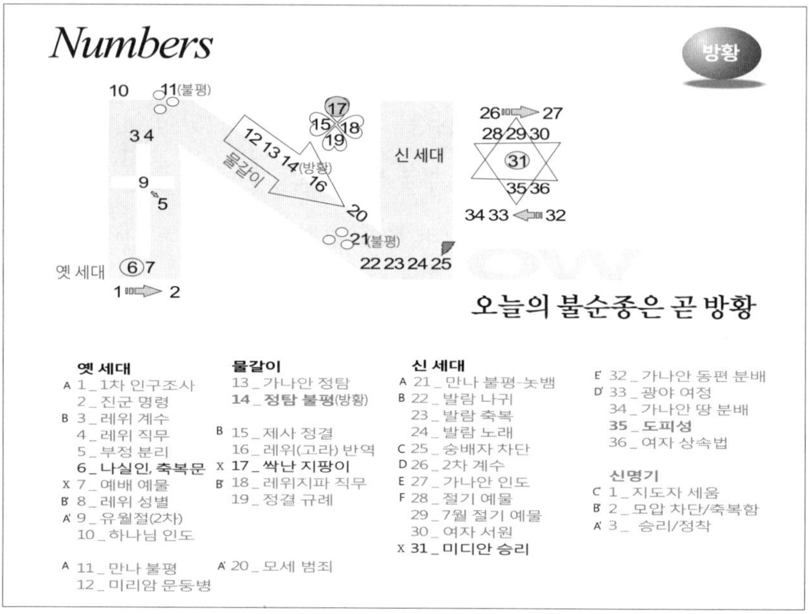

"우리가 하나님께 대하여 불평과 불순종으로 인해 하나님의 구원 계획은 수포로 돌아가는가?" 절대로 그렇지 않다. 다만 시간 낭비일 뿐이다. 하나님은 인간의 불평과 불순종함에도 하나님의 의도를 따르는 신세대를 통해 가나안을 정복하게 하신다.

민수기는 시내산에서 가나안 땅 앞 모압 평지까지의 광야생활 을 다룬다. 안타깝게도 그들은 불순종함으로 40년 동안 광야생활을 하였지만, 광야에서 훈련되어 조금씩 용사로 연단되어져 갔다.

기록 목적 _ 모세는 약속의 땅을 유업으로 받은 신세대에게 불순종한 구세대와 같이 되지 않기를 원하였다. 그래서 이스라엘 방황의 역사를 살펴보기 위하여 기록하였다.

저자 _ 모세 **기록연대** _ B. C 1444–1405년(모세 죽기 전)

주제 _ 불순종과 불평은 하나님의 축복을 놓치게 만든다.

●● 성경관통 _ 왜 그들은 40년 동안 광야 생활을 했는가?

히브리 민족의 가나안을 향한 40년간의 경로를 "N"자를 따라가면 쉽다("N"자는 "Numers"의 약자로 민수기라는 뜻). 홍해에서 나와 숙곳에서 시내산 꼭대기까지 약속의 땅에 들어갈 준비를 하고, 시내산에서 정탐꾼의 원망으로 벌을 받아 가데스바네아로 내려갔다가 다시 가나안 땅을 향해 신세대가 올라가는 길이다. 시내산까지는 3개월이 소요되고, 시내산에서 11개월을 지내다가 가데스 바네아까지 18개월이 걸렸지만, 불순종으로 가네스 바네아에서 무려 37년 6개월을 빙빙 돌게 된다. 5개월 동안 모압 평지에서 가나안 땅에 들어갈 신세대를 준비한다.

솔직히 이렇게 복잡한 길은 단 10일 만에 도보로 충분히 갈 수 있는 거리이다. 그런데 왜 40년 동안 광야에서 방황하면서 시간낭비를 했는가? 하나님은 이스라엘 백성들이 축복된 삶을 누리도록 하기 위해 젖과 꿀이 흐르는 가나안 땅으로 인도하고자 정탐하게 하셨다. 그런데 10명의 정탐꾼은 가나안 땅이 좋은 땅이라고 인정을 했지만 그곳에 거주하는 아낙 자손들을 두려워하여 그들 자신을 "메뚜기 같다"고 보고하였다. 10명의 정탐꾼의 보고를 들은 여호수아와 갈렙은 "그들은 우리의 밥이다. 하나님이 함께 하시면 능히 이길 수 있으니 올라가서 그 땅을 취하자"고 주장했지만 메뚜기 콤플렉스는 회중들까지 부정적인 생각으로 전염되어 모세와 아론을 원망하게 만들었다. 그 결과 하나님은 귀에 들린 대로 행하셨다. 40일 이면 갈 수 있는 거리를 하루를 일년으로 계산하여 40년 만에 가나안에 들어가도록 하셨다. 40년 동안 광야에서 여호수아와 갈렙을 제외한 20세 이상 되는 사람은 죽었다.

하나님은 '메뚜기 콤플렉스'에 빠져 자기 정체성을 잃어버린 자를 사용하지 않으셨다. 그만큼 하나님은 원망과 불평을 싫어하신다는 증거이다. 하나님은 하나님의 백성이 사명감과 자존심을 갖고 사는 여호수아와 갈렙 같은 사람을 원하신다. 믿음으로 바라보는 자는 하나님의 복을 누리며 살게 된다.

왜 똑같은 내용을 보면서도 이렇게 다르게 말할 수 있을까? 10명의 정탐꾼은 '두려움'(fear)으로 바라보았고, 여호수아와 갈렙은 '믿음의 눈'(faith)으로 바라보았기 때문이다. 두려움에 빠진 사람은 환경을 바라보고, 믿음의 눈을 가진 사람은 하나님을 본다.

이스라엘 백성들이 광야에서 다 망한 이유는 원망을 했기 때문이다. 원망을 하면 다 망하게 된다. 원망은 뒤를 돌아보게 하는 힘이다. 원망하는 자는 과거 지향적인 사람이며 현재에 만족하지 못하는 자이다. 왜 사람들은 원망하며 사는가? 습관 때문이다. 원망하는 마음을 가진 자는 불평의 말이 나온다. 감사하는 마음을 가진 자는 감사의 말이 나온다. 태도를 바꾸지 않으면 행복은 절대로 오지 않는다. 말한 그대로 되기 때문이다.

원망이 후진케 한다면 기도는 전진케 한다. 원망은 과거 지향적이지만 기도는 미래지향적이다. 자동차는 앞으로 나아가도록 만들어져 있다. 뒤로 가는 것은 잠시 주차할 때에만 사용하게 만들어졌을 뿐이다. 기도가 우리 삶을 이끌어 나아가도록 해야 한다. 후진케 하는 삶을 전진케 할 수 있는 길이 기도이다.

독(poison)을 쏟아(pour)내면 가난(poor) 해지고, 기도(pray)를 드리면 풍성(plenty)한 기쁨(pleasant)을 선물(present)로 받는다.

1. 약속의 땅에 들어 갈 준비 _ 1-12장 : 옛세대

하나님이 곧장 젖과 꿀이 흐르는 땅으로 인도하실 수 있는데 왜 광야에 머물게 하셨을까? 그것은 가나안 땅을 정복하기 위한 백성들이 하나님이 주신 "법"을 알고 무장하도록 하기 위해서이다. 시내산에서 율법을 주시고 성막을 짓는 일을 하게 하셨다. 이어서 시내산 기슭에서 하나님은 '싸움에 나갈 만한 남자'의 인구조사를 통해 노예였던 그들을 '전투적 용사'의 모습을 갖추게 하셨다.

2. 가데스 바네아에서 불순종 _ 13-19장 : 물갈이

이스라엘은 하나님의 인도를 따라 가나안이 눈앞에 보이는 지점까지 단숨에 도달하였다. 그러나 10명의 정탐꾼은 축복의 땅에 들어가라는 하나님의 명령에 "저들 보기에 우리는 메뚜기 같기 때문에 들어갈 수 없다"라고 하는 '메뚜기 콤플렉스'에 걸려 불평만 하였다. 이에 하나님이 하나님의 백성이 가져야 사명감을 잊고, 자존심마저 버린 그들에게 신세대가 성장할 때까지 40년 동안을 광야에서 생활하게 하셨다(13-14장). 세상 나라의 상징인 아낙 자손을 정복해야 하는데 메뚜기라는 정체감이 문제였다.

불신앙은 하나님의 축복을 가로막으며, 허송세월을 보내게 만든다. 이곳에서 출애굽세대가 다 죽었을 때 신세대는 약속의 땅을 향해 갔다. 불평과 원망을 한 세대는 그들의 말대로 광야에서 죽었고, 약속을 믿는 세대는 젖과 꿀이 흐르는 땅을 차지하였다.

반항의 역사

1. 다베라	11장	악한 말로 하나님을 원망함→불이 진 끝을 불사름
2. 기브롯 핫다아와	11장	고기가 먹고 싶다 원망함 → 고기를 씹기 전에 큰 재앙으로 죽음
3. 하세롯	12장	모세가 구스 여자를 취한 것 → 미리암이 7일간 문둥병
4. 가데스 바네아	13-14장	가나안 땅의 정탐 보고를 듣고 애굽으로 돌아가자며 모세를 죽이려함 → 광야에서 40년간 방황하게 됨
5. 호르마	16장	고라와 다단과 아비람이 당을 짓고 모세를 대적함 → 반역자의 주동자와 가족들이 산 채로 매장됨
6. 신 광야 가데스	20장	물이 없다고 모세를 원망함→모세가 반석을 두 번 '쳐서' 물을 냄 → 모세와 아론은 가나안에 못 들어가게 됨
7. 에돔 땅	21장	험한 길로 인하여 원망함 → 불 뱀에 물려 많은 사람이 죽음

3. 약속의 땅을 얻을 준비 _ 20-36장 : 신세대

신세대가 가나안 땅을 가기 위해 아모리왕 시혼과 바산왕 옥에게 길을 내어주면 손해를 주지 않고 통과하겠다고 사절단을 보냈지만 그들은 도리어 이스라엘을 공격하였다. 신세대는 하나님의 도우심으로 전쟁에서 승리하여 요단 동편 땅을 차지한다(20-21장). 이 거룩한 전쟁에서 신세대가 승리함으로 새로운 시작을 알리며 여호수아 시대를 준비한다(21장). 아모리 땅을 차지하고 정착하면서 모압 평지에서 모세의 설교(신명기)를 듣는다. 모압평지에서 가나안 정복을 준비하면서 여호수아 시대가 왔음을 알린다.

나눔의 축복 _ 내가 불평하는 것은 무엇이며, 왜 불평 하는가?

7. 순종이 축복이다 _ 신명기

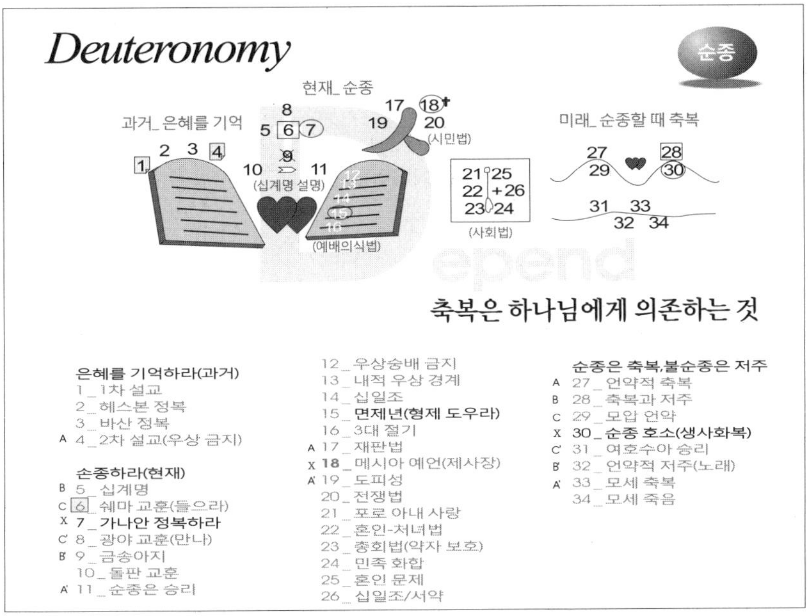

모세가 임종 직전에 꼭 하고 싶은 말은 무엇이었을까?

요단강을 건너기 70일 전, 모세는 모압 평지에서 가나안 땅에 들어갈 신세대들에게 신신당부하면서 마지막 유언과 같은 메시지를 전한다. 모세는 지난 40년을 돌아보면서 "우리처럼 실수하지 말라(1−4장). 이제 너희는 말씀을 믿고 순종해야 한다(5−26장), 장차 가나안 땅에 들어가면 가나안 문화를 정복하고 하나님 뜻대로 살아라(27−34장)"고 가르쳤다. 우리가 축복을 누리며 살기 위해 하나님의 말씀을 사랑하고 순종해야 한다(28장).

기록 목적 _ 모세는 가나안 문화를 앞에 두고 싸워야 할 신세대들이 사명을 감당하기 위해 말씀으로 무장되기를 바라며 가르쳤다.

저자 _ 모세 **기록연대** _ B. C 1405년(모세 죽기 전)

주제 _ 과거 은혜를 잊지 말고 순종함으로 미래의 축복을 누리라

성경관통 _ 왜 즉각 순종해야 축복을 받는가?

우리는 나를 격려해주는 말씀, 힘을 주는 말씀, 축복을 주는 말씀만을 좋아하는 경향이 있다. 말씀대로 이루어지지 않으면 실망을 한다. 반면 히브리인들은 하나님이 말씀하시니 그대로 될 것을 믿을 때, 축복이 임한다고 믿는다. '순종하면 축복이요. 불순종하면 저주가 된다'고 그들은 그대로 믿는다. 왜냐하면 하나님의 말씀은 지금도 살아서 그대로 이루어질 것을 믿기 때문이다.

"하나님의 말씀은 살았고, 운동력(에네게레스)이 있어……."(히 4:12)라는 말씀대로 말씀이 살아서 지금도 움직이고 역사한다고 히브리인은 믿는다. 그들은 선포된 말씀은 에너지가 되어 내 심령에 들어가서 심령이 움직이고 변화를 가져다준다고 생각한다.

히브리어에는 선포형 동사와 명령형 동사가 있다. 선포형 동사는 하나님이 책임지셔서 하나님이 이 땅이 종결될 때까지 역사하시고 기적을 일으키신다. 그리고 명령형 동사는 '기도하라.' '순종하라'등의 조건이 붙어 있다. 그것은 순종을 전제로 하여 순종할 때 놀라운 축복이 일어난다. 이 말씀들은 내가 순종하고 체험할 때 기적을 일으킨다. '사랑하라'는 명령형에 사랑에 대해서 알고 있을 때 기적이 나타나는 것이 아니라 사랑을 할 때 기적을 체험하게 된다. 만약 명령형 동사를 듣고도 순종하지 않고 살면 절대로 말씀이 살아 있음을 체험할 수 없다. 명령형 동사는 절대로 순종을 전제하고 있다. 명령형 동사에 우리가 반드시 순종을 할 때 하나님의 살아 계심을 경험하고 축복을 경험하게 된다.

신명기의 궁극적인 관심은 '땅'이다. "그 땅"이라는 단어가 일백 회 이상 사용되고 있다. 신명기는 백성이 가나안 땅에 들어가 어떻게 살 것인가를 구체적으로 가르쳐 준다. 모세는 요단강 너머로 가나안 땅을 바라보고 그 땅을 얻을 경우 어떻게 그 땅을 다스릴 것인가를 가르쳐 준다. 이스라엘이 하나님의 뜻에 순종하면 땅을 차지할 것이지만, 순종하지 않을 경우에는 그 땅도 빼앗기고 말 것이다. 땅은 순종의 여부에 따라 하나님이 선물로 주신다.

1. 첫 설교(과거): 하나님의 은혜를 기억하라(1:1-4:43)

모세는 시내산에서 행진하면서 지금 현재의 모압 평지 위에 올 때까지의 역사를 돌이켜보며 상기 시킨다. 그들은 가데스 바네아에서 하나님을 원망함으로 광야에서 방랑 생활을 보내야만 했지만, 하나님이 그들과 함께 계셨고 현재 있는 곳으로 인도하셨다는 것이다(1-4장). 그리고 나서 모세는 가나안 땅에 들어가기 전에 "너희에게 가르치는 규례와 법도를 듣고 준행하라 그리하면 너희가 살 것이요 너희 열조의 하나님 여호와께서 너희에게 주시는 땅에 들어가서 그것을 얻게 되리라"(4:1)고 권면한다.

2. 두 번째 설교(현재): 하나님의 말씀에 순종하라(4:44-26장)

모세의 고별 메시지의 핵심은 '하나님을 사랑하라'는 것이다. "이스라엘아 들으라 우리 하나님은 여호와시니 너는 마음을 다하고 성품을 다하고 힘을 다하여 네 하나님 여호와를 사랑하라"(6:4-5). 모세는 출애굽 2세대에게 간곡하게 "하나님의 말씀에 순종하라!"고 권면한다. 하나님의 사랑은 말씀에 대한 순종으로 표현되는 것이다. 이제 모세는 독자를 향하여 "하나님과 그의 말씀에 순종하라"고 호소한다. 이스라엘 백성들이 가나안 땅에서 맺은 하나님과의 관계가 미래의 축복을 좌우하기 때문이다.

지금의 강대국 미국을 움직이는 자들은 유대인들이다. 그들은 노벨 경제학상을 60%를 차지하였다. 어떻게 이런 영향력이 나왔는가? 그것은 이스라엘의 '쉐마'교육에서 찾아볼 수 있다. 쉐마는 "들어라"는 뜻으로 말씀 반복교육을 통해 순종을 배운다(신 6:5).

가나안 땅에서 안식의 축복을 누릴- 토라 (모압 언약)	
배 경	가나안 땅 정복을 앞둔 백성들에게 땅에서 성공적인 삶을 약속
표 현	언약의 땅은 비옥하고, 부족함이 없고, 젖과 꿀이 흐름(6,8장)
축 복	가나안에서 안전하며, 질병이 제거 되며, 지속되는 복(7,11장)
목 적	하나님이 목적하신 '안식'을 누림, 안정과 복된 삶(15,23,28)
조 건	하나님의 말씀만을 순종할 때 임함, 불순종은 '안식' 깨어짐
내 용	십계명, 주요법(순종), 세부법으로 구성됨 – 순종해야 복(쉐마)

모세는 십계명을 설명하면서 하나님과 이웃을 내 몸과 같이 사랑하라고 한다(5–6장). 하나님 백성으로서 사명감을 가지고 가나안 문화를 정복해야 하는데 도리어 가나안 땅의 문화에 섞여서 우상숭배에 굴복을 당하지 않기를 경고한다(7–8장).

12–26장은 신명기의 핵심으로 가나안에 들어가면 지켜야 구체적인 규례들을 말해 준다. 가나안의 우상 숭배 문화를 정복하고, 가난한 자들을 돌보는 사회정의가 이루어지도록 하라는 것이다.

3. 마지막 설교(미래): 순종은 축복, 불순종은 저주(27-34장)

이는 모세의 마지막 설교로서 신세대들에게 장차 직면할 두 가지 사실을 말한다. 그 내용은 만약 그들이 하나님께 불순종하면 저주가 있을 것이고(27장), 반면에 하나님께 순종하면 축복이 있을 것(28장)이다. 불순종하면 수많은 저주가 있을 것인데 그 중에 최악의 저주는 하나님께서 그들에게 선물로 주신 땅에서 쫓겨나게 되는 것이다. 하나님께서 이러한 약속을 주신 것은 우리의 행복을 위한 것이다(10:13). 만약 죄를 범 하였을 경우에도 이스라엘이 회개하며 자비를 구하면 회복시켜 주실 것을 약속하셨다.

6가지 복(28:3-19) 조건: 순종하면 으뜸 민족이 될 것임		
1	성읍에도 복/저주	일상생활에 복– 군사적인 안전(7절)
2	들에서도 복/저주	직장의 복– 땅의 풍요로움(12절)
3	태, 땅, 집짐승 복/저주	자손, 토지의 복–사람, 소유의 번성(11절)
4	곡식 광주리도 복/저주	의, 식, 주의 복–풍부한 양식(8절)
5	들어가도 복/저주	사업의 복–경제적인 성공(12절)
6	나가도 복/저주	무역의 복–국제적인 성공(13절)

29-30장에서는 먼 미래에 관한 예언으로 이스라엘이 포로 될 것과 전 세계로 분산되지만 궁극적으로 이스라엘은 귀환할 것이라는 놀라운 말씀을 전한다. 모세는 약속의 땅에 들어갈 수 없기 때문에 여호수아를 그의 후계자로 임명하고 고별사를 전한다. 이것은 여호수아가 어떻게 시작해야 할지를 보여주는 단서이다.

나눔의 축복 _ 내가 즉각 순종해야할 부분은 무엇인가?

2. 끝없는 도전으로 정복하라

줄기 자리기 | 정복시대, 왕국시대 (B. C 1500-500년)

도전의 물결

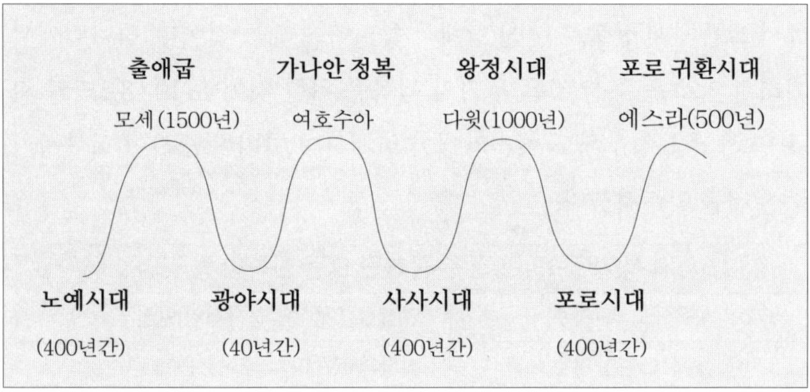

Historical _역사서

출애굽을 하여 왕국을 이루기까지 긴 역사는 '땅에서 자라나기' 이야기이다. 여호수아는 선물 주신 땅을 '정복'하고 땅을 '소유'했지만 결국 사사기에서 불순종으로 땅을 '상실'하였다. 하나님은 다윗을 통해 땅의 '완전정복'을 이루신다. 이스라엘은 꿈에 그리던 젖과 꿀이 흐르는 땅을 차지하였고, 다윗 왕국은 그 땅에서 평안과 안식, 그리고 풍요함을 누렸다. 그러나 얼마 안 되어 풍요로운 땅을 주신 하나님을 의지하기보다는 자신의 '힘'을 의지함으로 그 땅에서 쫓겨나 바벨론 포로로 사로잡혀 간다. 바벨론 포로에서 다시 약속의 땅으로 돌아오는 기적 같은 이야기가 역사서이다. '땅의 이야기'는 바로 우리들의 이야기이다.

땅에서 나무가 잘 자라기 위해서는 지탱해 주는 막대기를 묶어 주어야 한다. 영적으로도 잘 성장하기 위해서는 훌륭한 영적 안내자가 필요하다. 영적 안내자들은 우리가 어떻게 도전함으로 변화와 성숙을 이룰 수 있는가를 보여 주는 모델들이다. 여호수아와 다윗은 우리가 닮아가야 할 기둥 같은 자들이다. 역사서에는 좋은 열매를 맺어 풍요로움을 누린 사람도 있지만, 나쁜 열매를 맺어 불행한 사람도 있다.

우리는 풍성한 열매를 맺기 위해서는 '땅을 개발'하여 풍성함을 누리기 위한 끊임없는 도전이 필요하다. 또한 열매 맺는 것은 인간의 노력만으로 되는 것이 아니다. 만약 비가 오지 않으면 소용이 없기 때문이다. 우리는 하나님의 도우시는 은혜가 진정 우리를 풍요롭게 함을 잊지 말아야 한다. 우리가 최선을 다해 준비했다면 우리가 기다리는 동안 하나님은 일하실 것이다!

8. 건너가서 취하라. 나누라! _ 여호수아

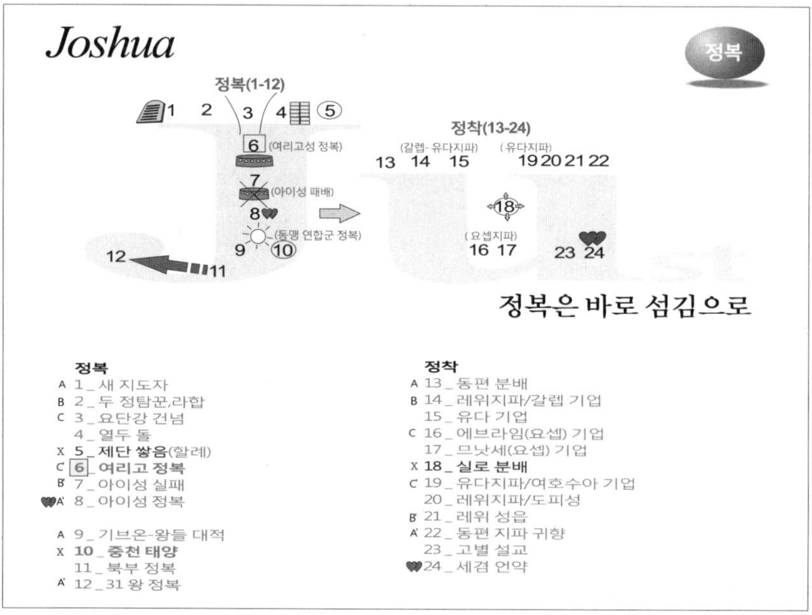

어떻게 강한 적군이 있는 가나안 땅을 점령할 수 있는가?
애굽 땅에서 종살이를 한지 50년이 채 안된 이스라엘 백성들은 가나안을 정복함으로 번영을 누리게 되었다. 이 일은 모세를 이어 리더십을 발휘한 여호수아를 통해서이다. 또한 요단강을 건너고 여리고를 정복한 것은 전적인 하나님의 도우심이라고 할 수 있다.

여호수아서에는 7년에 걸쳐 30여 개 이상의 국가 정복(1–12장)과 땅의 분배와 여호수아의 고별사가 기록되어 있다(13–24장).

기록 목적 _ 여호수아가 죽고 난후 다음 세대에게 "왜 약속의 땅에서 안식을 누리지 못하고 침입을 받는가?"의 문제를 벗어날 수 있는 길이 무엇인지를 제시하고자 저술하였다.

저자 _ 여호수아+엘르아살 **기록연대** _B. C 1380년경

주제 _ 순종하는 믿음을 통해 약속의 땅을 차지할 수 있다

●◎ 성경관통 _ 소원을 성취하려면 꿈을 꾸라

우리가 무엇인가를 성취 하려면 최소한의 꿈이라도 있어야 한다. 당신 자신이 소원 성취를 위해 무엇을 해야 하는지 알고 있어야 한다. 하나님은 우리의 불타는 소원을 따라 행하시고 채워주신다. "나는 취직하는 것이 소원입니다"고 말하기 보다는 더욱 구체적으로 "나는 교사가 되어 미래의 지도자를 세우는 것입니다"라는 구체적인 소원이 있어야 한다. 성공한 사람들의 공통점은 구체적인 소원을 가지고 있었다는 것이다. 소원이 강렬하면 삶의 의욕이 넘친다. 힘이 생긴다. 살아야 할 이유를 가지게 된다. 성취해야 할 목표를 가지게 됨으로 강하게 움직일 수 있는 원동력을 가지게 된다. 인생을 멋지게 살아갈 가장 귀한 힘은 '소원'이다.

하나님은 여호수아에게 가나안 땅에 대한 소원을 주셨다. 그는 가나안 땅을 정복하고자 하는 꿈을 가졌다. 오합지졸의 여호수아 군대가 철기로 무장한 가나안 군대를 정복하는 것은 우습게 보였을지도 모른다. 그러나 인간적으로는 우습게 보이는 소원도 하나님이 함께 하시면 승리한다. 여호수아가 세상을 정복할 수 있었던 비결은 "오직 너는 마음을 강하게 하고 극히 담대히 하여 나의 종 모세가 네게 명한 율법을 다 지켜 행하고 좌로나 우로나 치우치지 말라 그리하면 어디로 가든지 형통하리니"(1:7)라는 말씀대로 살고자 했기 때문이다.

당신에게 주시는 꿈을 하나님의 목적에 따라 행하면 반드시 형통하게 될 것이라는 약속을 믿으라. 우리가 정복해야 할 땅은 바로 당신의 '무한한 생각이라는 자원'이다.

●● 성경관통 _ 정복할 블루오션(정복하지 않은 땅)은 무한하다

미국에서 90세 이상의 노인들을 대상으로 물었다. "90년 인생을 돌아보았을 때 가장 후회가 되는 것은 무엇입니까?" 이 질문에 대해 90%의 사람이 동일한 대답을 했다고 한다. 그 대답은 바로 "좀 더 모험을 해 보았더라면 좋았을 것을…"이라고 한다.

인생 후반을 멋있게 장식한 멋진 갈렙은 85세에 제2막의 인생을 연다. 그는 노인임에도 불구하고 헤브론 산지를 내게 달라고 여호수아에게 요청한다. 그 땅은 사실 험악할 뿐만 아니라 장대한 아낙 자손들이 살고 있는 위험한 땅이었다. 당시 젊고 유능한 다른 지파 사람들은 좋은 땅만 차지하고 가나안 족속과 타협을 하며 살고 있었다. 어느 누구하나 어렵고(Difficult), 더럽고(Dirty), 위험한(Dangerous) 일을 하고자 하지 않았다. 기름지고 좋은 땅을 차지하기 위해 서로 지파끼리 싸우기에 바빴다. 이때 갈렙은 백발을 휘날리며 자신의 재산을 털어 용병을 데리고 헤브론 산지를 정복하였다. 헤브론 산지는 역사적으로 가치가 있었던 곳이며 중요한 요새였다. 이곳은 아브라함, 이삭, 야곱, 사라가 묻힌 땅이었다. 또한 그는 앞으로 500년의 세월이 흘러 다윗이 왕이 되어 왕국의 도성이 될 영광스러운 미래를 보았을 것이다. 그는 "이 산지를 내게 주소서"라고 외쳤다(14:10). 그는 남들이 정복하지 않았지만 무한한 가능성이 있는 블루오션을 보았고 이것이 다윗이 왕국을 이루는데 쓰임 받는 도구가 되었다. 그의 선택은 탁월했다.

하나님이 함께 하시면 패배가 없다. 하나님이 문을 여시면 아무도 닫을 수 없다. 나이가 문제가 아니다. 믿음의 문제이다!

1. 가나안 정복 _ 1-12장 : 7년 (제 2의 출애굽)

아브라함의 후손들에게는 시내산에서 하나님의 법을 받고, 약속의 땅을 정복해야 하는 사명이 주어졌다. 가나안 땅은 하나님이 '선물로 주신 땅'이었지만, 끝없이 도전함으로 '정복해야 할 땅'이었다. 또한 그 땅은 '유혹의 땅'으로 하나님의 말씀을 여호수아처럼 순종할 때만 참 안식을 누릴 수 있다.

요단강 건너 가나안 땅 정복의 열쇠는 그들의 군사적인 우위에 있는 것이 아니라, 여호와의 법에 대한 순종에 달려 있다(1:6-8). 외적인 준비는 두 정탐꾼을 그 땅에 파송하여 라합의 도움으로 승리의 확신을 가진 것이다(2장). 그리고 영적인 준비는 하나님의 임재의 상징인 언약궤를 들고 제사장이 요단강에 들어감으로 이때에 홍해와 같이 요단강이 갈라지는 기적이 일어났다(3-4장)

여호수아 세대는 전투에 앞서 할례를 행하고, 유월절을 지키는 정결의식을 통해 영적 재무장을 하였다(5장). 여리고 성 전투는 하나님을 신뢰함으로 함락된 것으로 이스라엘 백성이 한 일은 전적인 하나님의 승리로서 함성과 나팔을 분 것을 제외하고는 너무나 비군사적인 행동으로 성 주위를 돌았을 뿐이다(6장). 그러나 여리고 성 전투의 승리로 자신만만한 이스라엘은 자신을 신뢰하였기 때문에 아이 성 전투에서 처절하게 실패한다(7-8장). 이 패배는 한 사람 아간이 여호와께 속한 약탈물 가운데 일부를 훔쳤기 때문이다. 이것은 하나님과 언약한 것을 불순종한 것으로 이스라엘의 전체의 패배를 가져왔다(7장).

또 한 번의 실수는 여호수아 자신이 하나님께 묻지 않고 속이러 온

기브온과 약속한 것은 하나님과 언약을 위반한 것이었다(9장). 이 사건을 통해 기브온과 약속을 지키기 위해 아모리 족속과 전투하게 되고, 결국 하나님이 태양을 머물게 하시는 기적을 일으키심으로 승리한다(10장).

라합의 순종 (2장)	여리고 정복 (6장)	아간의 불순종 (7장)
기생	비상적인 명령에 순종	유다 지파 지도자
두 정탐꾼 숨겨줌	하나님의 임재하심	"바친 물건"을 훔침
다윗의 조상이 됨	여리고 성이 무너짐	아골 골짜기 무덤

2. 가나안 정착 _ 13-24장 : 18년(유업 받음)

가나안 땅에서 안식을 누리기 위한 도구-세겜 언약 (8, 24장)	
배 경	가나안 땅에서 정착한 백성들이 안식을 누리며 살기 위해 주심 가나안 정복은 하나님의 계획과 도우심으로 이루어졌기에 언약
조 건	순종은 안식, 불순종하면 40년 방황처럼 혼란이 옴(사사기)
목 적	조상들이 순종함으로 안식 누림, 안식을 못 누리는 불순종 경고

가나안 정복은 7년이라는 짧은 시간 안에 이루어졌지만, 결국 정착의 실패함으로 그 빛이 바래게 된다. 가나안 땅의 분배는 아브라함에게 땅에 대한 약속이 실제로 성취된 것이지만 아직 정복해야 할 땅들이 많이 있었다. 여호수아에게는 정복해야 할 땅이 많았지만, 다음 세대는 가나안 사람들을 두려워하여 완전히 몰아내지 못했다. 여호수아는 말년에 모든 지파를 불러 모아 그들에게 여호와께 충성하고, 끝없이 정복하라고 훈계했다(23-24장).

나눔의 축복 _ 내 삶에서 정복해야 할 영역은(가정, 일터, 관계, 비전)?

9. 안주하면 도리어 정복당한다 _ 사사기

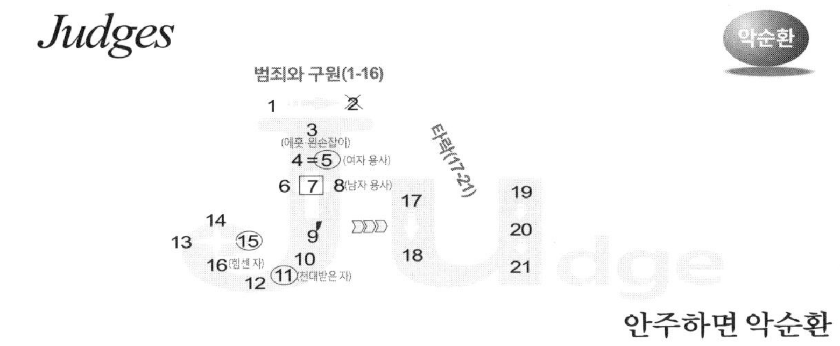

범죄와 구원(1-16)

A 1 _ 정복 실패
A' 2 _ 다음세대 범죄
3 _ 옷니엘, 에훗
4 _ 드보라 예언
5 _ 드보라 노래
A 6 _ 기드온 표적
X 7 _ **기드온 300용사**
A' 8 _ 기드온 실수
9 _ 아비멜렉 죽음

A 10 _ 돌라,야일,입다
X 11 _ **입다 서원**
A' 12 _ 입산, 엘론, 압돈
A 13 _ 삼손 출생
14 _ 삼손 사랑 빠짐
X 15 _ **나귀 턱뼈-죽임**
A' 16 _ 삼손 죽음

타락(17-21)

17 _ 미가 신상
18 _ 단지파 범죄
A 19 _ 베냐민지파 범죄
X 20 _ 베냐민지파 멸망
A' 21 _ 베냐민지파 애곡

교회는 타락할 수 있는가? 성도는 타락할 수 있는가? 그렇다

여호수아가 죽은 뒤에 이스라엘 백성들은 바알 우상을 섬기며, 가나안 문화에 빠져 타락하였다. 이에 하나님은 주위 나라를 통하여 징계하셨고, 백성들이 하나님께 부르짖을 때 마다 하나님은 13명의 사사, 즉 '다스리는 자'를 보내어 그들을 구원해 주셨다. 사사로 말미암아 평화의 기간을 누리면 다시 타락하여 죄악의 길을 걸었다. 이러한 '죄와 은혜의 역사'는 7번이나 반복되었다. "자기 소견에 옳은 대로" 행하면 평안과 안식은 오래 갈 수 없다.

기록 목적 _ 사사기는 각자 '그 소견에 옳은 대로(21:25)' 행할 때 비참해질 수 있다. 의로운 왕을 필요로 한다는 것을 가르쳐 준다.

저자 _ 사무엘? **기록연대** _ B. C 1043– B. C 1004년

주제 _ 죄는 고통으로 이끌지만 회개는 언제나 구원으로 이끈다.

성경관통 _ 하나님의 백성들이 바알에 빠진 이유는?

왜 그들은 가나안 문화인 바알(돈, 섹스, 권력)에 빠지게 되었는가? 첫째, 땅의 풍요를 가져다주는 신은 오직 비를 내리는 바알 이라고 믿었기 때문이다. 둘째, 바알 신을 섬길 때 성관계를 하며 제사를 지냈는데 이러한 짜릿함에 유혹되었다. 정욕을 채워주고 만사형통을 주는 바알을 섬기는 것이 얼마나 좋았겠는가?

사사기는 약 400년에 걸쳐 7번이나 반복되는 악순환을 보여준다. 이는 하나님의 백성들이 '안식'을 누리자 가나안의 향락 문화와 물질문명에 재미가 붙어 세상 문화에 타협을 하면서 시작되었다. 그 결과 그들은 종교와 도덕적 부패에서 헤어날 수 없었다. 그들은 자신의 소견에 옳은 대로 자신이 왕이 되어 멋대로 행함으로 타락하였고 결국 대적들의 손에 붙여져서 징계를 받았다.

1. 범죄(1-2장): 은혜 미룸

하나님께서는 약속의 땅을 선물로 주셨음에도 정착에 실패했던 원인이 "하나님께 순종하지 않았기 때문이다"라고 알려주셨다(2장). 이스라엘은 가나안 원주민을 쫓아내지 못함으로 그곳에 만연해 있던 죄악에 감염되었다. 그들의 비극적인 실패의 원인은 "그 후에 일어난 다른 세대는 여호와를 알지 못하였더라"(2:10)는 것이다. 하나님의 행하신 놀라운 가나안 전쟁을 깡그리 잊어버리는 데에는 놀랍게도 한 세대도 지나지 않았다.

2. 구원(3-16장): 은혜 간구

하나님은 사사를 보내어 일곱 번이나 배신한 이스라엘에게 일곱 번의 구원을 해 주셨다. 그들은 다시 일곱 번의 죄악에 빠졌다. 하나님은 그들을 구원하기 위하여 13명의 사사들을 보내주셨다.

사사들의 중심이 되는 기드온 이야기(6-8장)는 여호와께서 기드온을 통해 바알 우상을 부수고 난 후에, 13만 5천명의 미디안 군대를 300명으로 격파하게 하셨다. 이는 하나님이 왕이 되심을 드러내신 것이다. 전쟁에서 승리한 후에 이스라엘 백성이 기드온에게 왕이 되어 달라고 요구하였을 때 "내가 너희를 다스리지 아니할 것이요 여호와께서 너희를 다스리리라"고 하였다. 그는 이스라엘 백성들에게 "오직 여호와가 왕으로 다스릴 것이다"고 했다.

하나님은 약한 자를 통해서도 구원을 이루셨다. 왼손잡이 에훗(3장)은 오른 손 장애가 있음에도 불구하고 용감하게 적진 에글론 왕을 죽이는 일을 감행하였다. 드보라(4-5장)는 여자 사사임에도 철병거 900승을 거느린 시스라의 공격에서 믿음과 용기로 승리하였다. 이와 반대로 구약의 아놀드 슈워제네거인 힘센 삼손(13-16장)은 그의 특출함 힘으로 승리할 수 있음에도 불구하고 이방 여자와 사랑에 빠졌다. 인격이 부족한 삼손은 하나님의 나라를 위해주신 은사를 제대로 사용하지 못했던 미성숙한 청소년 같았다. 그는 결국 눈이 뽑히고 포로가 되고 말았다. 그럼에도 불구하고 삼손이 하나님의 약속을 지킬 것을 결단했을 때, 머리카락이 다시 자라났다. 삼손은 '쉰들러 리스트'의 주인공이 유대인의 목숨을 구한 것처럼 이스라엘을 구원함으로 그 이름이 기억 되고 있다.

		압제자		구원자	평화	기 능
a	1	메소포타미아	8년	옷니엘	40년	최초의 국가 지도자
b	2	모 압	18년	에훗, 삼갈	80년	안식의 제공자, 왼손잡이
c	3	가나안	20년	드보라,바락	40년	국가 여성 지도자, 바락 협력
x	**4**	**미디안**	**7년**	**기드온**	**40년**	**구원자(3백 vs 13만 5천)**
c'	5	아비멜렉	3년	돌라, 야일	45년	돌라-중재자 및 행정관
b'	6	암 몬	18년	입다	6년	서원하여 딸을 받침
a'	7	블레셋	40년	삼손	40년	천하장사, 나실인

©성경맥관통학교

3. 타락(17-21장): 은혜 망각

문화의 중심은 종교이다. 문화는 종교의 산물로 종교의 타락은 곧 도덕적인 타락으로 이어진다. 그 당시 톱뉴스는 미가 집안의 우상숭배가 나중에 단 지파까지 우상숭배에 빠트렸다는 소식과(17-18장) 당시 지도자인 레위인의 첩이 성폭행을 당해 죽었는데 그 시체를 열두 토막을 내어 각 지파에 보내어, 그 일로 동족 상전의 비극이 발생한 소식이다(19-21장). 사사시대를 대표하는 두 이야기를 비디오로 본다면 '아! 이 시대는 정말 타락했구나' 라는 탄식이 저절로 나올 것이다.

이는 소돔과 같은 타락한 모습이 이스라엘 내부에 있었다는 슬픈 이야기이다. 이 시대를 이해할 수 있는 열쇠는 "그때에 왕이 없으므로 사람이 각각 자기의 소견의 옳은 대로 행하였더라"(21:25)이다. 영적 타락은 자기 생각에 옳은 대로 마음대로 선택하는 것에서 시작된다. 사사기는 이스라엘의 죄 문제를 평안과 안식과 번영을 해결할 수 있는 '왕'을 갈망하고, 타락한 백성을 구원할 왕이 등장함으로 해결 될 것을 기대하며 끝을 맺는다.

나눔의 축복 _ 교회가 문화에 타협하고 있는 부분과 대책은?

9-1 진흙탕 속에서 핀 한 송이 꽃 _ 룻기

나오미의 텅 빈 삶이 룻과 보아스의 헌신적인 사랑으로 풍성하게 채워진 것처럼, 하나님을 위하여 목숨을 걸고 헌신한 다윗을 통해 사사시대의 불안이 '참 안식'을 누리게 되었다. 절망의 늪에 빠진 이스라엘에 룻의 헌신으로 말미암아 다윗 왕이 탄생한다.

1. 룻의 헌신적인 사랑 _ 1-2장 : 희생

기근 때문에 고향을 등지고 풍성한 양식을 얻기 위해 모압으로 내려간 나오미(기쁨)는 남편 엘리멜렉(나의 하나님께서는 왕이시다)과 두 아들을 다 잃고서 몰락하였다. 그런데 여호와께서 자기 백성을 권고하사 그들에게 양식을 주셨다는 소식을 듣고 나오미는 룻과 함께 고향으로 돌아왔다. 룻은 세상적인 소망이 없음에도 불구하고 오직 하나님을 섬기는 하나님의 백성이 되고자 했다. 이에 하나님은 룻은 보아스를 만나도록 은혜를 베풀어 주셨다.

2. 헌신적인 사랑에 대한 상급 _ 3-4장 : 보상

하나님은 룻의 헌신적인 사랑을 인정하셨고, 보아스를 기업 이을 자로 세우시고 수치와 가난에서 구원해 주셨다. 그리고 더 나아가서는 그리스도의 계보에 오르는 영광스런 이름의 룻이 되게 하셨던 것이다. 그 자녀는 오벳으로서 다윗의 조부가 되며, 메시아의 혈통을 잇게 된다. 나오미는 '기업'을 이어갈 수 있어 쓴 눈물(마라)을 흘리던 사람에서 희락(나오미)을 누리는 자로 바뀌었다.

10. 순종은 평화와 안정을 준다 _ 사무엘상·하

진정한 왕은 하나님의 마음에 합한 자

사울(무심)
A 1 _ 사무엘 출생
B 2 _ 한나의 노래
X **3 _ 사무엘 소명**
B' 4 _ 법궤 약탈
5 _ 법궤 재앙
6 _ 법궤 반환
A' 7 _ 사무엘 치리
A 8 _ 왕정 요구
B 9 _ 사울 추천
10 _ 사울 선출
11 _ 사울 즉위
X **12 _ 사무엘 고별**
B' 13 _ 번제 월권
14 _ 요나단 승전
A' 15 _ 사울 불순종

다윗(전심)
A 16 _ 다윗 등장
X **17 _ 다윗 승리**
18 _ 다윗 우정
A' 19 _ 다윗 피신(라마)
20 _ 우정 맹세
A 21 _ 다윗 피신(가드)
22 _ 아둘람굴
B 23 _ 그일라 구출
C 24 _ 엔게디 굴
X **25 _ 다윗과 아비가일**
C' 26 _ 십 황무지
B' 27 _ 가드 망명
A' 28 _ 엔돌 접신
29 _ 다윗 불신
30 _ 아말렉 전멸
31 _ 사울 자살

다윗 엄청난 승리
1 _ 사울 죽음 애도
A 2 _ 유다 왕 다윗
B 3 _ 다윗 번영
4 _ 이스보셋 피살
C 5 _ 통일 왕 다윗
6 _ 법궤 입성
X **7 _ 다윗 언약**
C' 8 _ 영토 확장
B' 9 _ 므비보셋
A' 10 _ 암몬 정복

다윗 엄청난 실패
A 11 _ 밧세바 간음
X **12 _ 나단 책망**
A' 13 _ 암논 강간
A 14 _ 압살롬 귀환
15 _ 압살롬 반역
16 _ 압살롬 입성
X **17 _ 후새 모략**
A' 18 _ 압살롬 죽음
19 _ 다윗 환궁
20 _ 세바 반란

A 21 _ 3년 기근
22 _ 즉귀 감사
23 _ 다윗의 용사
A' 24 _ 인구 조사

누가 하나님의 마음에 합한 사람인가?

사무엘상·하는 이스라엘의 통치권이 사사에서 왕으로 넘어가는 과도기 역사로 다윗에 관한 이야기이다. 사울은 교만과 성급함, 그리고 불순종으로 하나님의 버림께 받았다. 다윗은 하나님만을 전심으로 따름으로 평화와 안식을 백성들에게 준 왕이 되었다. 비록 죄를 지었지만 하나님의 뜻을 따름으로 최고의 번영을 누렸다.

기록 목적 _ 하나님께서 세우신 다윗 왕조의 정당성을 옹호한다. 사사 시대에 처절한 실패를 경험한 그들에게 하나님께서 계속해서 통치하신다는 사실을 분명하게 밝혀주고자 하였다.

저자 _ 사무엘 선지자와 갓과 나단 **기록연대** : B. C 960－900년경

주제 _ 하나님께 순종하는 마음에 합한 자를 축복하신다.

하나님은 아브라함을 통해서 '백성'을 만드셨고, 모세를 통해 '법'을 주셨고, 여호수아를 통해 '땅'을 주셨다. 하나님은 세상에 영향력을 미칠 수 있는 나라를 만드시길 원하셨다. 하나님이 건설하고자 하는 나라의 모형을 만든 인물이 다윗이다. 왜 하나님은 다윗을 '마음에 합한 사람'이라고 했는가? 그는 하나님의 뜻을 좇아 살았다. 그는 하나님의 목적을 섬기다가 갔다(행 13:36).

1. 사무엘 _ 삼상 1–7장

이스라엘은 정치적으로 블레셋의 압박을 받고 있으며, 경제적으로 적으로부터 수탈을 당하고, 도덕적으로 혼돈뿐 아니라 종교적으로 타락하는 등 희망이 없었다.

누가 이 도탄에 빠진 나라를 구할 것인가? 이러한 배경 가운데 사무엘서는 다윗의 왕위 등극에 결정적인 역할을 한 선지자 사무엘의 출생에 관한 내용으로 시작이 된다. 그 당시 엘리의 아들들은 방탕과 타락한 자로 유명했다. 하나님은 이러한 시기에 개입하시어 사무엘을 탄생시키고 그를 선지자로 부르시고, 도덕적으로 어두운 시대에 있는 하나님의 백성들을 돌아보게 하신다. 사무엘은 어머니 한나의 소원과 기도의 응답으로 탄생하였다(1장). 한나는 사사시대의 미가 어머니와는 비교되는, 하나님을 바르게 섬긴 사람이다. 사무엘은 '하나님의 말씀이 희귀하여 이상이 흔히 보이지 않았던' 시대에 하나님의 선지자로 세움을 받았다(3장).

약 20년 후, 사무엘은 전 민족 차원에서 미스바에 모여 회개를 하였고, 하나님의 도우심으로 블레셋 족속을 패배시켰다(7장).

2. 사울 _ 삼상 8-15장 : 40년 통치(하나님께 무심)

백성들은 "열방과 같이" 자신들에게 왕을 세워 달라고 하나님께 구했다. 이것은 그들이 '하나님께 순종할 왕'을 원한 것이 아니라 '하나님을 대체하여 자신들에게 만족을 줄 왕'을 원한 나쁜 동기에서 비롯되었다(8-9장). 이는 열방처럼 '하나님 없이 다스리는 왕'을 구한 것이다. 고대 왕을 뽑을 때 용모와 키를 보았는데 사울은 탁월하였다. 왕은 또한 겸손한 모습을 갖추어야 하는데 진정한 겸손이 아닌 위장된 겸손이었다. 미스바에서 왕을 세우는 예식에서 사울의 겸손함과 용모가 탁월하게 돋보였다(10-12장).

사울은 세 번의 중대한 실수를 하면서 버림받음	
13장	블레셋과의 전투를 앞두고 제사장 역할을 침범하여 제사 드림
14장	블레셋 전투에서 금식명령을 내려 백성이 피 채 고기 먹게 함
15장	아말렉을 쳐서 진멸하라는 명령을 부분적으로만 순종
→ "순종이 제사보다 낫고 듣는 것이 수양의 기름보나 낫다"	

사울의 총체적인 불순종은 마치 에덴동산의 아담과 하와처럼 최적의 환경이었지만, 자신의 책임을 다른 사람에게 전가시켰다.

사울은 다윗을 시기하여 그를 죽이려고 40년 통치 기간을 낭비하였다. 결국 사울은 블레셋 전쟁에서 최후를 맞이하였고, 결국 자신의 칼에 의해 죽고 말았다(31장). 사울은 백성들의 마음에 합한 사람이었으나, 다윗은 하나님의 마음에 합한 사람이었다. 사울은 내가 원할 때 하나님을 찾는 기복 신앙을 가졌지만, 다윗은 긴 고난 가운데 하나님만 붙잡는 절대 신앙으로 왕으로 세움 받았다.

3. 다윗 _ 삼상 16-31장 : 40년 통치(하나님께 전심)

다윗은 인간 왕이지만 하나님의 대리통치자로서 쓰임 받은 인물이다. 다윗은 이스라엘의 위기 순간이 왔을 때, 골리앗이 하나님의 명예를 모욕하자 전투장으로 나아갔다. 골리앗은 2m 96cm로 네피림의 후손인 아낙 자손이었다. 아낙 자손은 하나님의 나라가 싸워야 할 세상 나라의 왕을 상징하는 사람들이다. 다윗은 "너는 칼과 창과 단창으로 내게 오거니와 나는 만군의 여호와의 이름 곧 네가 모욕하는 이스라엘 군대의 하나님의 이름으로 가노라"(17:45)고 선포하며 믿음으로 골리앗을 무찔렀다.

다윗이 골리앗을 죽이고 난 후에, 요나단은 다윗을 위하여 자신이 물려받을 수 있는 왕위를 포기한다(18-20장). 반면 사울은 다윗을 죽이고자 전국을 돌아다니며 다윗을 추격하지만 하나님께서 끝까지 보호해주셨다(21-27장). 다윗은 아둘람 굴로 도망갔는데 그곳에서 사회적으로 소외된 사람들이 그에게 모이기 시작하였다(22장). 그가 두 번이나 사울을 죽일 기회가 있었지만 사울을 살려준 것은 전적으로 하나님께 맡겼기 때문이다(24-26장). 이는 하나님의 뜻대로 살지 못한 사울과 다윗과는 대조를 이룬다.

준비된 지도자 다윗(삼상)	통치하는 지도자 다윗(삼하)
1. 목자 다윗(16장)-성령이 임함	1. 이스라엘의 목자 다윗(1-10장)
2. 음악가 다윗(16장)-수금을 연주	2. 간음한 죄인 다윗(11장)
3. 용사 다윗(17장)-골리앗 이김	3. 암살롬에 쫓기는 다윗(12-17장)
4. 추격당하는 다윗(18-31장)	4. 왕위 회복한 다윗(18-24)

사무엘상

정복하라

4. 다윗의 엄청난 승리 _ 삼하 1-10장

다윗은 가는 곳 마다 적군을 무찌르고 가나안 땅 정복기에 비해 영토의 약 3배를 확장하였다. 이스라엘 왕국은 다윗의 '통치'로 확장되고 '평안'하고 '안정'되어 나갔다. 그는 유다지파의 왕이 되어 헤브론에서 7년 반 동안 다스렸고, 그 후에 온 이스라엘 왕이 되어 예루살렘에서 32년 반을 다스린다. 총 40년 동안 다스렸다.

다윗은 이스라엘 전역의 왕권을 장악한 후에 자신이 왕이 된 것은 하나님의 은혜로 되었다고 고백한다. 그래서 그는 예루살렘을 정복하고 언약궤를 예루살렘으로 옮겨 왔다(6장). 잊혀진 하나님의 임재를 나라 중심에 두고자 한 것이다. 법궤를 모신 것을 만족하지 않고 그는 하나님이 그의 백성 중에 임재하실 영원한 성전을 건축 하려고 하였다(7장). 이에 하나님은 거꾸로 다윗에게 집을 지어 주겠다고 하셨다. 이것은 다윗의 상상을 초월한 것으로 '다윗과의 언약'을 통해 메시아 왕조를 이룰 것을 약속한 것이다(7장). 우리도 먼저 하나님 나라를 구하면 축복을 받을 것이다.

통치의 축복- 다윗 언약 (삼상 7:8-12)	
배경	다윗은 하나님의 은혜로 왕이 된 것을 감사하여 성전 건축 원함 → 하나님은 성전 건축을 허락하지 않지만 언약을 통해 복을 주심
내용	하나님께서 다윗의 왕국을 폐하지 않고 영원한 왕국으로 만들어 주시겠다는 약속 → 남왕국 후손은 언약 관계 속에서 복 받음
의미	이 약속은 신분을 높여 지속시켜 주시는 복, 이름을 존귀케 되는 복 안정과 평안의 복, 자식에 이어지는 계속적인 복이다.
성취	다윗의 혈통은 천년이 지난 후에, 한 왕을 통해 약속이 실현됨 우리도 다윗처럼 언약에 순종하는 삶을 살 때 그 복이 임한다.

5. 다윗의 엄청난 범죄 _ 삼하 11장

외적인 승리는 완벽해 보였지만 내적인 적은 '자신'이었다. 그는 왕궁에서 빈둥대고 놀다가 밧세바와 간음하고, 우리아('하나님의 오른편')을 살인함으로 그의 왕권은 내리막길로 떨어졌다. 다윗의 근본적인 죄는 가인처럼 폭력을 행사한 것이다. 나단 선지자의 책망을 들은 다윗은 사울과는 달리 눈물로 침상을 적시는 회개함으로 하나님과 깊은 교제의 삶을 살고자 하였다(시편 51편). 하나님은 그런 그에게 복을 주셨고, 백성들에게도 복을 주셨다.

6. 다윗의 엄청난 재난과 회복 _ 삼하 12-24장

다윗의 범죄의 결과로 밧세바 사이에 태어난 아기는 죽고, 다윗의 아들 암논은 근친상간을 범하며, 그리고 압살롬은 암논을 살해한다. 압살롬은 "이스라엘 사람의 마음을 도덕질" 하지만 압살롬은 그 자신의 음모와 미모에 의하여 함정에 빠지고 말았다.

하나님은 다윗에게 은혜를 베푸사 왕위를 회복하게 해주셨다(19장). 그럼에도 다윗은 미래의 정복 전쟁 준비와 자신의 위를 확실하게 세우는 것을 목적으로 인구 조사를 실시한다. 하나님을 의지하기 보다는 자신의 군사력을 의지하는 교만으로 환난을 겪는다(삼하 24장). 하나님 은혜로 다윗의 시대에 역사상 최고의 평화와 번영을 누렸다. 이어 평화의 왕인 솔로몬이 왕위를 계승하였다.

나눔의 축복 _ 하나님의 마음에 합한 삶은 어떤 삶인가?

성경관통 _ 다윗이 왜 축복을 받았는가?

인생에서 승리하는 가장 큰 비결은 마음가짐에 있다. 어떤 마음가짐을 가지느냐에 따라 우리 인생이 바뀌게 된다. 열정은 인생에서 승리하는 중요한 요소이다. 열정은 어떤 어려움에도 주저 하지 않고 일어설 수 있는 힘을 준다. 또한 시련을 피하지 않고 견디게 한다. 열정을 가질 때, 목표를 가지고 끝까지 달려갈 수 있게 된다. 목표가 있으면 무서운 힘을 발휘한다. 그러므로 당신이 꿈을 가지고 있다면 구체적인 목표를 세워야 한다.

다윗은 이스라엘 사람들에게 가장 존경받는 인물이 된 것은 그에게는 '하나님을 향한 불타는 열정'이 있었기 때문이다. 그는 가난한 집안에서 태어났기 때문에 그 당시 선지자 학교가 있었지만 그는 정식적인 학교에도 다니지 못했다. 다윗은 가정에서 부모와 형으로부터 왕따를 당하며 살았다. 그럼에도 그는 들판을 버림받은 장소로 여기지 않고 훈련 장소로 삼았다. 남이 알아주지 않는 장소에 있다고 실망하지 말라. 그곳이 당신을 성장하기 위한 하나님의 훈련 장소이다. 다윗은 자신의 한계라는 고정관념이라는 울타리 안에 갇혀 있지 않기 위해 끝임 없이 물맷돌을 던지고 악기를 다루며 감성을 키웠다. 그의 열정은 곰과 사자를 쳐 죽이면서 하나님이 함께 하면 거인이 될 수 있다는 것을 알게 되었다. 그는 이러한 경험을 바탕으로 골리앗을 넘어뜨릴 수 있었다.

하나님의 목적대로 살고자 하는 뜨거운 열정이 하나님의 마음에 합한 사람이 되고, 사람들에게 가장 존경받는 인물이 되도록 만들었다. 다윗은 열정으로 축복을 만들어 가는 사람이었다.

11. 번영은 언약의 충성에 달려 있다 _ 열왕기

통일 왕국(왕상 1-11)
A 1 _ 솔로몬 즉위
2 _ 솔로몬 왕권
B 3 _ 솔로몬 지혜
C 4 _ 솔로몬 명성
5 _ 성전건축 준비
6 _ 성전건축
7 _ 왕궁 건축
X **8 _ 성전 봉헌**
C' 9 _ 불순종 솔로몬
B' 10 _ 부, 말, 여자
A' 11 _ 솔로몬 타락

분열왕국(왕상 12-22)
12 _ 왕국 분열
13 _ 선지자 경고
14 _ 여로보암 경고
15 _ 아비얌, 아사
A 16 _ 아합 통치
B 17 _ 사르밧 과부
X **18 _ 갈멜산 전투**
B' 19 _ 호렙산 피신
20 _ 아합 실수
21 _ 아합 탐욕
A' 22 _ 아합 전사

분열 왕국(왕하 1-17)
1 _ 아하시야 죽음
A 2 _ 엘리사 사역
3 _ 물이 공급
4 _ 수넴 여인 이적
5 _ 나아만 치유
6 _ 아람군대 소경
7 _ 음식 기적적 예비
8 _ 수넴 여인 도움
X 9 _ 이세벨 죽음(예후)
10 _ 예후 개혁
11 _ 아달랴 vs 요아스
12 _ 요아스 성전 수리
A' 13 _ 엘리사 별세
14 _ 아마샤(남), 여로보암II
15 _ 북 5왕 반역
16 _ 아하스 통치(남)
17 _ 북왕국 멸망(호세아)

유다 왕국(왕하 18-25)
A 18 _ 히스기야 개혁
X **19 _ 히스기야 승리**
A' 20 _ 생명 연장
21 _ 므낫세 우상 섬김
A 22 _ 요시야 율법책
X **23 _ 요시야 종교개혁**
A' 24 _ 바벨론 침공
25 _ 유다 멸망

하나님이 바벨론보다 힘이 없어 포로가 되게 하셨는가?

솔로몬 이후 북이스라엘과 남유다가 망하게 된 것은 하나님이 힘이 없어서 그렇게 된 것이 아니라 왕과 백성들이 하나님께 대한 반역과 불순종 때문이다. 왕들이 멸망하게 된 가장 큰 원인은 그를 왕으로 세우신 여호와에게서 등을 돌린 것이었다. 하나님께로부터 영원한 통치 약속을 축복으로 받을 수 있었지만 말씀을 무시하여 왕조가 망하였고, 평안과 번영은 사라졌다.

기록 목적_ 하나님의 언약을 신실하게 순종하면 번창하게 되지만 하나님의 뜻에 따라 선택함을 받았음에도 불구하고 언약을 신실하게 살지 못하면 포로에 이르고 만다는 경고를 하고 있다.

저자 _ 예레미야(탈무드 전승) **기록연대 _** B.C 645–573년

주제 _ 하나님 백성의 번영은 언약에 충성하느냐에 달려 있다.

정복하라

열왕기는 하나님의 나라가 파괴됨으로 평안과 번영이 깨지는 것으로 끝난다. 하나님의 백성이 하나님을 왕으로 모시지 않을 때 세상 왕들에 의해 지배를 받았고, 그 땅에서 쫓겨났다.

1. 머리- 통일 왕국(왕상 1-14장) : 솔로몬 40년 통치(반심)

솔로몬은 처음에는 하나님의 지혜를 구하여 당대 최고의 지혜를 가졌고, 성전을 건축하였으며 이스라엘 왕국의 최고의 번성기를 누렸다. 그러나 솔로몬 통치의 말기에는 가장 지혜로운 왕이 가장 어리석게도 이방 여인들과 정략결혼을 하면서 우상 숭배에 빠져 하나님을 멀리하였다. 솔로몬은 40년을 통치하면서 24년 동안 성전과 궁궐을 지었지만 나머지 16년 동안은 백성들을 말씀대로 다스리지 못하였다. 그는 자신의 이름을 알리고자 바벨탑을 쌓았지만 결국 국가 통합은 분열되고 만다. 솔로몬이 죽은 후에 르호보암이 왕이 되는 순간 남북이 갈라졌다. 분열의 원인은 솔로몬이 20년 동안 건축을 위해 백성에게 과도한 세금과 부역을 부담시켰다. 이에 노역에 시달린 백성들은 반기를 들었다. 솔로몬의 노역담당 장관이었던 여로보암은 열 지파를 모아 북이스라엘을 만든다.

솔로몬의 축복	범죄 후 솔로몬
1. 왕권 강화(왕상1,2장): 적에 대한 승리	1. 왕권 약화(10,11장): 내부 모반
2. 지혜의 왕(3,4장):행정적, 신적 지혜	2. 어리석은 왕-우상숭배 경고(3, 6, 9장)
3. 물질적 축복(4-10장): 금, 말, 선박	3. 물질적 파탄(10,11장): 왕위 분열
4. 성전 건축(5-9장): 성전 봉헌	4. 상전 파괴(왕하): 포로 됨

2. 몸통 – 분열 왕국(왕상 15– 왕하 15장)

몸통부분은 왕국의 분열로 북이스라엘을 중심으로 전개한다. 특히 아합 왕과 엘리야의 이야기가 거의 대부분이다. 사가는 열왕기상의 경우 거의 대부분 북이스라엘 왕 가운데 여로보암과 아합 왕의 기록뿐이다. 총 22장 중에서 단 2장만 나머지 왕들을 아주 간단하게 요약하고 있다. 아합 왕이 죽으면서 열왕기상은 끝난다. 열왕기상하에서 엘리야와 엘리사의 활동이 75%의 분량을 차지하고 있다. 이것은 몸통부분으로 엘리야와 엘리사가 하나님의 나라를 대적하는 바알 세력을 어떻게 승리로 이끌었는가를 보여준다.

북이스라엘 정부를 세운 여로보암은 무엇보다 걱정하는 것이 있었는데 10지파 백성들이 피 땀 흘려 지은 솔로몬 성전에 하나님을 섬기려 예루살렘에 갈지도 모른다는 것이었다. 그래서 여로보암은 황금송아지를 만들어 '이는 너희를 애굽에서 인도하여 올린 너희의 신'이라고 하면서 단과 벧엘에서 숭배하게 하였다(12장). 이것은 북방 왕들이 여로보암의 죄를 떠나지 않고 '여로보암의 길'로 따라갔다가 결국 멸망당한 원인이 되었다.

북 이스라엘의 왕위는 서로 다른 왕조가 반역함으로 정권이 이어졌다. 초기 왕은 여로보암, 바아사, 시므리 그리고 오므리 왕조이다. 아합 왕은 오므리 왕의 아들이다. 아합 왕은 열왕기상에 일곱 장을 차지하는 이유가 무엇인가? 아합 왕이 바알 숭배 전도자로 온 이세벨과 결혼함으로 하나님의 나라를 무너지게 하였기 때문이다. 하나님은 남북이 나누어지게 하여 하나님의 나라를 선전하는 제사장 나라로 선의의 경쟁을 하기를 원했는데, 그들은 오히려 세상나라에 섞이고 정치적으로 정복당하였다. 하나님의 나라가 존재하는 이유는 세상 나라에 하나님의 나라의 복을 전하는 것이다. 그런데 세상 문화라는 이름으로 바알 종교는 왕조까지 위협하였다. 이것은 불과 몇 대가 지나지 않아 벌어진 일이다.

가나안의 바알 종교는 문화라는 이름으로 북이스라엘뿐만 아니라 남 유다의 여호사밧이 자기 아들을 이세벨의 딸 아달랴와 정략 결혼하도록 하였다. 이것은 피가 섞이는 결과를 낳아 남유다까지 바알 때문에 왕궁이 더렵혀지게 되었다. 결국 아달랴는 다윗 혈통을 없애려고 쿠데타를 일으켜 다윗의 씨를 말리려고 하지만 요아스가 극적으로 구출되어 다윗의 혈통을 이어갔다.

성경은 하나님의 나라와 세상 나라의 힘의 상징인 바알과의 싸움 이야기이다. 엘리야는 하나님의 백성들을 대표해서 바알의 선지자 850명과 갈멜산에서 거룩한 전쟁을 벌인다(왕상 17–19장). 다윗이 골리앗과 싸웠듯이 엘리야는 이세벨의 추정자들과 싸운다. 바알은 불을 내리는 번개신 이었지만 아무런 응답이 없었다. 엘리야가 기도하자 여호와께서 불로 태움으로 여호와만이 참 신이심을 나타내셨다(18장). 3년 동안의 가뭄에서도 비를 내려 주지 않은 바알 신의 무능력함을 보이시고, 하나님께서 엘리야가 기도했을 때 비를 내리셔서 여호와만이 참 신이심을 한 번 더 드러내셨다.  암흑의 시기에도 빛을 발한 엘리야와 엘리사는 타협하지 않고 담대히 하나님의 말씀을 선포하여 하나님의 일하심을 드러내었다. 열왕의 실패에도 엘리야와 엘리사 선지자를 통해 여호와께서는 자신이 이스라엘의 왕이라는 점을 온 천하에 입증하셨다.

엘리야는 하늘로 승천하지만 아합은 아람과 전쟁에서 비참하고 죽고, 이세벨은 난간에 떨어져 죽어 개가 피를 핥게 되었다.
엘리야가 승천한 후에 엘리사 사역 전에 <오바댜 선지자>는 에돔족속의 멸망과 야곱의 후손의 회복에 대하여 예언하였다. <요엘 선지자>는 최근 유다에 발생한 메뚜기 재앙을 통해 회개하고 겸손히 하나님께로 돌아와 하나님의 축복을 받도록 경고하였다.

엘리사의 기적 중 가장 흥미로운 것은 문둥병자 나아만이 요단강에 일곱 번 몸을 담그라는 명령에 순종하여 기적적으로 고침을 받은 것이다(5장). 나아만은 이스라엘의 적국의 장군임에도 불구하고 은혜를 받았다. 이는 하나님께로 나오기를 원하는 자에게 풍성하게 채우시는 하나님의 은혜를 보여준다.

예후는 이세벨과 아합의 아들들과 바알 우상숭배자들을 전멸시켰다. 이것은 엘리야가 예언한 말씀대로 응했다는 것을 보여주는, 하나님이 진정한 왕이심을 드러내는 사건이다. 예후왕조는 아합의 역사를 심판하는 역할을 했을 뿐이다. 바알 숭배를 따르는 결과는 심판과 멸망뿐이다.

북 왕국에서 가장 번영을 가져다 준 왕은 여로보암 2세이다. 그의 41 년간의 통치는 "여호와 보시기에 악을 행하여 이스라엘로 범죄케 한 여로보암의 모든 죄에서 떠나지 않았다." 여로보암 2세 시대에 사치와 향락으로 죄악에 가득한 그들에게 <아모스 선지자>는 회개를 촉구하였다. <호세아 선지자>는 신실하지 못한 고멜과 고통스러운 결혼 생활을 통해 신실하지 않은 이스라엘에 대한 하나님의 극진한 사랑을 보여주기 위해 기록하였다. <요나 선지자>는 이방인들을 위한 축복의 통로를 잊어버린 이스라엘 백성들에게 하나님의 사랑을 보여주기 위한 이야기를 전한다.

마지막 호세아 왕 때에 이스라엘은 앗수르에 의해 포로가 되었다(주전 722년). 북이스라엘은 이방 사람들과 섞이면서 다신종교 사회가 되어 버렸다. 시간이 흘러 혼혈이 되어 신약에 '사마리아인'이라는 이름으로 불리게 되었다.

3. 꼬리- 남유다 멸망 (왕하 15-25장)

북왕국이 멸망 후에도 136년을 남왕국이 더 버틴 것은 하나님이 기회를 주신 것이었다. 히스기야 왕과 요시아 왕 같은 왕들이 종교 개혁을 함으로 더 축복을 받을 수 있었다. 간절한 기도로 앗수르의 대군으로부터 유다를 구한 히스기야와 하나님의 성전을 수리하고 국가적 회개와 개혁을 주도한 요시아 왕의 개혁이 있었다. 그럼에도 불구하고 죄악의 홍수를 막기에는 역부족이었고, 결국 남유다는 죄에 압도되어 바벨론(이라크)으로 포로 되어 잡혀간다.

히스기야(18-20장)는 놋뱀을 경배 하는 것을 깨뜨렸고, 유월절을 지킴으로 모범적인 신앙 보이고, 개혁하여 앗수르의 손에서 보호를 받았다. 또한 유다의 어는 정도 번영을 생겼다. 그러나 그는 앗수르의 침공을 막은 후에 바벨론 사자에게 그의 왕궁의 보물을 보여 준 어리석은 교만으로 이사야 선지자에게 비난을 받았다. <이사야 선지자>는 죄에서 돌이키지 않았기 때문에 유다는 몰락할 것이다. 그러나 하나님께서는 남은 자를 보존하시고 장차 메시아를 통해 구원하실 것을 약속했으므로 언약을 충실히 지킬 것을 촉구한다. 동시대에 <미가 선지자

>는 현실의 죄악을 고발하는 설교를 시작하여 미래의 큰 소망되신 메시아를 예언하였다.

므낫세는 55년의 긴 통치를 하면서 바알 숭배에 깊이 빠진 왕으로 손자 요시아 왕의 개혁도 악의 세력의 흐름을 바꾸지 못하였다. 요시야(왕하 22-24장)는 여덟 살에 왕이 되어 히스기야의 신앙을 이어 받아 16세에 성전 복구하던 중에 율법 책을 발견하였고, 유월절을 지킴으로 대부흥 운동을 일으켰다.

<나훔 선지자>는 다가오는 니느웨의 멸망을 선포함으로 유다 백성들을 위로하기 위해서 기록하였다. <스바냐 선지자>는 그들이 하나님을 저버림으로 말미암아 심판을 받을 것이지만, 언약의 신실하심으로 인하여 하나님께서는 그들에게 소망과 기쁨의 미래를 주실 것이라는 것을 알려 주기 위하여 스바냐서를 기록하였다.

요시아가 애굽과의 전투에서 죽은 이후에, 왕위에 오른 여호아하스는 석 달 만에 바로느고에 의해 폐위되고 여호야김이 왕이 되었다. 여호야김은 예레미야 선지자의 예언 두루마리를 잘라서 불태우고, 불순종하다가 결국 예언대로 비참한 최후를 맞이한다.

<예레미야 선지자>는 유다가 하나님의 말씀을 거역하고 회개하기를 거절했기 때문에, 바벨론으로 포로로 잡혀갈 수밖에 없지만 하나님의 은혜로운 약속으로 회복이 될 것을 선포한다. <하박국 선지자>는 "하나님이 왜 악인을 그대로 두시는가?"에 대한 질문에 하나님은 '오직 의인은 믿음으로 살아야 한다'고 답해 준다.

여호야긴(고니야)은 석 달 열흘 간 통치하면서 바벨론을 대적하다가 포로로 끌려갔다. 에윌므로닥 왕은 여호야긴에게 자유를 주고 그가

상에 앉아 먹게 하고 필요한 것을 공급해주었다. 여호야긴의 석방은 독자들에게 "다윗의 등불"에 관해 희망의 한 줄기 빛을 비추어 준다. 유다의 마지막 왕인 시드기야는 애굽과 동맹을 맺음으로써 바벨론의 침략을 받아 성전이 불태워지고 예루살렘은 정복을 당한다. 그는 눈이 뽑힌 채로 바벨론으로 끌려갔다. 그 때가 주전 586년이었다. 그는 선지자 예레미야의 예언대로 바벨론에서 70년 동안 포로 생활을 하게 된다.

<에스겔 선지자>는 멸망 이전에는 예루살렘에 대한 심판과 멸망을 전하면서 "회개하라"고 외쳤고(1–24장), 예루살렘 멸망 이후에는 하나님 백성의 회복을 예언하면서 "힘내라"는 격려를 주었다(25–48장). <다니엘 선지자>는 포로 된 이스라엘 백성들에게 하나님께서 약속하신 나라가 회복될 것이라는 소식을 전함으로써 그들을 위로하려고 기록했으며, 또한 황제 숭배 명령에 신앙으로 이길 수 있는 용기를 주었다.

열왕기는 여전히 하나님께서 자신을 위해 남은 자들을 보존하신다는 희망의 메시지를 전하며 맺는다.

+ 구약을 연대순으로 읽자

왕하 8:22 → 오바댜. 왕하 12:3 → 요엘. 왕하 13:6 → 호세아.

왕하 14:14 → 아모스. 왕하 14:24 → 요나. 왕하 15:5 → 이사야.

왕하 15:35 → 미가. 왕하 19:37 → 나훔.

왕하 23:27 → 스바냐, 예레미야. 왕하 23:35 → 하박국.

왕하 25: 30 → 예레미야 애가, 다니엘, 에스겔, 에스라, 역대상·하.

에스라 4:24 → 에스더. 에스라 5:17 → 학개, 스가랴.

에스라 7:28 → 느헤미야. 에스라 끝→ 말라기

나눔의 축복 _ 열왕의 역사를 통해 배운 교훈은?

12. 진정한 예배가 번영으로 이끈다 _역대기상·하

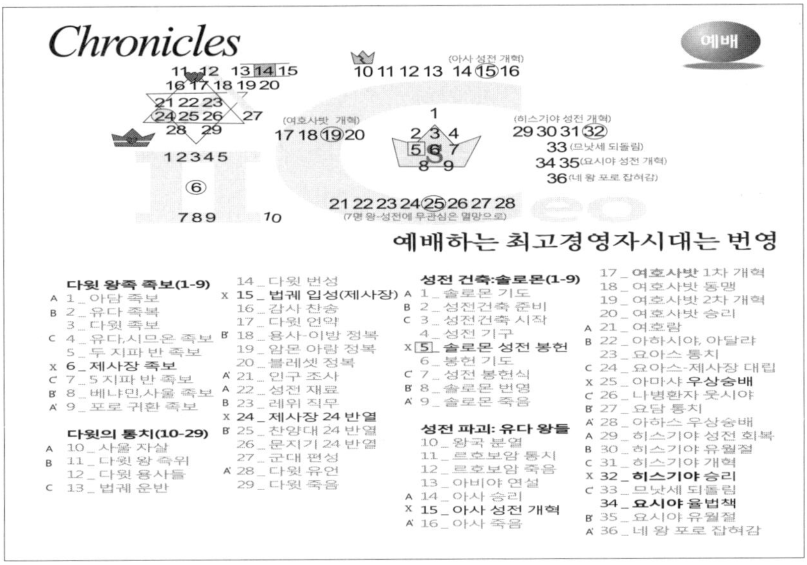

어떻게 하나님의 백성이 포로로 잡혀갈 수 있는가?" "하나님은 실패하셨는가?"하는 질문에 대하여 에스라는 "하나님이 실패한 것이 아니라 그들이 하나님이 경고하신 대로 언약에 순종하지 못했기 때문이다"라고 대답한다.

앞으로 번영한 나라를 만들려면 어떻게 해야 할 것인가? 가장 좋은 방법은 과거를 돌아보는 것이다. 다윗 시대에 어떻게 부강했는가? 열왕들은 왜 쇠락했는지 이유를 살펴보아야 한다. 과거를 거울삼아 번영할 미래의 계획을 세울 수 있다. 기자는 우리에게 하나님에 대한 태도에 따라 번영과 쇠퇴가 결정된다고 말한다.

기록 목적_ 바벨론에서 돌아온 후 백성들에게 절실히 필요했던 희망과 민족의 정체성을 심어 주려는 목적으로 기록하였다.

저자_ 에스라(탈무드 전승) **기록연대_** B. C 500년경(포로 귀환 시기)

주제_ 하나님께 드리는 진정한 예배가 번영으로 이끈다.

성경관통 _ 번영과 침체는 예배 회복에 달려 있다

바벨론에서부터 해방되어 고국으로 귀환한 후에 이스라엘에게는 그들에게 힘을 주고 회복하기 위한 무엇인가 필요했다. "어떻게 해야 살기 좋은 나라를 만들 것인가?"라는 방향을 제시할 필요가 있었던 것이다. 에스라는 이 문제를 해결하기 위해 먼저 새 성전을 짓는 일을 격려하였다. 그는 책망 보다는 하나님께 대한 예배를 회복시키기 위해 제사장과 레위인에게 성공여부는 성전을 중심으로 한 예배의 삶에 달려 있다고 말했다. 하나님과의 관계가 이스라엘의 흥망성쇠를 좌우한다. 우리는 하나님에게 예배하는 삶이 교회의 번영과 침체를 좌우하는 열쇠임을 기억해야 한다.

역대상은 아담부터 다윗 왕가의 족보와 다윗의 통치로 하나님의 나라를 이룬 것을 다룬다. 그리고 다윗은 솔로몬이 성전을 건축할 수 있도록 모든 준비를 하였다. 성전에 대한 다윗의 태도가 성공과 실패의 열쇠이다. 역대하는 경건한 왕 다윗을 본받아 그들의 삶과 신앙의 모본을 보인 왕들에게 초점을 맞추고 있다. 솔로몬과 웃시야와 여호사밧은 모두 시작은 하나님 중심으로 시작하였지만 나중에는 성공에 도취하여 부끄러운 지도자로 전락하였다.

구분	열왕기	역대기
시각	선지자적	제사장적
목적	경고와 책망	위로와 격려
관심	왕	성전
역사	정치적 역사	영적 역사

1. 다윗 왕조의 족보 _ 역대상 1-9장 : 수천년 간

지루할 정도로 길게 기록된 족보는 이스라엘 백성들 자신들이 거룩한 과거를 계승한 사람임을 인식시키기 위하여 아담부터 시작한다. 유다의 후손 다윗 왕가의 족보를 집중적으로 언급한다. 나머지 지파에 대한 족보 중에 레위지파를 특별히 강조한 것은 제사장의 역할이 중요함을 보여 준다.

역대기

2. 통일 왕국 _ 대상 10- 대하 9장 : 80년간

다윗이 하나님의 언약궤를 다시 모셔온 것과 하나님의 성전을 짓고자 하는 열망은 하나님에 대한 열정을 잘 보여 준다. 하나님께서는 '다윗과의 언약'을 맺으시고 솔로몬을 통해 '하나님의 집'을 건축하게 하셨다. 솔로몬의 성전 건축으로 이스라엘은 황금시대를 누렸다. 이것은 포로 된 공동체에 가장 큰 격려가 되었다.

3. 유다 왕들의 통치 _ 대하 10-36장 : 393년간

20명의 유다 왕들에 관한 내용이다. 기자는 여호사밧과 히스기야 왕 등의 선한 왕에게 70%의 지면을 할애하면서 예배와 성전에 대한 왕들의 태도가 번영을 가져왔다는 것을 다룬다. 왕이 하나님을 섬길 때에 유다는 정치적, 경제적 번영의 축복을 받았다. 오늘날도 하나님을 예배하는 민족은 반드시 번영을 이룬다.

개인과 나라에 성경의 진리를 모든 영역에 적용할 때, 부와 자유를 얻는다. 하나님을 예배하고 말씀을 가까이 하는 것은 우리가 이끌어내어 적용해야 할 최고의 보물이다.

나눔의 축복 _ 하나님을 향한 예배하는 나의 삶은?

13. 회복은 영적 부흥에서 시작된다 _ 에스라

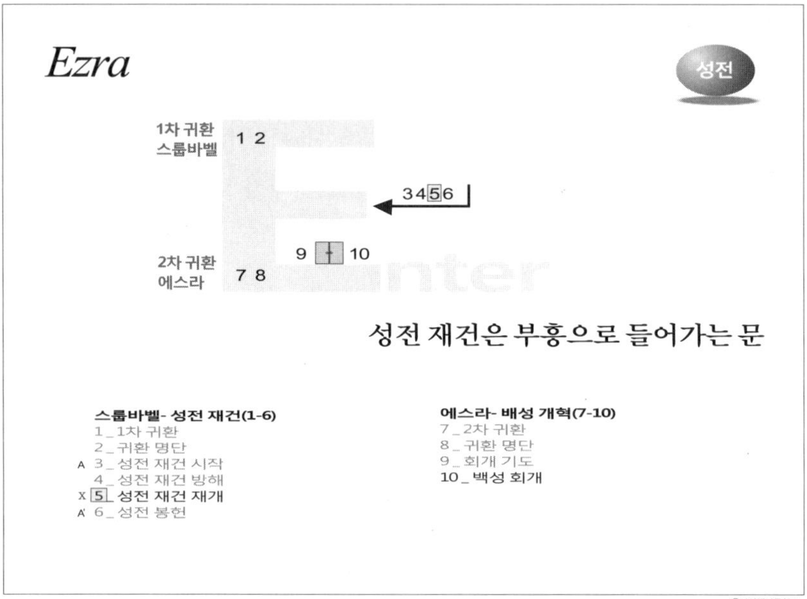

부흥은 다시 일어날 수 있는가? 나라는 변화 될 수 있는가?

하나님의 임재와 영광을 갈구하는 삶을 살 때 부흥은 일어난다.

BC 536년, 1차 귀환으로 스룹바벨이 하나님의 임재를 회복하는 성전 재건을 하였다. 2차 귀환은 에스라가 80년 뒤에 예루살렘으로 돌아와 영적 각성을 시켰다. 성전 재건에서 그치지 않고 영적 각성까지 일어날 때 부흥을 넘어 변화가 일어난다. 에스라의 다음 세대들이 이방 문화에 섞여 이방 여인들과 혼인하여 음란한 그들에게 말씀으로 회개와 대각성을 일으켰다. 이때 변화는 일어났다.

기록 목적 _ 예루살렘 성전이 거의 다 재건되었지만 적들의 방해로 지연되었다. 에스라는 성전 재건을 완성 하도록 격려한다.

저자 _ 에스라 **기록연대** _ B. C 425년 이전

주제 _ 하나님은 그 백성과 함께 하시며 약속을 지키신다.

성경관통 _ 에스라, 그는 제 2의 모세이다

에스라는 바벨론 포로로 잡혀온 사람들의 후손으로 예루살렘 귀환 시점에 "우리에게는 미래가 없어"라고 하는 백성들에게 정체성을 심어주려고 하였다. 그래서 그는 모세의 율법을 평생 연구하고 순종하고자 노력하였다. 에스라는 백성의 회복을 위해서 모세처럼 하나님의 법에 대하여 백성들을 가르치고 훈련시키는 일을 하였다. 백성이 '좌절감옥'을 부수고 나올 수 있는 비전을 심어주었다.

에스라는 교회가 세속화되었을 때 어떻게 영적 부흥을 일으키고, 하나님의 임재와 영광을 회복할 수 있는지 보여주는 모델이다. 우리는 에스라처럼 말씀으로 영광스러운 미래를 창조할 수 있다. 지금 하나님은 하나님의 나라를 회복할 사람을 찾고 계신다. 나라와 열방을 변화시킬 하나님의 말씀을 진지하게 연구하고 있는 에스라와 같은 사람을 찾고 계신다. 바로 당신이 하나님의 말씀을 진지하게 연구하고 가르치고자 한다면 하나님은 당신을 찾으실 수 있다. 어렵지 않다. 교회에서나 직장에서 성경을 가르쳐 보라. 이렇게 많은 사람들이 실천한다면 나라 전체까지 변화될 것이다. 당신이 바로 제 2의 에스라가 될 수 있다. 꿈꾸어 보지 않겠는가?

	에스라1-6장		에스라7-10장		느헤미야서
지도자	스룹바벨		에스라		느헤미야
연 대	538-515년	58년 공백	457년	13년간	444-425년
중 심	성전 재건	(에스더)	공동체 재건	공백	성벽 재건
선지자	학개, 스가랴		-		말라기
귀환자	1차 귀환(5만)		2차 귀환(5천)		3차 귀환

1. 스룹바벨 지도하의 1차 귀환 _ 1-6장 : BC 538-516

하나님은 페르시아(이란) 제국을 건립한 고레스의 마음을 감동시켜 이스라엘 백성을 고국 땅으로 돌아가게 하셨다(주전 538년). 포로로 잡혀간 지 70년이 되었을 때였다. 예레미야가 70년 포로 후에 예루살렘으로 돌아오리라고 한 예언이 성취된 것이다. 바벨론에서 귀향한 5만 명은 유대 사회에 주요 계층들이었다(2장).

2. 성전 재건과 예배 회복 _ 3-6장 : B.C 516

포로 생활에서 돌아온 백성들은 해야 할 공통적인 목표를 가지고 있었다. 황폐된 성읍을 보수할 뿐만 아니라 바로 예루살렘 성전을 재건하는 일이었다. 그들 귀환의 목적은 백성의 신앙 회복과 성전 재건을 통해 하나님 나라의 축복을 다시 누리는 것이었다.

다윗 왕의 직계손인 스룹바벨 총독과 대제사장 예수아가 성전 재건하는 일을 주도하였다. 성전 재건에 일부 족장들이 성전 건축헌금도 하고 건축에 필요한 자제들을 레바론에서 수입해 왔다. 그런데 북방에 살던 사마리아인들이 예루살렘 성전이 건축된다는 것을 알고 자신들도 성전을 건축하는 일에 동참하게 해달라고 한다. 그러나 유대지도자들은 혼혈이 된 그들을 받아들이지 않았다. 그리하여 사마리아인들은 성전 건축을 방해하는 세력이 된다. 이로 말미암아 성전건축이 기초 공사단계에서 중단되어 16년 동안이나 방치되었다.

이때 <학개와 스가랴 선지자>는 백성들로 하여금 성전 건축을 다시 하도록 권면한다(5장). <학개 선지자>는 그들이 "성전의 건축할 때가 아직 도래하지 않았다"고 비관적으로 보면서 자신들의 집을 호화롭게 건축하는 일에 더 신경을 썼다. 그 결과 그들은 16년 동안에 계속 가뭄과 흉년을 겪었다. 성전을 재건함으로 "오늘부터는 내가 너희에게 복을 주리라"는 하나님의 축복을 누리게 될 것이라고 권면한다.

<스가랴 선지자>는 그들의 잘못에 대한 책망보다는 8가지 미래의 비전을 보여줌으로 미래를 위해 헌신하라고 격려 하였다.

바사 왕의 명에 따라 이 사역을 조사한 결과 유대인의 요청은 정당하게 받아들여졌고 성전 공사는 재개되어 선전 재건 주전 516년에 이루어졌다(6장). 바사 땅에서 에스더 사건이 일어난다.

에스라

3. 에스라의 2차 귀환과 영적 회복 _ 7-10장 : B.C 458년

성전 완공되고 한 60년쯤 지나서 에스라가 5천 명 정도 인솔하여 2차 귀환을 한다. 제사장 에스라의 2차 귀환은 신앙 회복을 위한 하나님의 은혜 사건이다.

하나님은 에스라를 사용하셔서 1차 귀환한 백성들을 영적으로 도덕적으로 재건하게 하셨다. 백성들과 제사장들이 이방 여인들과 통혼한 것을 알게 되었을 때 그는 자신의 머리와 수염을 뽑고 중보기도를 드렸다(8-9장). 백성들은 에스라의 고백과 눈물을 보고 회개하며 이방 아내들을 떠나게 하고 하나님의 말씀을 따라 살기로 언약을 한다. 이 영적 부흥은 사회를 변화시키고 개혁하는 원천이 되었다.

나눔의 축복 _ 하나님의 임재와 영광을 회복하기 위해 방법은?

14. 개혁은 계속 되어야 한다 _ 느헤미야

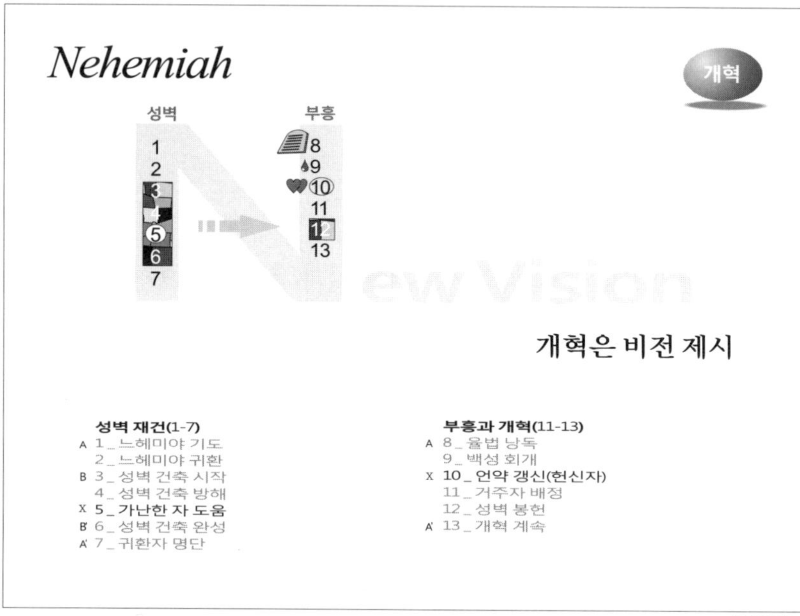

©성경맥관통학교

개혁은 어떻게 이루어야 하는가? 느헤미야가 본보기이다.

느헤미야는 에스라와 동시대 인물로 세 번째로 유대인을 귀환하여 성벽 재건과 개혁으로 이끈다(BC 445년). 느헤미야는 제일 먼저 당면한 문제에 대해 그의 동포들에게 "일어나서 예루살렘의 무너진 성벽을 재건하자"고 도전한다. 비전을 가지고 치밀하게 성벽공사를 하던 느헤미야는 밖으로의 공격과 내부 교란에도 포기하지 않고 52일 만에 성벽 공사를 완료한다. 완공 직후, 에스라로 하여금 백성들이 말씀을 듣고 부흥을 체험하는 집회를 열게 했다.

기록 목적 _ 포로 귀환한 자들에게 성벽 재건을 통해 하나님께서 백성들을 다시 세우시는 손길을 분명하게 보여 주고자 하였다.

저자 _ 느헤미야 혹은 에스라(70인 역) **기록연대** _ B.C 464–423년

주제 _ 극복할 수 없는 장애를 믿음의 순종으로 극복할 수 있다.

성경관통 _ 과업 성취를 위한 도전을 멈추지 말라

세상은 도전하는 자의 것이 된다.

꿈꾸고 도전한 요셉은 애굽 왕이 풀 수 없는 꿈을 풀고, 해결책까지 제시하였다. 요셉은 형통에 안주하지 않고 '끝없이 도전'하는 삶을 살았다. 그는 보람된 일을 위해 창조적으로 경영으로 사람들을 행복하게 살도록 만들었다. 인간은 보람 있는 일을 해야 가치가 있다. 성공 보다 의미 있는 일을 추구할 때 행복하다.

느헤미야는 성취해야 할 과업을 알았다. 예루살렘 성벽을 쌓는 일을 하는 것이다. 성전을 보존하려면 성벽이 튼튼해야 한다. 성벽을 재건하는 것은 삶을 보호하기 위한 보호막을 만드는 일과 같은 것이다. 성벽이 없이는 적의 공격에 의해 무너지기 쉽다. 성벽 재건은 하나님의 말씀을 재건하는 것이다. 무너진 하나님의 진리를 다시 회복하여 건축하는 개혁 작업이다.

적은 끊임없이 우리에게 공격해 온다. "너는 실패했잖아. 또 무엇을 할 수 있다고 어림도 없는 소리." "네 꼴을 보라 누가 인정해주겠는가?"라는 소리가 들려올 것이다. 도전하는 자는 그러한 소리를 무시하고 하나님의 음성을 들어야 한다.

느헤미야는 무너진 부분을 파악하기 위해 현장을 찾아간다. 느헤미야는 예루살렘 성이 파괴되고 성문까지 불에 탔다는 소식을 듣고 회복을 위한 불타는 소원을 가진다. 끝없는 도전으로 과업을 성취하기 위해서는 불타는 소원을 가져야 한다. 당신에게 보람 있는 일에 헌신할 불타는 마음이 있다면 그것은 '사명'이다. 끝없는 도전은 사명을 자각하고 성취해야 할 일을 감당하는 것이다.

느헤미야의 사명은 '성벽 재건'이다. 하나님의 영광과 임재가 충만한 삶을 살기 위해 성전을 둘러싸고 있는 성벽을 재건하는 것은 '하나님의 말씀을 재건하는 것'이다. 무너진 하나님의 진리를 다시 찾아내서 바르게 수리하고 건축하는 것이 개혁이다. 교회의 개혁은 언제나 말씀의 개혁운동으로 시작되어 삶의 영역까지 변화시키는 것이다.

1. 3차 귀환과 성벽 재건 _ 1-7장 : B.C 445

느헤미야는 페르시아 왕 아닥사스다의 술 맡은 관원으로 유다의 총독이라는 직임으로 12년 동안 사역을 한다. 전쟁으로 무너져 내린 울타리 세우는 작업이 느헤미야의 사명이었다. 예루살렘 성벽이 파괴되고 성문이 불탔다는 소식을 듣고 그는 하나님께 부르짖으며 기도하였다(1장). 그리고 나서 그는 성벽 재건을 위해 아닥사스다 왕의 허락과 재료의 준비와 안전 보장을 얻는다(2장). 느헤미야는 성벽이 무너져 있는 상태를 확인하고 백성들에게 "일어나서 건축하자"라는 도전을 하고, 성벽과 거기에 딸린 문들을 짓는 일을 시작 한다(3장). 그렇게 하자 사마리아의 산발랏이 비웃기를 "저들의 건축하는 성벽은 여우가 올라가도 곧 무너지리라"고 하였다(4장). 그러나 느헤미야는 그러한 비판을 무시하고 백성을 반으로 나누어 반은 건축을 하게하고, 절반은 군사적으로 대비하도록 하여 적의 위협을 막았다. 외적인 방해가 계속되고 있을 때 내적인 방해는 더 어려웠다. 부유층의 유대인들이 백성들의 재산을 저당 잡고 그들의 자녀를 노비로 파는 등 학대와 압제를 자행하였다(5장). 느헤미야는 다시 한 번 기도와 단호한 결단력 있는 행동을 통해 세금을 경감해 주고 사역을 계속하였다. 그는 총독의 녹을 받는 것도 거절하고 희생적인 지도력을 보이는 등 백성들의 모범이 되었다(5장) 그는 적들의 거듭되는 속임수와 비방, 음모에도 일편단심으로 직무를 성실히 수행한다. 그 결과 성벽 재건은 믿어지지 않을 정도로 짧은 기간인 52일 만에 완공되어, 심지어 대적들조차 하나님의 도우심을 인정하였다(6장). 네 번이나 적들의 위협이 있을 정도로 심했던 핍박에도 불구하고 기도와 하나님의 은혜로운 도우심으로 말미암아 그는 사역을 완수할 수 있었다.

2. 에스라와 느헤미야의 영적 부흥과 개혁 _ 8-13장

성벽 건축이 이루어지자 백성을 영적, 도덕적으로 정결하게 하고 강화하는 일이 있었다. 에스라가 율법을 가르치면, 백성들은 참회의 고백과 순종을 결단하고 기뻐함으로 반응하였다. 하나님의 말씀에 대하여 백성들은 자신의 죄를 고백하며 금식하고 하나님께 경배함으로 부흥운동의 물결이 전국을 휩쓸었다(9장). 성벽 봉헌식은 악기와 합창 연주로 기쁨으로 봉헌되었다(12장)

불행하게도 에스라에 의한 부흥은 오래가지 못했다. 다시 이방 여인과 결혼, 안식을 지키지 않는 문제 등이 일어나게 되었다. 이에 느헤미야는 믿음의 공동체를 세우기 위해 개혁을 하게 된다(13장).

나눔의 축복 _ 하나님의 영광을 위해 말씀으로 개혁해야 할 것은?

14-1 나라를 구한 빛난 별 _에스더

“

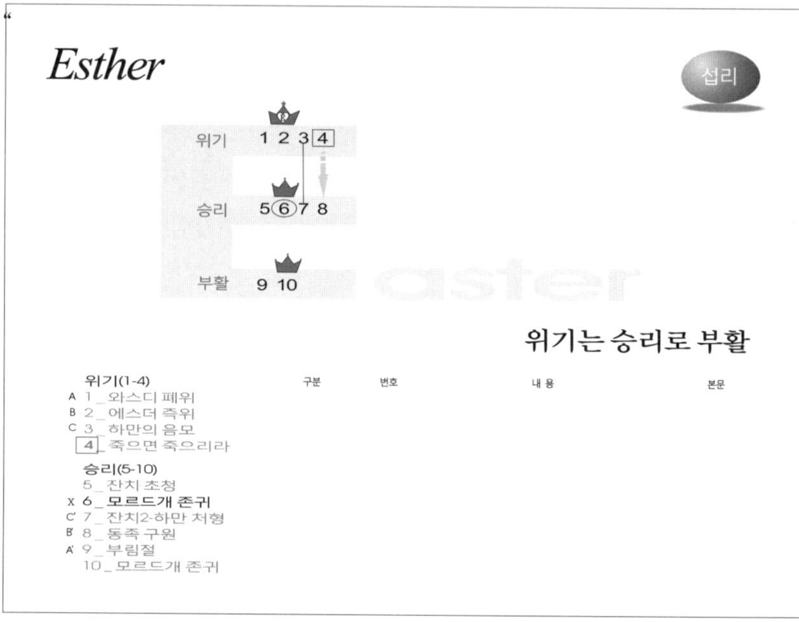

세상에 우연이란 있을까?” 세상에 우연은 없다.

세상의 모든 일들은 하나님께서 직접 행하시는 일이든지, 그렇게 되도록 허용하시는 일이든지 간에 하나님의 주권을 벗어나서 움직이는 일은 없다. 에스더는 '별'이란 뜻을 가진 이름으로, 그녀의 용기와 지혜로운 결단은 별과 같이 빛난다. 페르시아 제국(이란)의 새 왕비가 된 에스더는 하만이 유대민족을 진멸시킬 음모 속에서 "죽으면 죽으리라"는 결단을 하고 나아가 백성을 구했다.

기록 목적 _ 하나님께서는 그분의 구원 목적을 성취하시기 위해 평범한 사람도 사용하실 수 있다는 것을 에스더를 통해 보여준다.

저자 _ 에스라(탈무드 전승), 모르드개? **기록연대** _ BC 6-5세기경

주제 _ 보이지 않는 하나님의 손이 언제나 백성을 보호하신다.

●● 성경관통 _ 타이밍이 승리로 이끈다

우리는 모든 일이 당장에 이루어져 해결되길 바란다.

일이 이루어지지 않으면 주위 사람들에게 열심히 전화를 한다. 단 하루 만에 문제가 해결되길 바라지만 '때'를 기다려야 한다.

민족의 운명 앞에서 에스더는 모르드개의 충고에 귀를 기울인다. "너는 왕궁에 있으니 모든 유다인 중에 홀로 면하리라 생각하지 말라. 이때에 네가 만일 잠잠하여 말이 없으면 유다인은 다른 데로 말미암아 놓임과 구원을 얻으려니와 너와 네 아비 집은 망하리라. 네가 왕후의 위를 얻은 것이 이때를 위함이 아닌지 누가 아느냐?" 에스더는 자신에게 준 왕비의 특권과 지위를 이용하여 안락하게 살 수 있었을 것이다. 그녀의 위대함은 위기 상황에서 별처럼 빛이 나났다. "도전하리라! 나를 도와 달라! 내가 죽으면 죽으리라!"(4:15–16). 그녀는 일어나 하나님께 나아갔다. 그녀는 급박한 상황 가운데 최대한 빠른 과정에 에너지를 집중하기 위하여 삼일 금식을 한다. 이 시간은 하나님의 은혜가 임하는 절박한 시간이었기 때문이다. 단 한 번 있는 기회에서 목숨을 걸고 왕 앞으로 나아갔다.

우리가 알아야 할 것은 스피드가 중요한 것이 아니라 타이밍이 중요하다. 하나님은 시간(크로노스)에 따라 움직이시는 것이 아니라 때(카이로스)를 따라 행하신다. 기회의 시간을 놓칠지라도 타이밍을 놓치면 모든 것을 잃게 된다. 하나님의 타이밍을 기다리며 사는 것이 성공하는 삶이다. 지금 나에게 가장 완벽한 하나님의 타이밍은 언제인가?

유대인의 역사는 이민족에 의한 박해의 역사라고 할 수 있다. 하지만 그들은 적에 대한 복수라든지 증오와 관련된 문헌은 하나도 남기지 않았다. 왜냐하면 복수는 인간의 몫이 아니라 신의 몫으로 믿어왔기 때문이다.

왕비가 된 에스더는 하만이 유대인을 몰살하려는 극한 위험 가운데서도 기도와 용기를 가지고 나아가, 결국 하만이 처형당하고 유대인들이 구원 받는 극적인 드라마를 만들었다. 오늘날도 하나님은 보이지 않는 섭리의 손길이 언제나 교회를 보호하고 계신다.

1. 유대 민족의 위기 _ 1-4장

하나님의 오묘하신 섭리는 하수에로 왕이 베푼 잔치에서 왕후 와스디가 폐위되고 에스더가 왕비 등극한 사건에서 잘 나타난다. 인간적인 측면에서 그녀는 왕후가 될 만한 아무런 자격도 없었다. 왜냐하면 그녀는 포로로 있는 민족의 자손이며 고아였기 때문이었다. 한 민족의 구원자가 부모도 없는 고아였다는 사실은 구원이 하나님께 전적으로 달려 있다는 것을 나타내 준다.

아말렉 족속인 하만은 모르드개가 자신에게 절을 하지 아니했다는 연유로 유대 민족 말살 정책을 계획하였다. 이스라엘 민족말살 정책에 대한 내용을 알게 된 모르드개는 옷을 찢고 대성통곡을 하였다. 모르드개는 에스더를 찾아가 "유대인의 멸망 가운데서 왕후라 해서 그 위기를 면하리라고는 생각하지 말라"고 말한다. 모르드개는 굳이 에스더를 통하지 않고도 이스라엘의 구원은 반드시 이루어질 것이라는 확신을 가지고 있었다. 하지만 모르드개는 하나님의 구원 사역에 에스더가 쓰임 받기를 원했다(4장).

에스더는 한 민족의 운명 앞에서 자신의 생명이 위태로울 수 있었지만 중요한 결단을 내린다. “죽으면 죽으리라”는 그녀의 결단은 하나님을 향한 절대 신앙의 모습을 보여 준다. 이 중대한 결단을 내린 연약한 에스더는 자신을 하나님 앞에 거룩한 산제사로 드리기로 결단한 것이었다.

2. 유대 민족의 승리 _ 5-10장

3일 동안 금식을 마치고 왕 앞에 나아간 에스더는 왕의 환대를 받게 되었다(5장). 에스더는 여기서 하나님이 인도하신다는 확신을 얻고 하나님께서 주시는 지혜로 왕과 하만을 주도해 나간다. 그녀는 지혜롭게도 먼저 왕의 요구에 응하기보다는 먼저 왕을 위해 잔치를 베풀었다. 이 잔치의 술을 마실 때 왕은 재차 에스더의 요구를 물었다. 하지만 그녀는 모두 거절함으로 왕이 자기의 소원이 무엇이든지 반드시 들어주게끔 하도록 하였다. 

이 이야기는 낙심과 절망에서 희망과 승리로 옮겨간다. 결국 역사를 움직이시는 분은 하나님이시다. 역사는 하나님의 백성들을 중심으로 또 그들을 위하여 진행된다.

유대인들은 하만의 계교의 벗어나게 된 구원의 날을 기념하기 위해 부림절을 제정하였다. 이날에는 서로 가난한 자들을 구제하였고, 또한 자손 대대로 기념하도록 하였다(9장).

나눔 _ 민족의 당면한 문제에 기도와 용기로 나아가야 할 부분은?

3. 번성의 꽃을 활짝 피워라

꽃 피우기 | 왕정시대 (B. C 1000-500년)

왕국의 물결

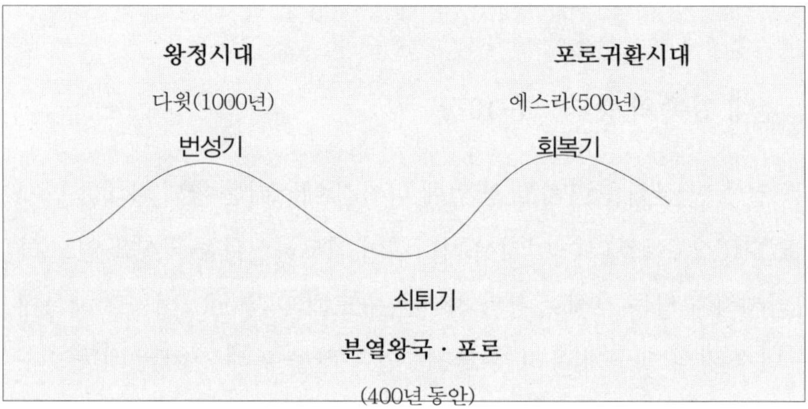

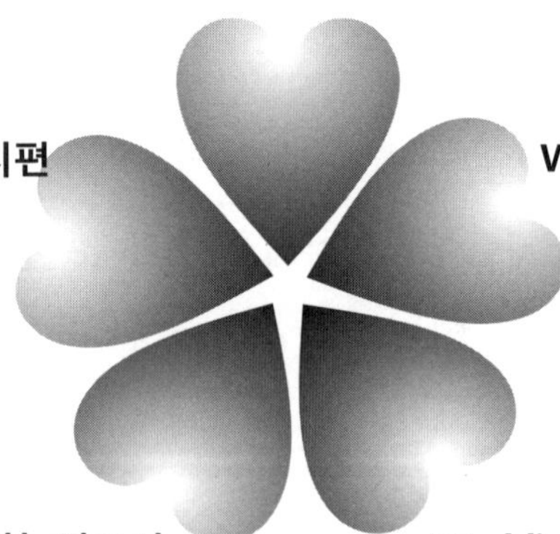

Wisdom Literature_ 지혜서

이 세상에 아무런 문제없이 살아가는 사람은 없다.

모든 사람은 무거운 문제의 짐을 지고 살아간다. 열등감, 죄책감, 좌절감 등을 안고 살아간다. 우리가 추구해야 할 문제는 무거운 짐을 해결해 줄 수 있는 지식을 찾는 것이다. 인생의 문제가 생각보다 쉽지 않다. 문제 되는 짐을 우리의 능력으로 해결할 수 없을 때가 많기 때문이다. 문제를 풀 능력이 없을 때는 문제가 더 꼬이게 되고 무거워진다. 문제를 해결하는 방법은 간단하다. 지혜와 지식을 가지면 문제가 쉽게 해결될 수 있다. 그러므로 지혜를 배워야 한다. 지혜를 가진 자에게 지혜를 배우는 것이 가장 빠른 지름길이다. 인생에서 가장 소중한 것은 '지혜'이다 지혜는 문제를 해결하는 능력이다. 문제 속에 있는 해결책을 찾을 수 있기 때문에 인생에서 가장 소중한 지혜를 얻어야 한다.

지혜는 세상의 어떤 복과도 비교할 수 없다. "지혜는 진주보다 값진 것, 네 모든 귀중품도 그것에 비길 수 없다. 지혜의 오른손에는 장수가, 그 왼손에는 부와 영광이 들려 있다"(잠언 3:15). 지혜는 번영을 꽃 피우는 원동력이다.

지혜의 근원이신 하나님을 경외한 나라와 백성은 번영하였다. 사울은 하나님을 등짐으로 나라는 황폐하였다. 그러나 다윗이 하나님의 마음에 합한 행동을 함으로 나라는 번영을 이루었다. 솔로몬은 하나님이 주신 지혜로 평안과 번영을 누렸다.

하나님은 우리에게 미래를 설계하고 창조할 수 있는 상상력을 주셨다. 우리는 하나님이 주신 지혜로 이 땅에 문학과 예술, 정치, 경제 분야에서 꽃을 피워야 한다. 번영의 꽃을 피울 수 있는 비결은 지혜의 근원이신 하나님을 의지하며 사는 것이다.

15. 고난은 축복의 씨앗이다 _ 욥기

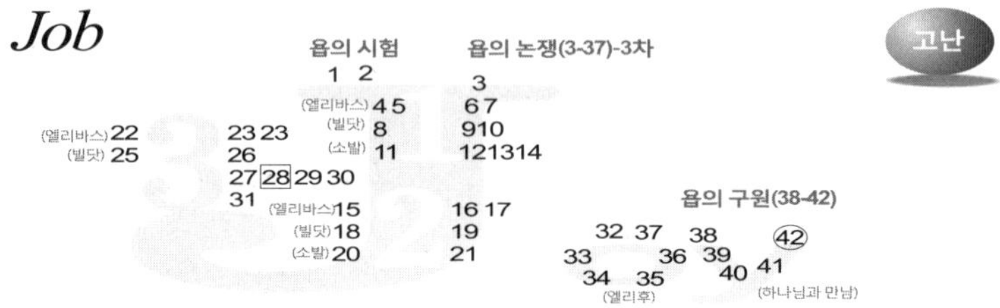

고난 극복은 기쁨 두배

욥의 시험(1-2)
A 1 _ 욥의 재난
2 _ 욥의 악창

욥의 논쟁(3-37) 3차+엘리후
B 3 _ 생일 저주(욥의 첫번째 말)
C 4 _ 책망(엘리바스1)
5 _ 인과응보(엘리바스1)
6 _ 무장 책망(욥1-1)
7 _ 욥의 염려(욥1-1)
8 _ 악인 응보(빌닷1)
9 _ 구원 호소(욥1-2)
10 _ 시련 탄원(욥1-2)
11 _ 허망 회개(소발1)
12 _ 지혜 권능(욥1-3)
13 _ 말씀 요청(욥1-3)
14 _ 부활 소망(욥1-3)
15 _ 악한자 종말(엘리바스2)
16 _ 무죄 호소(욥2-1)
17 _ 중보 호소(욥2-1)
18 _ 악인 함정(빌닷2)
19 _ 부활 신앙(욥2-2)
20 _ 악인 단명(소발2)
21 _ 악인 형통(욥2-3)
22 _ 부자 악행(엘리바스3)
23 _ 정금처럼 나올 것(욥3-1)
24 _ 악인 최후(욥3-1)
25 _ 벌레 사람(빌닷3)
26 _ 창조 권능(욥3-2)
27 _ 의와 순전(욥 독백1)
X **28 _ 지혜 찬양(욥 독백1)**
C' 29 _ 과거 회상(욥 독백2)
30 _ 현재 참상(욥 독백 2)
31 _ 하나님께 호소(욥 결론)
32 _ 엘리후 변론 시작
33 _ 하나님의 교훈(엘리후1)
34 _ 하나님의 공의(엘리후2)
35 _ 하나님의 교육(엘리후3)
36 _ 하나님의 권능(엘리후4)
37 _ 엘리후 결론

욥의 구원(38-42)
B' 38 _ 자연 신비(하나님 현현1)
39 _ 동물 신비(하나님 현현1)
40 _ 욥에게 도전(하나님 현현2)
41 _ 욥의 회개(하나님 훈계)
A' **42 _ 욥의 축복(갑절)**

하나님이 선하신 분이라면 왜 나에게 이런 고난이 있는가?

욥기는 "하나님을 신실하게 섬기는 백성에게도 고난이 있는가?"라는 질문에 답을 주는 책이다. 하나님을 경외하였던 욥에게 어느 날 갑자기 모든 소유가 사라졌다. 그럼에도 욥은 믿음을 잃지 않고 하나님을 신뢰하였다. 욥의 친구들의 조언은 그에게 더 아픔을 주었다. 결국 하나님 자신이 어떠한 분임을 알리셨을 때, 욥은 진정으로 회개하였고 회복되었다. 그 결과 그는 두 배의 복을 받았다.

기록 목적 _ "왜 하나님은 백성들에게 고통을 받도록 허락하셨는가" 하는 문제에 답을 해주고 그들에게 위안을 주고자 하였다.

저자 _ ?

기록연대 _ 족장시대? 혹은 솔로몬과 포로기 사이?

주제 _ 고난을 받을 때 하나님의 선하심과 능력을 신뢰하라

성경관통 _ 욥이 받은 고난의 의미

하나님이 함께 하시면 우리에게는 형통함이 있다.

그런데 하나님이 우리와 함께 하심에도 불구하고 왜 이렇게 어려움이 많은 것일까? 왜 우리에게 질병, 실망, 슬픔 등이 있는가? 이것은 삶의 여정 가운데 천국 들어갈 때까지 계속되는 질문이다. 자기 뜻과는 상관없이 고난이 찾아 올 때에 사람들은 너무 쉽게 좌절하는 경우가 많다. 분노하고 원망하며 평정심을 잃어버린다.

고난을 주신 뜻을 욥기를 통해 하나님의 의도를 볼 수 있다. 욥기에서 사단은 욥을 괴롭히는 악독한 제안을 하는데도 하나님은 생명만을 죽이지 말라고 하시면서 '제한적 허락'을 하신다. 어떻게 천상 회의에 사단이 참가하여 욥을 고난을 주는 것을 건의할 수 있단 말인가? 히브리 문학에서는 영적인 세계를 우리 눈으로 보여주기 위해 천상 회의를 보여준다. 인간은 도무지 이해할 수 없는 고난이라고 할지라도 결국 하나님의 도우심으로 승리할 것이며, 고난도 승리라는 것을 독자들에게 보여 준다. 우주 전체에 사단이 들어와서 우리를 괴롭힌다고 할지라도 하나님은 목적을 이루어 가신다. 우리는 욥기 드라마를 보지만 그 밑바닥에 흐르고 있는 보이지 않는 하나님의 의도를 읽을 수 있어야 한다. 하나님의 주권 아래에서 결국 승리 할 것이다.

중요한 것은 참혹하고 절박한 상황 속에서도 우리는 욥과 같은 고백이 필요한 것이다. "주신 자도 여호와시오 취하신 이도 여호와시니 나는 찬송하리로다." 어떤 고난이 닥쳐온다고 할지라도 하나님께 순종함이 고난을 축복의 통로로 바꿀 수 있는 비결이다!

성경관통 _ '내가 정금같이 나오리라'는 의미

히브리 문학 구조의 특징은 한 부분을 통해서도 전체를 설명할 수 있다는 점이다. 욥기의 경우 결론은 마지막에 두 배의 축복을 받았다는 것이 아니라 "나의 가는 것을 오직 그가 아시나니 그가 나를 단련하신 후에는 내가 정금같이 나오리라"는 구절이다(22:10). 이 한 구절을 통해 욥기 전체에 나타난 의미를 살펴보자. 강신권은 "원문을 보면 우리가 알고 있는 의미와 전혀 다르다는 것을 알 수 있다"고 하였다.

먼저 '단련' 이라는 단어의 뜻은 용광로에서 쇠붙이를 녹인다는 것이다. 단련하여 정금을 만드는데 이 단어는 원래 히브리 사람들은 재판할 때 사용하였다. 욥은 지금 재판을 받고 있는 법정에서 이렇게 외치고 있는 것이다. "그래요 나를 한번 용광로에 넣어서 바글바글 끓여보세요. 아무리 태워보아도 나는 순금으로 나올 것입니다." 욥은 하나님께 직접 말을 하지 못하는 것을 재판관에게 자신에게 남은 것은 신앙밖에 없음을 고백한다. "인간에게 다 짜고 나면 불순물이 나옵니다. 그러나 다른 사람하고 비교해 보면 그래도 나는 신앙이 있습니다"라고 당당히 말하고 있다.

우리의 신앙은 하나님의 절대적인 의로움 앞에는 내세울 것이 없다. 그래도 우리는 오직 하나님이 주시는 의로움으로 살려고 애썼다는 것은 항변할 수 있어야 한다. 우리는 극심한 고난 속에서도 의인답게 하나님의 주권에 순종하는 모습을 보여주어야 한다. 하나님의 뜻에 순종한다는 것은 어렵다. 억울할 때에 더욱 어렵다. 오직 의인은 믿음으로 살 때 정금같이 될 것이다.

욥기를 한 눈에 보기

욥은 고난을 통해 하나님을 만난다. 욥의 고난은 사단에 의해 나왔지만 결국 하나님이 고난 가운데 욥을 만나 주심으로 문제 해결되었다. 고난은 축복으로 나아가게 하는 문이다.

욥은 존경을 받는 사람이며 신앙심이 깊었다. 사단은 "욥이 물질적인 축복을 받았기 때문에 하나님을 사랑하는 것"이라고 욥을 참소하였다. 욥은 예고하지 못한 세 번의 타격으로 그의 자녀들과 소와 양떼들, 그리고 종들을 잃어버렸다. 마침내 자신의 건강마저 잃고 온 몸에 심한 악창이 생겨 기와 조각으로 몸을 긁어야 할 정도였다. 그러나 그 가운데에서도 그는 믿음을 잃지 않았다.

욥이 당한 재난의 소식을 듣고 찾아 온 친구들은 단순한 가정을 가지고 욥과 세 차례의 논쟁을 하였다(3-27장). 욥의 세 친구들이 욥의 고난에 대하여 시원하게 대답을 주지 못하자 엘리후가 세 번에 걸쳐 발언을 하지만 이 역시 바른 해답은 아니었다. 마지막에 나타나신 하나님은 욥에게 직접 대답을 하지 않으셨다. 오히려 하나님은 세상의 창조와 유지와 관련한 하나님의 지혜와 전능하심 등에 질문을 한다(38-39장). 이 질문에 욥은 한마디도 대답을 못한다. 욥은 하나님의 주권과 섭리를 확신하며 회개하였을 때 회복되었다. 그의 재산은 두 배로 늘어났고, 자녀의 축복을 받았다. 결과적으로 사단의 도전은 욥이 더욱 하나님을 신뢰하게 하는 계기가 되었다. 고난을 통해 하나님을 만남으로 인생은 꽃핀다.

나눔의 축복 _ 나에게 있는 고난의 문제는? 어떻게 해결 할 것인가?

16. 찬양은 인생의 꽃이다 _ 시편

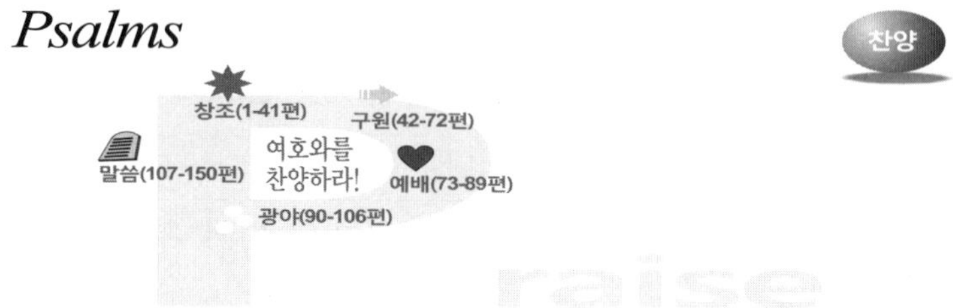

찬양은 성도의 반응

행복한 길(1편)
A 의인의 길(1-2절)
B 의인의 형통(3절)
B' 악인의 황폐(4절)
A' 악인은 심판(5-6절)

도움 간구 시(3편)
A 대적들이 일어남(1-2절)
B 신앙 고백-여호와는 나의 방패(3-4절)
B' 신앙 고백-두려워 아니 하리(5-6절)
A' 여호와여 일어나소서(7-8절)

감사 시(8편)
A 선언-주의 이름이 아름다움(1절)
B 질문-사람이 무엇입니까(2-5절)
B' 답변-여호와께서 영화롭게 하시기 때문에 인간이 존귀함(6-9절)
A' 선언- 고로 주의 이름이 아름다움(10절)

여호와는 나의 목자(23편)
A 나의 목자-부족함 없음(1-2절)
X 신앙 고백-두려워 아니 하리(3-4절)
A' 나의 소원-여호와의 집에 거함(5-6절)

회개의 시(51편)
A 용서 근거-하나님의 자비와 사랑(1-2절)
B 죄의 고백(3-5절)
X 회복 호소(6-12)
*절정-주의 얼굴을 돌이키소서
B' 헌신-주의 도를 가르치겠다
A' 용서 근거-재물이 아닌 상한 심령(16-17)
부록(18-19)

감사 찬양 시(100편)
A 찬양 선언-"여호와께 즐거이 부를지어다"(1-2절)
B 찬양 이유- 그는 우리를 지으신 자(3절)
A' 찬양 요청- "감사함으로 그 문에 들어가며"(4절)
B' 찬양 이유- 여호와는 선하시기 때문에(5절)

성도는 하나님께 어떻게 반응해야 하는가?

시편은 구약에서 가장 많은 사랑을 받아 온 책일 것이다. 수천 년에 걸쳐 기록되었으며 기록된 기도문과 노래들은 역사를 통해 수많은 사람들의 마음에 감동을 주었다. 시편은 모세오경을 통해 말씀하신 하나님께 어떻게 반응해야 하는 지를 보여주기 위하여 기록되었다. 하나님과의 올바른 관계를 유지하는 신앙 고백서이며, 기도의 안내서인 시편을 통해 우리는 찬양 받으실 가치가 있으신 주님을 높여야 한다.

저자 _ 다윗(75편,) 아삽(12편), 고라자손(10편), 솔로몬, 모세, 헤만, 에단(2편)

기록연대 _ B. C 970−550년

주제 _ 하나님께 드릴 우리의 반응은 하나님을 찬양하는 것이다

성경관통 _ 히브리인들의 눈으로 보는 시편

제1권	1-41편	창세기	창조	순종
제2권	42-72편	출애굽기	구속	
제3권	73-89편	레위기	예배	
제4권	90-106편	민수기	방황	
제5권	107-150편	신명기	말씀	감사와 찬양

히브리인들은 이스라엘 백성의 전체적 삶을 시편에 맞추어 살려고 하였다. 시편 1편을 통하여 순종의 삶을 살려고 노력했으며, 마지막 150편으로 찬양하는 삶으로 종결하고자 하였다. 그들은 자신의 삶 전체의 문제가 '말씀에 대한 순종의 문제'에 있다고 보았다. 인생 여정에서 가장 중요한 출발점의 포인트는 순종이고, 종결은 하나님께 찬양 드리는 삶으로 마무리해야 한다고 생각했다.

시편은 감사와 찬양이 있는 150개의 커다란 벽돌로 구성된 집이다. 그 집에서는 하나님이 베푸신 은혜에 대한 감사의 노래뿐 아니라 패배로 인한 탄식 소리도 들린다. 혼자 외롭게 눈물 흘리며 탄식 기도를 하는 때도 있지만 함께 백성들이 모여 축제를 벌이는 때도 있었다. 다윗은 기뻐 춤을 추기도 하였다.

히브리인들은 시편에서 삶의 전체인 사랑, 미움, 증오, 보복, 승리, 실패, 축복, 저주 등 개인과 공동체 민족의 전체의 생의 바퀴를 표현하였다. 시편은 바로 히브리인들의 인생을 다루고 있다. 마지막 제 5권에 감사와 찬양이 담겨 있는 시편에서는 그들은 살다보면 실패와 고난을 겪게 되지만 결국 찬란한 삶, 영광의 삶이 있을 것을 믿으며 감사와 축제의 찬양을 드림으로 마무리 한다.

행복한 사람은? _ 시편 1편

히브리민족은 복을 너무나도 간절히 사모한다.

그들은 시편 1편을 통해 자신들의 삶의 출발점이 형통이라고 믿었다. 시편 1편을 시작하면서 '형통의 비밀'을 담아 놓았다. 그 비결은 불의에 동의하지 않고, 불의에 서지 않고, 불의에 동참하지 않는 것이다. 히브리인은 삶의 회복은 하나님의 법을 '즐거워하며' 그것을 주야로 '묵상하는' 것이라고 보았다. 말씀을 묵상하며 살았던 사람은 번영을 누렸고, 말씀대로 산 나라도 번영하였다.

시편 1편은 집에 들어가는 현관문이다. 시편에 들어가는 입구에는 '행복한 사람의 집'이라는 것이 붙어 있는 간판을 볼 수 있을 것이다. 행복은 생각에서 시작된다. 행복과 성공은 '생각의 길'에 따라 정해진다. 부정적이고 소극적인 꾀를 버리고 긍정적이고 적극적인 믿음의 생각을 가져야 행복하다.

"행복한 사람"이 마땅히 추구해야 할 최고의 행복으로 초대하고 있다. 그것은 "아니오"라고 할 때 "아니오"라고 말하고(1절), 하나님의 말씀 안에서 "예"라고 순종하고 사는 길(2절)이 인생에서 가장 행복한 길이라고 가르치고 있다. "누가 참 행복한 사람인가?" 하나님의 가르침을 인생 최고의 즐거움을 삼고, 그 분의 말씀을 주야로 묵상(연인 사이에서 속삭이듯이 중얼거린다)하고 실천하는 자가 시절을 좇아 과실을 맺는 삶이다(3절). 건강 할 때에든지 병들었을 때든지, 성공했을 때든지 실패했든지 하나님의 말씀대로 살고자 하는 자가 행복한 자이다. 시인은 독자들에게 강한 도전을 주고 있다. "행복한 길, 생명의 길을 택하라!"

여호와를 나의 목자 삼는 자의 행복 _ 시편 23편

"　여호와는 나의 목자시니 내게 부족함이 없으리로다."(시 23:1). 하나님은 모든 것을 예비하고 우리에게 주고자 하시는 분이시다. 행복한 사람은 최악이 아닌 최상의 상황이 일어날 거라고 믿는 믿음으로 산다. 자기 자신이 사방으로 포위된 불쌍하고 비참한 존재가 아니라 하나님이 원수 앞에서도 상을 베풀어 주실 것을 믿는다.

다윗은 결론적으로 "나의 평생에 선하심과 인자하심이 정녕 나를 따르리니"(시23:6)라고 하였다. 평생 동안 주님의 선하심과 인자하심을 기대하며 살기로 작정하였다. 메시지 성경 번역에서는 "하나님의 선하심과 인자하심은 내가 어디를 가든지 쫓아다닌다"고 하였다. 하나님의 도우심은 어디를 가든지 나를 쫓아다니며 도와주신다. 어디를 가든지 하나님의 넘치는 복을 기대하라. "은혜 주시면 좋고 안주면 어쩔 수 없고"라는 생각은 절대로 하지 말라. 하나님은 언제나 풍성한 식탁을 예비하고 계시는 분이시다.

말씀 따라 가는 행복한 길 _ 시편 119편

"주의 말씀은 내 발의 등이요 내 길의 빛이다." 하나님은 우리가 그저 시편 말씀을 읽고 감상하라고 주신 것이 아니다. 그 약속하신 말씀을 붙잡고 살면서 복을 누리기를 원하셨다. 우리는 그 말씀의 길을 따라 승리와 풍성한 삶을 살 수 있다. 이런 놀라운 축복의 약속이 있는데 게으름 피우고 있으면 되겠는가? 다른 사람의 복만 부러워할 것인가? 우리는 매일 성경을 부지런히 읽는 습관을 길러야 한다. 말씀을 적어보고 선포하면 현실로 이루어진다. 지혜와 성공, 번영 등이 우리 앞길에 열릴 것이다.

우리가 삶에 불행이 닥칠 때 두려워하지 말고 말씀을 검색해 보라. 마치 우리의 삶이 컴퓨터에 바이러스가 침투되면 처리 속도가 늦어지고 기능이 떨어지게 될 것이다. 원하는 작업을 하지 못하는 경우도 있다. 하나님은 우리가 풍성하고 행복한 삶을 살도록 프로그램을 짜셨지만 그것은 우리의 부정적인 생각과 악한 말로 더럽혀 질 수 있다. 방치해 두면 바이러스가 침투하여 우리가 하나님의 복된 삶을 잃어버리고 잘못된 선택으로 빠질 수 있는 것이다. 바이러스는 쉽게 전염되어 나뿐 아니라 가족과 친구들까지 오염된다. 바이러스가 발견되면 빠른 시간 내에 마음의 프로그램을 다시 깔아야 한다.

생각을 바꾸는 일이 우선적이다. 그리고 말과 삶의 태도를 바꾸어 운명을 바꾸는 삶으로 살아야 한다. 아무리 바이러스가 침투해도 하나님이 주신 마음의 프로그램은 망가지지 않으므로, 말씀으로 잘못을 깨끗이 삭제하는 '회개'를 하고 난 후에 말씀의 매뉴얼을 하나님의 뜻에 맞게 키를 조정하라. 그리고 프로그램이 완전히 깔릴 때 까지 기다렸다가 반드시 확인을 해야 한다. 만약 하나님의 말씀과 일치하지 않으면 온전히 기능이 작동되지 않을 수 있기 때문에 점검을 해야 한다. 말씀을 통해 새로운 프로그램으로 무장하는 일을 날마다 하라. 말씀을 어디든지 이용 가능한 컴퓨터와 같이 삶에 용이 하게 사용해보라.

나눔의 축복 _ 하나님께 감사와 찬양해야 할 것은 무엇인가?

17. 지혜가 번영을 가져다 준다 _ 잠언

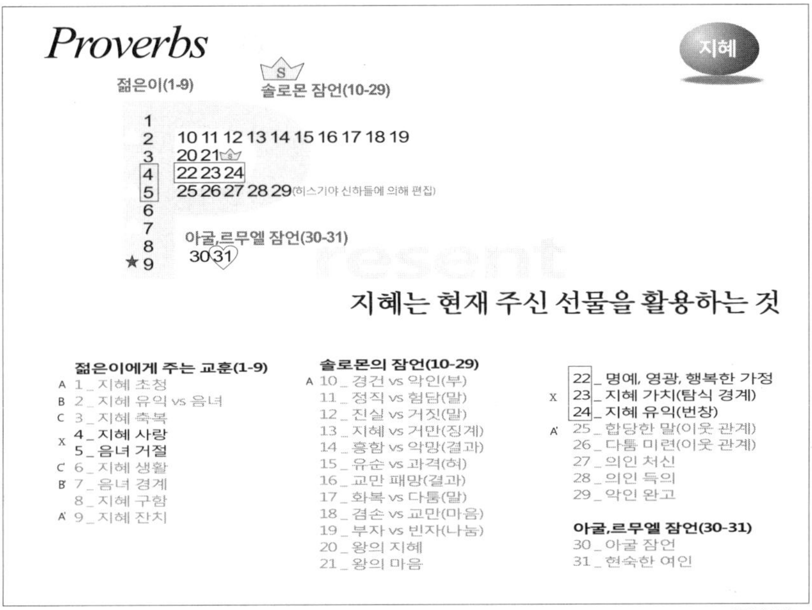

이 세상에서 지혜롭게 산다는 것은 무엇인가?

잠언은 구약 성경에서 가장 실제적인 책으로 매일 생활에서 부딪히는 여러 가지 지혜를 가르치고 있다. 지혜는 "여호와를 경외하는 것"에서 나온다. 솔로몬은 지혜의 길과 음란의 길을 대조하면서 젊은이에게 유혹을 이기고 하나님만을 의지할 것을 충고한다. 하나님을 경외한 서구와 미국은 번영을 누렸다. 만약 지혜의 하나님을 의지하지 않고 음란과 돈을 좇으면 가난해질 것이다.

기록 목적 _ 첫째는 지혜와 훈계를 알게 하고, 둘째는 명철의 말씀을 깨닫게 하며, 셋째는 지혜롭게, 의롭게, 정직하게 행할 일에 훈계를 받게 하기 위함이다(1:2-4).

저자 _ 솔로몬, 히스기야 왕의 서기관 **기록연대** _ B.C 931-700년

주제 _ 여호와를 경외하는 것이 지혜의 근본이다(14번)

성경관통 _ 왜 유대인은 부와 번영을 누리고 사는가?

유대인은 21세기의 지배자가 되었다.

0.2%의 인구를 가진 유대인은 경제노벨상을 60%를 차지하며, 미국 경제의 약 80%를 좌우할 능력을 가졌다고 말한다. 미국 고교생의 지능지수를 조사한 결과 유대인은 다른 민족의 아이보다 11.8% 높다고 한다. 어떻게 이러한 결과가 나왔는가?

유대인이 다른 민족과 비교했을 때 어린 시절부터 월등한 재능을 나타내는 원인 중에 한 가지는 어렸을 때부터 성경을 배우고 익혔기 때문이다. 성경에 쓰여 있는 말씀을 소화하여 발전시킬 때만이 비로소 일상생활에 도움이 될 수 있다고 믿는다. 그래서 그들은 어린아이 때부터 성경을 반복해서 읽히고 암송시킨다. 성경의 중요한 가르침을 단순히 알고 이해하는 것으로 그치는 것이 아니라 암기를 통해 몸의 일부를 만들겠다는 의지를 갖고 암송한다. 히브리 민족은 반복해서 혀로 뱉은 말은 자신도 모르게 자신의 것이 된다고 확신한다. 그들은 성경 학습은 곧 습관이라고 여기며, 그것을 삶의 일부로 만든다.

히브리인들은 학문을 배우는 것이야말로 인생에서 가장 아름다운 즐거운 순간이라고 강조한다. 자녀가 다섯 살 때 모세오경 첫 장에 꿀 한 방울을 떨어뜨려 그 꿀에 혀를 대보도록 한다. 아이들에게 성경을 통해 얻어지는 성과가 꿀처럼 달콤하다는 진리를 가르치기 위해서이다. 성인이 되어서도 성경 교육의 중요성을 인정하고 교육을 아무리 큰 돈일지라도 투자한다. 그들은 지혜가 없다면 성공할 수 없다고 믿고, 배우는 일에 목숨을 건다.

성경관통 _ 우리도 부와 번영을 누리며 살 수 있다

지식의 폭발은 인간에게 부요함을 안겨다 주었다.

지식은 부를 창출하고 삶의 질을 향상 시킨다. 하나님의 말씀을 적용한 나라들은 지식의 폭발이 일어났다. 그 과정에서 부를 얻게 되고 더욱 평안과 안식을 누리게 되었다. 미국과 서구 유럽이 이슬람 국가와 아프리카보다 창조적인 발전을 이룬 이유는 지식의 대 발견으로부터 시작된다. 이 결과 종교 개혁이 일어난 후에 유럽과 미국이 비약적인 발전을 이루어 앞서가게 되었다. 하나님의 진리와 지혜를 적용한 개인과 나라는 번영을 누린다. 하나님의 말씀에는 불가능을 가능하게 바꾸는 힘이 있다.

가장 현명했던 솔로몬 왕은"사람은 마음으로 생각하는 만큼 된다"(잠 23:7)고 하였다. 우리가 어떤 생각을 하느냐에 따라 부와 번영을 누리는 것이 결정된다. 우리의 가능성은 생각에 의해 결정된다는 의미이다. 성공하지 못한 사람의 특징은 먹고 사는 문제에만 집착하여 산다. 평범한 사람들의 생각은 현상 유지하는 안정에만 집중한다. 그러나 성공한 사람들의 생각은 무한한 가능성에 집중한다. 생각의 변화가 우리 인생을 결정하게 된다. 나폴레온 힐은 이렇게 말했다. "황금은 땅 속에서보다 인간의 생각 속에서 더 많이 채굴 되었다." 우리가 시간을 들여 생각을 바꾸는 것은 황금을 구하는 것보다 가치 있는 일이다.

지혜는 값으로 따질 수 없을 정도로 가치 있는 것이다. 잠언의 기자는 "지혜를 사라"고 외친다. 지혜가 가장 가치 있는 투자이기 때문이다. 성경은 지혜를 가져다주는 보물 창고이다.

1. 젊은이에게 주는 잠언(1-9장)

"지혜는 가치 있는 것이니 그것을 얻도록 노력하라"

1) 지혜의 가치(1-9장)

잠언의 목적은 의롭고 올바른 지혜로운 삶을 살도록 하는 것이다. 대상은 잘 속아 넘어가는 어리석은 자와 젊은이들에게 교훈 한 것이다. 머리말을 뒤이어 "내 아들아"라는 말로 시작하는 열 가지 권면이 있다. 이 메시지는 인생에서 경건한 성공을 하기 위해서 지혜의 길을 제시 하는 것이다

(1) 지혜는 하나님을 가까이하고 악인을 멀리하는 것이다(1:8-33)

(2) 지혜는 그의 길을 보호해 주며, 악인으로부터 방어해 준다(2장)

(3) 지혜를 추구하는 자에게 평탄한 길과 건강, 그리고 재물의 축 복이 있다(3:1-12)

(4) 지혜는 이 세상에서 가장 가치 있는 것이다(3:13-26)

(5) 지혜를 사랑하면 지혜가 탁월하게 보호해준다(4:1-9)

(6) 지혜는 악인의 길을 빠지지 않도록 인도 한다(4:10-19)

(7) 지혜는 옳은 길로 인도한다(4:20-27)

(8) 지혜는 음란에 빠지지 않게 한다(5장)

(9) 지혜는 게으른 자를 일깨운다(6:1-19)

(10) 지혜는 음탕한 여인의 유혹을 이겨 낸다(6:12-7장)

결어(8-9장). 지혜의 초대

지혜의 초청에 응하는 자는 "나를 사랑하는 자들이 나의 사랑을 입으며 나를 간절히 찾는 자가 나를 만날 것이니라 부귀가 내게 있고 장구한 재물과 의도 그러하니라"(8:17-18).

2. 솔로몬의 잠언(10-29장)

" 지혜는 실천적인 것이니 그것을 따르라"

본문은 잠언의 중심부로 솔로몬의 금언 모음집이다. 이것은 솔로몬이 쓴 375개의 금언들이다. 10-15장은 실제로 사람이 살아가는 모습을 대조해보이고, 16-22장은 실천해야 할 것을 제시한다.

(1) 지혜는 하나님으로부터 온 부이다(10장)

(2) 지혜는 정직한 사람을 얻는다(11장)

(3) 지혜는 입술의 열매로 인하여 복을 받게 한다(12장)

(4) 지혜는 징계를 중히 여긴다(13장)

(5) 지혜는 의의 길로 생명에 이른다(14장)

(6) 지혜는 혀를 잘 다스리는 것으로 나타난다(15장)

(7) 지혜는 하나님의 인도하심을 따른다(16장)

(8) 지혜는 다툼을 막아준다(17-18장)

(9) 지혜는 나눠 줌으로 빈궁을 대처하도록 한다(19-21장)

(10) 지혜는 명예와 영광 그리고 행복한 가정을 준다(22장)

(11) 지혜는 가치 있는 것이다(23장)

(12) 지혜는 사람을 번창하게 한다(24장)

(13) 지혜는 다른 사람과의 관계를 가르쳐준다(25-29장)

3. 아굴, 르우엘 잠언(30-31장)

"지혜는 훈계적이니 그것을 행하라"

(1) 지혜는 여호와를 경외하는 것을 최우선하여 복을 받는다(30장)

(2) 지혜는 현숙한 여인을 얻게 한다(31장)

나눔의 축복 _ 내게 필요한 지혜는? 자녀들에게 필요한 지혜는?

18. 하나님 안에 참 만족이 있다 _ 전도서

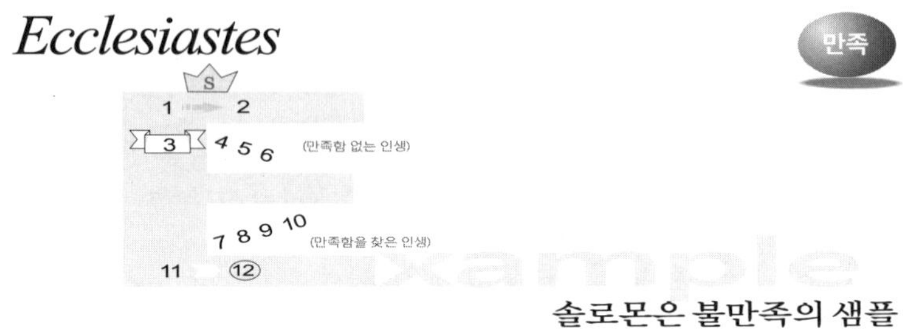

인생은 만족함이 없다(1-6)

A 1 _ 인생 헛됨
B 2 _ 의미 발견 실패
X **3 _ 때-하나님을 경외하라**
4 _ 삶의 불공정성
5 _ 부 불충분성
6 _ 삶의 허무성

하나님만이 우리의 만족이다(7-12)

B' 7 _ 악한 세상 처신
8 _ 권위 복종
9 _ 모든 사람에게 심판
A' 10 _ 삶의 불확실성 대처
11 _ 청년의 때를 기뻐하라
12 _ 창조자를 기억하라

지식은 인생의 의미를 발견하지 못함(1:12-2:26)

1 _ 철학자: 인생 섭리 찾자(바람을 잡으려는 것)(1:12-15)
2 _ 학생: 지혜와 지식을 구하자(번뇌와 근심만 더함)(1:16-18)
3 _ 쾌락: 낙을 누리자(순간적 쾌락후 아무것도 없음)(2:1-2)
4 _ 술 취함: 고통을 피해보자(고통을 피할 수 없음)(2:3)
5 _ 일벌레: 부자가 되자(만족감 주나, 의미 아는데 실패)(2:4-11)
6 _ 종교열심: 가치있게 살자(가치 있지만,인간의 힘 부족)(2:12-16)
7 _ 박애주의: 유산을 남기자(후손들이 어리석게 사용)(2:17-23)
결론: 이러한 노력을 내려 놓고 하나님이 허락한 매일 삶에 최선.
하나님을 영화롭게 하는 삶을 살 때, 삶의 의미와 행복 찾음.

모순된 현실 지혜롭게 사는 7가지 방법(7:15-10:19)

1 _ 지혜롭게 살라: 완전주의를 버리라(미래를 알 수 없음)
2 _ 지혜를 추구하라: 은혜 간구 (완전한 지혜는 찾을 수 없음)
3 _ 하나님만 경외하라: 의인이 마땅히 행할 바(악인이 잠시 형통)
4 _ 하나님이 주신 삶과 일을 즐겨라: 현실에는 모순이 많을지라도
5 _ 충실한 인생을 살라: 인생은 불확실하며 날아가는 것 같음
6 _ 성공보다 지혜를 추구하라: 성공은 항상 있는 것이 아니므로
7 _ 어리석음을 피하고 하나님 경외: 지혜로운자가 땅의 축복을 받음

인생의 의미는 무엇인가? 참 만족은 어디에 있는가?

솔로몬은 이스라엘 역사상 가장 지혜롭고 부유하고 가장 영향력 있는 왕으로 해 아래 있는 권세, 인기, 쾌락 등을 다 경험해 보았다. 그럼에도 불구하고 그는 모든 것이 '헛되다'고 고백한다. 그 어떤 것도 하나님 외에는 사람 속에 있는 빈 공간을 채울 수가 없다. 인생의 참된 의미는 하나님 안에서 찾을 수 있다. 하나님께서 내 인생에 대한 계획과 목적을 가지고 계시기 때문에 내 인생의 의미와 목적을 알기 위해서는 하나님께로 나와야 한다.

기록 목적 _ 전도서는 진정한 인생의 철학과 인생의 최고의 선이 무엇인가 하는 질문에 답하기 위해서 기록하였다.

저자 _ 솔로몬 **기록연대** _ B.C 935년경

주제 _ 하나님을 경외함으로써 인생의 공허함을 극복할 수 있다.

성경관통 _ 참된 만족과 행복은 어디에서 오는가?

고대 근동에서 최고의 지혜를 인생 허무에 대하여 논하는 것으로 여겼다. 최고의 지혜를 가졌다는 솔로몬도 인생의 허무에 대하여 논한다. "전도자가 가로되 헛되고 헛되고 헛되니 모든 것이 헛되도다"(전 1:2). 허무한 인생의 삶에서 참된 만족은 어디에 있는가? 참된 행복은 어디에서 찾을 수 있는가? 솔로몬은 인생의 허무를 극복할 수 있는 비결을 가르쳐 준다.

'돈만 많으면 모든 것을 할 수 있을 거야.' '나도 저런 예쁜 여자를 아내로 맞이했더라면 내 앞길이 달라졌을 텐데.' 솔로몬은 이 모든 고민을 다 해보았으나 만족하지 못하였다. 우리가 알아야 할 것은 하나님은 솔로몬이 가졌던 것보다 더 많은 복을 우리를 위해 창고에 쌓아놓고 계신다는 것이다. 하나님의 복 주심은 내가 생각한 복보다 훨씬 광대하시다. 하나님의 예비하신 복을 알면 놀랄 것이다. 그렇게 하나님께서 기묘하게 베풀어 주시는 복을 받기 를 원한다면 먼저 그에 합당한 믿음을 가지고 있어야 한다.

인생에서 제일 중요한 것은 만남이다. 인간의 행복과 불행은 만남을 통해서 결정된다. 솔로몬은 '참된 행복과 만족을 주는 창조주를 기억하고 섬기라'고 권한다.

예수님은 십자가에서 실패자처럼 보였지만 사랑으로 승리하셨다. 최후의 승리자가 진정한 승리자이다. 예수님은 사랑으로 승리하신 분이다. 예수님의 사랑은 비천한 인생을 아름답게 만든다. 사랑은 실패자를 승리자로 만든다. 인생을 멋지게 마무리 하고 싶은가?

1. 문제 제기 – “모든 것이 헛되다” (1:1–11)

전도자는 모든 것이 “헛되고 헛되며 헛되고 헛되니 모든 것이 헛되도다”라고 선언한다(2절) 그렇다면 인간의 수고는 어떤 유익이 있는가? 저자의 경험에 비추어 볼 때 착하게 살면 모든 것이 잘 되고 악한 일을 행한 사람은 언제나 망한다는 사고방식이 항상 성립되지는 않는다. “그러면 제한 된 시간 속에서 어디에서 참된 행복을 찾을 수 있는가?” 라는 물음에 인생은 바람과 같아 욕망은 끝이 없고 죽을 때까지 채워지지 않는다고 말한다(7,8절).

세상에서 주어지는 것으로 끝없이 만족을 누리며 살고 싶지만, 뜻대로 되지 않는 것이 인생이다. 인간이 살아가면서 쌓아올린 무수한 업적도 죽음과 함께 땅속에 매장되어 버리고 만다. 이렇게 허무하게 끝나버리는 세상의 일이지만 미련을 두고 살아가는 어리석은 사람들이 있음을 우리는 부인할 수 없다

2. 문제 해결 노력 – “인생은 헛되다” (1:12–6장)

1. 인간의 지혜(1:18)	2. 쾌락과 술(2:1–3)	3. 건축 공사(2:4)
4. 노비를 사유(2:7)	5. 성관계(왕상 11:3)	6. 거대한 부(2:7,8)
7. 명성(왕상 10:6)	8. 가축 기르기(2:7)	9. 음악(2:8)
10. 문학(왕상 4;32)	11. 자연과학(왕상 4:33)	12. 군사력(왕상 4:26)

전도자는 자기의 엄청난 자원을 가지고 의미와 만족을 찾고자 대표적으로 12가지를 시도해본다. 전도자는 지식을 더하는 것과 건설적인 사업을 완성하지만 온전한 만족감을 가지지 못하다는 느꼈다. 그래서

세상적 쾌락을 얻고자 음악과 여인들과 즐기는 일을 시도해 본다. 그렇지만 노래나 성생활도 완전한 만족을 주지 못했다(2:8). 그는 이제까지 유한한 자원을 가지고 경험한 모든 것을 통해 결국 영구한 만족과 희락을 가져다 줄 수는 없다는 것을 알게 되었다. 전도자는 참 만족과 기쁨은 오직 하나님 안에서만 발견될 수 있음을 인정한다(2장).

사회관계에서의 억압과 경쟁으로 재물 욕심을 위해 권세를 사용하지만 이것도 헛되다. 종교관계에서는 잘못된 신앙심으로 하는 공허한 기도는 참 기쁨을 주지 못한다(4–5장). 궁극적인 의미는 오로지 하나님 안에서만 발견될 수 있는 것이므로 하나님께로 돌아가야 한다. 한 인간이 노년기에 접어든 상황에서 지나간 세월을 뒤돌아 볼 때 너무나 무익한 삶을 살았음을 깨닫게 된다(6장).

3. 문제 해결 : "하나님을 경외하라" (7–12장)

– 헛됨을 안고 어떻게 살아갈 것인가?

이제까지 전개해왔던 암울한 모습은 사라지고 새로운 소망이 비치고 있다(7–12장). 그 빛은 '지혜'이다. 전도자는 참된 지혜가 무엇이며, 참된 삶이 무엇인지를 말해주고 싶어 한다. 인간이 추구하는 쾌락은 어리석은 일이므로 참된 지혜를 구해야 한다. 그것은 인간의 마음에 하나님이 계심을 일깨워 주기 때문이다. 인간은 하나님이 주시는 참 지혜로 인간 배후에서 섭리하시는 하나님의 뜻을 깨닫고, 그 뜻을 행해야 한다(7장). 그런데 인간의 지혜로 세상의 모든 풍파를 헤쳐 나가려고 하는 것은 어리석다. 인간의 지혜로 세상을 판단해서는 안 되며, 하나님의 심판에 맡기는 자세로 살아야 한다(8-9장).

노년기에 접어든 전도자는 젊은이에게 주고 싶은 마지막 말을 통해 독자들을 일깨워 준다(11-12장). 인간의 삶은 자신들이 소망한 대로 이루어지지 않는다. 그러므로 소망을 향하여 묵묵히 전진하며 하나님께 맡기는 삶을 살아야 한다(11장). 젊을 때에 자신의 소견대로 쾌락을 즐기면서 살고 싶을 테지만 하나님의 인도하심대로 사는 것이 지혜로운 것이다. 그래서 전도자는 삶의 지식만 가지고 살 것이 아니라 구제와 봉사의 삶을 살도록 요구한다. 이것이 비탄과 불행의 삶을 최소화하기 위해 따라야할 최선의 방책이다. 젊은 날은 너무나 짧고 귀하기 때문에 어리석음과 악함으로 낭비할 수가 없다. 현실에 충실한 삶을 살면서 삶의 가치를 추구하는 것이 장차 오게 될 심판을 대비하는 지혜로운 삶이다(12장). 늙은 전도자는 젊은이들에게 유언을 하듯이 “너는 청년의 때 곧 곤고한 날이 이르기 전, 나는 아무 낙이 없다고 할 해가 가깝기 전에 너의 창조자를 기억하라”(12:1)라고 촉구한다. 전도자는 “일의 결국을 다 들었으니 하나님을 경외하고 그 명령을 지킬지어다. 이것이 사람의 본분”이라고 결론 내린다(12:13). 하나님이 모든 일의 심판주이시기 때문에 그분만을 의지할 때에 참된 가치를 누릴 수 있게 되는 것이다(12:14).

나눔의 축복 _ 시간을 허비하지 않는 길은? 만족하며 사는 법은?

18-1 불타는 사랑은 인생의 꽃이다 _ 아가서

어디에 참 사랑이 있는가?

인생에서 가장 아름다운 것은 남녀가 사랑으로 하나 되는 것이다. 부부는 언약으로 맺어진 관계로 가장 행복한 관계를 맛볼 수 있다. 아가서는 남녀간에 '정당한 결혼 안에서 이루어진 성'이 하나님의 선물이라는 것을 아름답게 보여준다. 솔로몬과 술람미의 사랑은 남녀 간의 이성적인 사랑을 넘어서 그리스도와 교회와의 사랑을 상징하는 영적인 의미를 가진다. 우리는 아가서와 같은 예수님과의 사랑의 고백을 해야 할 것이다.

기록 목적 _ 하나님의 의도하신 결혼의 신성함과 아름다움을 보여주고, 부부 간의 사랑을 묘사하고 격찬한 것이다.

저자 _ 솔로몬　　　　**기록연대** _ B.C 965년경

주제 _ 사랑은 갈등을 극복하고 하나가 되게 하는 힘이 있다.

아가서

●● 성경관통 _ 히브리 민족의 사랑과 결혼에 대한 생각

오늘날 가정의 불화로 이혼이 급증하고 있지만 유대인은 미국에서 이혼율이 가장 낮다. 그들이 오늘날 세계적인 부와 안정을 누릴 수 있었던 것은 가정이 무너지지 않았기 때문이다. 시집가는 딸에게 보내는 유대인 어머니의 편지를 읽어보면 알 수 있다.

"사랑하는 딸아, 네가 남편을 왕처럼 받든다면, 남편은 너를 여왕처럼 모실 것이다. 그러나 네 행동이 하녀 같으면 남편은 너를 하녀처럼 다룰 것이다. 만일 네가 자존심을 내세워 남편에게 봉사하기를 꺼린다면, 남편은 힘으로 너를 하녀로 만들고 말 것이다."

히브리인들은 일시적이고 격렬한 사랑은 낭만적이기 보다는 삶의 암초처럼 위험하다고 여긴다. 연애는 남녀를 순간적이고 충동적으로 무섭게 변하게 하는 힘을 갖고 있다. 그래서 그들은 남녀 관계에 있어 단순한 연애라기보다는 결혼을 전제로 두 사람의 인격적인 만남을 가진다. 그들의 결혼이란 무엇과도 바꿀 수 없는 하나님의 성스러운 명령이며, 삶의 첫 번째 의무로 여긴다.

유대인의 결혼 풍습 가운데 하나는 결혼반지를 교환하는 것인데 이 풍습은 전 세계로 확산되었다. 반지를 교환한 까닭은 둥근 반지처럼 부부가 영원히 함께 하자는 의미를 나타낸다. 유대인들은 결혼을 하고 나서 첫 3주간은 서로 관찰하는 시기이고, 다음 3개월은 서로를 사랑하는 시기이며, 다음 3년간은 싸우는 시기, 그 다음 30년은 서로 용서하며 보내는 시기라고 한다. 히브리인들이 사랑에도 실패하지 않는 것은 성경의 가르침을 결혼 생활의 귀중한 지혜로 활용하기 때문이다.

아가서는 두 연인간의 사랑이라는 핵심주제를 대화를 통해 각자의 마음을 전달하고 상대의 마음을 확인하며 반응하는 구조로 되어 있다. 하나의 연극 대본으로 막과 무대 장면이 구분되어 있다.

1막 만남– 사랑 고백(구혼) _ 1:1–3:5

술람미 여인은 "나는 노동으로 검게 된 피부 덕에 건강한 아름다움이 있다"고 담대히 말한다. 만남을 위해 주저함 없이 찾아온 그녀를 맞이해준 왕같이 주님은 우리를 심히 아름답게 보시며 만나 주신다(1장). 남자는 여자의 모습을 '가시밭에 백합화'로 표현했다(2장). 이는 교회 공동체에 대해 주님이 칭찬함으로 용기를 주는 것이다. 남자는 여인의 집에 와서 그녀에게 전원으로 가자고 초청한다. 그는 사랑의 계절인 봄이 왔기에 "나의 사랑 나의 어여쁜 자야 일어나서 함께 가자"라고 노래한다.

합창단의 노래(2:15)로 "우리를 위하여 여우 곧 포도원을 허는 작은 여우를 잡으라 우리의 포도원에 꽃이 피었음이니라"고 한다. 여우는 흔히 포도원을 망가뜨리는 동물이다. 여기서 여우는 무모하게 사랑을 감행하기 위해 여자의 꽁무니를 쫓아다니는 탐욕스러운 구애자들을 가리킨다. 이 여우는 사랑의 완전성과 충실성을 해치는 위협적인 존재이다. 또한 여우는 시대 또는 문화, 문명에 맞게 합리화의 가면을 쓰고 우리의 포도원을 망치려고 잠입한다.

여자의 노래가 "나의 사랑하는 자는 내게 속하였고 나는 그에게 속하였구나 그가 백합화 가운데서 양떼를 먹이는구나"라고 행복함을 표현한다(2:16–17).

2막 관계- 사랑의 열매(결혼) _ 3:6-5:1

두 사람이 함께 결혼하고 사랑을 나누는 이야기가 아름답게 들린다(3:5-5:1). 결혼식 날에 황홀하게 장식된 가마의 행렬이 왕궁으로부터 누추한 포도원 마을까지 왔다(3:6-11). 그 행렬이 얼마나 아름다웠는지 그녀는 "시온의 여자들아 나와서 솔로몬 왕을 보라 혼인날 마음이 기쁠 때에 그 모친의 씌운 면류관이 그 머리에 있구나" 라고 외친다(3:11). 신랑이 신부의 몸을 자세히 살피면서 신부의 아름다움에 7가지의 찬사를 보낸다(4:1-5).

결혼식이 끝나고 밖에서 잔치가 한창일 때, 신랑 신부는 그들만의 은밀한 공간에서 신혼 밤을 보낸다(4:6-5:1).

3막 위기- 사랑의 갈등(갈등) _ 5:2-7:10

결혼식이 끝나고 얼마간의 시간이 지난 후에 여인은 끔찍한 꿈을 꾼다(5:2). 그녀의 꿈속에서 신랑이 밤이슬에 젖은 모습으로 그녀에게 와서 문을 두드렸다. 그녀가 잠자리에 들었으므로 맞이하기 어렵다고 냉정하게 거절하자 솔로몬이 가버린 것이다. 그녀는 잠에서 깬 후에 괴로워서 늦은 밤임에도 불구하고 그를 찾아 예루살렘을 헤맨다. 그녀는 한밤중에 밖에 나갔다가 성벽 파수자들에게 봉변을 당하기까지 한다. 예루살렘 여자들은 그녀에게 그녀의 사랑하는 사람이 어디 있는지 묻는다(6:1-3). 그들은 그를 찾을 수 있도록 그녀를 돕기를 원했다. 남자가 돌아오고, 그는 그녀에 대한 자기의 사랑을 다시 한 번 더 확인시켜준다(6:4-13).

4막 해결– 사랑의 고백(성숙) _ 7:11–8:14

여인은 그녀의 시골 고향을 생각하며 그녀의 연인에게 그곳을 함께 방문하자고 설득한다(7:11–8:4). 이 두 연인의 로맨스는 밀월여행으로 완성된다. 고향 사람들은 포도원의 처녀가 왕과 팔짱을 끼고 돌아왔을 때에 놀라움을 금하지 못한다.

신부는 의기양양하게 사랑의 힘을 노래한다. "너는 나를 인 같이 마음에 품고 도장 같이 팔에 두라 사랑은 죽음 같이 강하고 투기는 음부 같이 잔혹하며 불 같이 일어나니 그 기세가 여호와의 불과 같으니라 이 사랑은 많은 물이 꺼치지 못하겠고 홍수라도 엄몰하지 못하나니 사람이 그 온 가산을 다 주고 사랑과 바꾸려 할지라도 오히려 멸시를 받으리라"(8:6–7). 죽음을 피할 수 없듯이 사랑도 마찬가지이다. 사랑에 빠지면 죽음까지라도 감수할 만큼 강해진다. 사랑이 불타오르면 아무도 그것을 끄지 못한다(8:7). 여인은 자기의 임에게 도장을 새기듯이 임의 마음에 자신을 새겨달라고 한다(8:6). 여인은 자기의 사랑이 깨어지지 않는 사랑의 언약으로 새겨지길 원했다.

사랑하는 남녀가 서로 귀에 대고 외침으로 마무리한다(8:13–14) "나의 사랑하는 자야 너는 빨리 달리라 향기로운 산들에서 노루와도 같고 어린 사슴과도 같아여라." 여인은 남자에게 노루처럼 빨리 뛰어오라고 재촉한다.

나눔의 축복 _ 지금 내가 주님을 향하고 있는 친밀함은 어떠한가?

4. 다시 회복하라

가지치기 | 포로 귀환 시대 (B. C 약 500-4년)

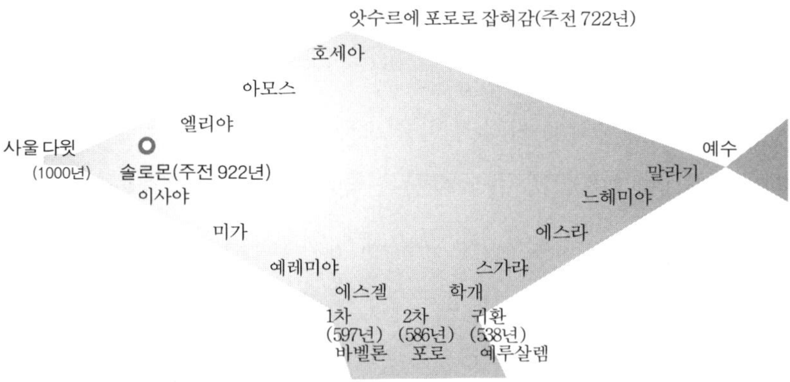

삼상	삼하	왕상	왕하	에스라	느헤미야	복음서
	대상	대하				

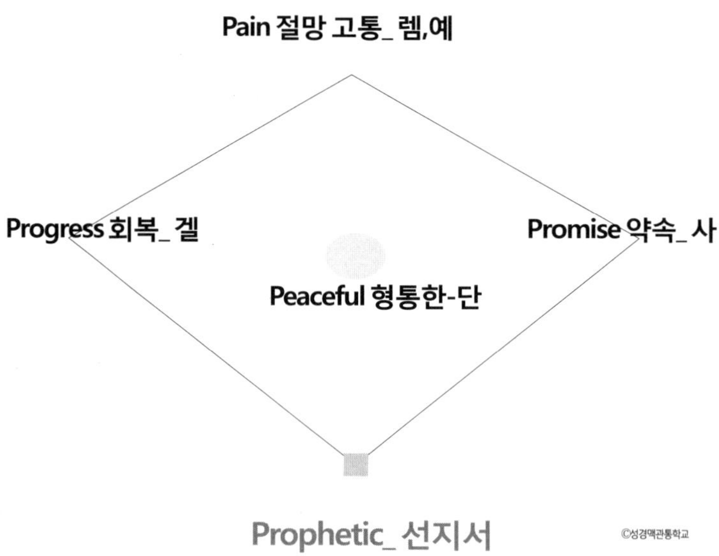

풍성한 열매를 맺기 위해서는 반드시 가지치기를 잘 해야 한다. 예수님께서도 "무릇 내게 있어 과실을 맺지 아니하는 가지는 아버지께서 이를 제해 버리시고 무릇 과실을 맺는 가지는 더 과실을 맺게 하려 하여 이를 깨끗게 하시느니라"고 하셨다(요 15:2). 풍성한 열매를 맺기 위해서는 '선택과 집중'이 필요하다. 썩은 가지는 과감하게 제거하는 선택을 해야 한다. 그리고 나서 풍성한 열매를 위해 나무를 회복하는 일에 집중해야 한다.

왜 이스라엘은 풍성한 열매를 맺지 못하였는가? 예레미야는 그것은 생수의 근원되시는 하나님을 버릴 뿐만 아니라 스스로 웅덩이를 팠기 때문이라고 하였다. 평안과 안식 그리고 풍성함을 주시는 하나님을 의지하기 보다는 열국을 의지하며 자신의 안일함에 빠져 있었기 때문에 결국 무너지고 만 것이다. 이스라엘이 회복되기 위해서는 생수의 근원되시는 하나님께 돌아가야 한다.

나무가 마르고 썩어 가는데 가지만 자른다고 문제가 해결되지 않는다. 나무에 열매를 맺기 위해서는 근원부터 회복해야 한다. 나무에게 가장 중요한 영양분은 물이며, 과일 나무는 대부분 물로 되어 있다. 나무는 본래 물의 양이 적으면 먼저 자신의 생존을 위해 사용하고, 남은 물은 과일을 만드는데 사용한다. 그러므로 많은 양의 물을 공급해 주어야 풍성한 과일을 맺을 수 있다.

영의 세계에서도 풍성한 말씀으로 채울 때 풍성한 열매를 맺게 된다. "강좌우 가에는 각종 먹을 실과나무가 자라서 그 잎이 시들지 아니하며 실과가 끊치지 아니하고 달마다 새 실과를 맺으리니 그 물이 성소로 말미암아 나옴이라 그 실과는 먹을 만하고 그 잎사귀는 약 재료가 되리라"고 하였다(겔 47:12).

19. 돌이켜라 회복하라! _ 선지서 총정리

분열왕국 기간에 활동한 선지자 (B.C 930-722년)

선지자	연대	내용	메시지
오바댜	848–841	에돔에 대한 심판(1–16) 이스라엘 구원(17–21)	하나님은 백성을 핍박하는 자를 징벌하지만, 그의 백성은 돌보신다.
요 엘	835–830	주의 날 이스라엘 심판(1) 이스라엘 구원(2–3)	주의 심판의 날이 오기 전에 마음을 찢고 회개하라
요 나	782–753	요나를 향한 긍휼(1–2) 니느웨를 향한 긍휼(3–4)	하나님은 이방인들이 멸망치 않고 구원받기를 바라신다
아모스	760–753	8개 심판 관한 예언(1–2) 3개 심판 메시지(3–6) 이스라엘 심판 이상(7–9)	많은 죄악에도 불구하고 돌이키면 하나님의 긍휼과 사랑은 그 백성들을 구원하신다
호세아	755–715	음란한 아내와 남편(1–3) 음란한 백성과 신실한 하나님(4–14)	이스라엘은 그 죄로 인해 심판을 받아야 하지만 하나님의 사랑의 신실함으로 회복된다
이사야	740–680	심판에 대한 예언(1–39) 위로에 대한 예언(40–66)	구원은 사람으로 말미암지 않고 하나님으로부터 온다
미 가	735–700	심판의 메시지(1–2) 약속의 메시지(3–5) 용서의 메시지(6–7)	하나님이 원하시는 것은 하나님과 겸손히 동행함으로 오는 의로운 삶이다

단일왕국 기간에 활동한 선지자 (B.C 722-586년)

선지자	연대	내용	메시지
나 훔	664–654	니느웨 멸망 묘사(1–2) 니느웨 멸망 이유(3)	하나님은 오래 참으시지만 강포의 죄는 반드시 벌하신다
스바냐	632–628	주의 날에 심판(1–3:8) 주의 날에 구원(3:8–20)	주의 날에 하나님을 찾는 자는 구원의 기쁨을 누린다
예레미야	627–580	멸망이전:예루살렘(1–45) 멸망이후:이방나라(46–52)	하나님의 심판 경고에 늦기 전에 회개하고 돌아서라
하박국	609–605	하박국의 질문:혼돈(1–2) 하박국의 반응:찬양(3)	최악의 상황에서도 하나님의 능력을 신뢰해야 한다

이 도표는 양승헌 교수의 '한눈에 보는 성경'을 참고하여 만들었음

포로 기간에 활동한 선지자 (B. C 586-516년)

선지자	연대	내용	메시지
다니엘	605-535	다니엘의 헌신(1) 이방 열국의 장래(2-7) 이스라엘의 장래(8-12)	역사의 흐름을 주관하시는 하나님께서는 결코 당신의 백성을 버리지 않으심을 확신하라
에스겔	593-571	파괴이전:회개하라(1-24) 파괴이후:힘내라(25-48)	심판을 초래하는 죄를 버리고 회복의 주님을 붙들라

포로 이후에 활동한 선지자 (B. C 516-424년)

선지자	연대	내용	메시지
학 개	520	성전을 지으라(1) 복을 주실 것이다(2)	그분의 뜻을 행하는 일에 우선순위로 할 때 번영은 온다
스가랴	520-480	8개 환상(1-6) 4개 메시지(7-8) 초림과 재림(9-14)	성전 건축은 메시아의 영광이 성전에 거할 축복의 미래를 건설하는 일이다
말라기	432-424	죄를 버리라(1-2) 주의 날을 대비하라(3-4)	하나님의 저주를 불러오는 완악한 마음의 죄를 버리라

선지자는 누구인가?

선지자는 '하나님의 입'으로 하나님 나라의 대변인 역할을 한다. 선지자의 특징은 장래 일을 미리 아는 능력(선견지명)이 아니라, 지금 일어나는 사건들 속에서 하나님의 뜻(통찰력)을 전하는 자이다. 그들은 하나님 왕국의 대변인 역할을 하면서 인간 왕국에 대해서는 비평가로서 말씀을 선포하는 대언하는 자이다.

점쟁이와 선지자는 무슨 차이가 있는가? 점쟁이는 '결정된 운명론'을 주장한다. 운명을 바꾸고 싶으면 비싼 돈을 들여 부적을 사라고 부추긴다. 그러나 선지자는 "만약 한다면…"과 "만약 하지 않는다면…" 이 두 가지의 메시지를 전하며 '선택 운명론'을 촉구한다. 선지자는 백성들이 순종을 하면 희망이 있지만, 만약 불순종하면 그 대가로 멸망당하게 될 것이라고 전한다.

20. 과거의 힘을 의지하지 말라 _ 이사야

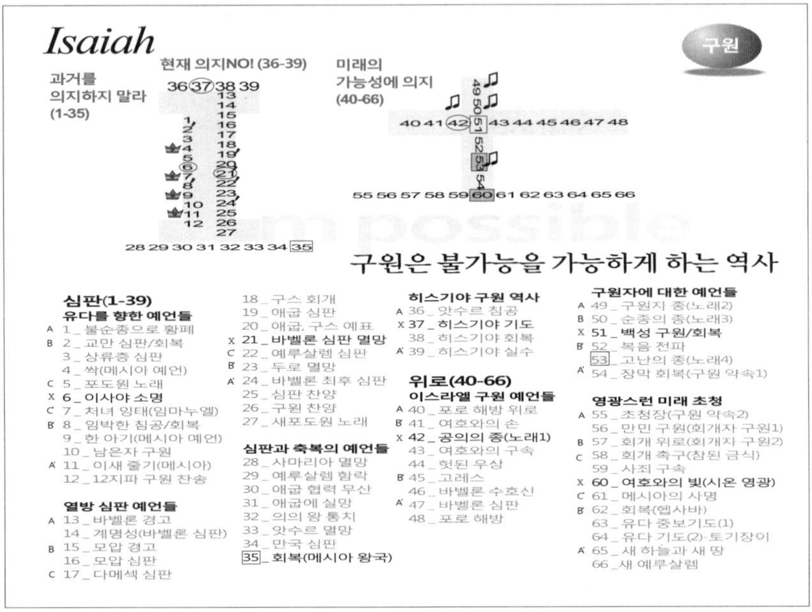

회복하라

내가 극복할 수 없는 문제는 누구에게 의지해야 하는가?

이사야는 애굽이나 앗수르, 바벨론(이라크)과 같은 문제를 하나님만 의지할 때 하나님이 도와주실 것이라고 말한다. 우리는 힘이 있어 보이는 힘을 의지하지 말고, 오직 하나님만을 바라보아야 한다.

이사야서는 66권의 성경의 축소판이다. 처음 39장은 구약에 해당하며 우상을 숭배하는 부도덕한 백성들에 대한 심판이 나온다. 27권은 신약에 장차 메시아가 고난을 받고 십자가를 지실 구세주로 임하실 것이다. 영광스러운 새 날을 기대하며 주를 의지하라!

기록 목적 _ 죄로 유다가 몰락하지만, 남은 자는 메시아를 통한 구원을 약속하셨으므로 언약을 충실히 지킬 것을 촉구한다.

저자 _ 이사야　　　　**기록연대** _ B. C 740－680년

주제 _ 오직 여호와만 의지하라!

성경관통 _ 과거의 감정에 노예가 되지 말라

우리 인생은 과거의 성공보다 미래의 '기대'에 따라 달라진다. 긍정적인 생각을 품고 기대하면 긍정적인 방향으로 흘러간다. 부정적 생각에 사로잡혀 있으면 끌려가는 인생이 된다. 삶의 축복은 생각의 변화에서 시작된다. 성공을 이루려면 기대 수준을 높여라.

심리학자 마틴 셀리그만은 「긍정 심리학」 에서 "만일 과거가 미래를 결정한다는 것을 믿는다면, 자기 자신을 그저 파도치는 대로 바람부는 대로 떠밀려 가는 배가 되도록 방치하는 것이나 다를 바 없다"고 하였다. 과거에 인생을 묶어 두지 말라.

하나님은 끊임없이 새로운 비전의 씨앗을 뿌려준다. 우리의 맘속에 낡아빠진 생각을 뽑아내고 창조적인 새 일을 심어야 한다. 하나님은 "보라 내가 새 일을 행하리니 이제 나타낼 것이라 너희가 그것을 알지 못하느냐"(43:19)라고 말씀하신다. 씨앗을 심으라 그러면 자랄 것이다. 의심의 토양에 커다란 비전을 심으라. 그리고 그 씨앗이 성취될 것을 기대하라. 기대만큼 하나님은 도우신다.

이사야는 35장에서 메마른 땅에는 시냇물이 흐르고, 사막에 큰 길이 나게 될 것이라고 외친다. 하나님의 권능이 임하면 새로운 일이 창조될 것이다. 내일을 창조하라. 이사야는 그 증거로 처녀의 몸에서 아기가 탄생할 것이라는 예언을 한다. 하나님은 초자연적인 방법으로 마리아의 몸에서 예수를 탄생하게 하셨다. 하나님은 초자연적인 기적을 이루시는 분이시다. 우리가 상상 할 수 없는 기적을 일으키시는 분이다. 주위에서 아무리 불가능하다고 말해도 '하나님이 함께하심'(임마누엘)이 있으면 모든 일은 가능하다. 하나님께서 말씀하시면 능치 못할 일이 없으신 주를 찬양하라. "전능하신 나의 주 하나님은 능치 못하실 일 전혀 없네 불가능한 일행하시고, 주의 말씀 의지하여 믿음으로 그물 던져 믿는 자에게 능치 못함 없네." 그러므로 나의 좁은 생각을 버리라. 초자연적인 일이 일어날 수 있음을 믿으라.

이사야 35장을 뒤집으면 53장이 된다. 이사야에서 35장과 53장은 중요한 장이다. 이사야 53장에는 하나님의 축복에 대한 모든 희망을 가지고 있는 예수님에게 일어날 환상을 말해준다. 이사야는 그 종이 찔리고, 상하고 징벌을 받고 상처를 입었다고 우리에게 전해준다. 이것이 바로 하나님의 목적을 이루게 될 방법이다. 어떻게 고난 받는 메시아가 우리에게 희망이 될 수 있는가? 왜 죽음으로 이 일을 감당하여야 하는가? 나의 좁은 생각을 벗어버리라. 하나님은 새로운 창조를 이루기 위해 땅에서 씨앗의 껍질이 벗겨져야 열매를 맺도록 계획하셨다. 보라 새로운 창조의 역사를 그 종이신 예수를 통해 이룰 것이다. 새로운 비전의 씨앗은 자라서 영광의 회복을 이룰 것이다.

탄식으로 시작했던(1장) 이사야의 예언은 회복(66장)으로 대단원의 막을 내린다. 과거를 의지하지 말라. 과거에 있었던 아픔으로 현재와 미래를 망치는 일을 하도록 가만히 있으면 안 된다. 행복하고 성공하는 날을 맞이하기 위해서는 과거에서 일어났던 일을 돌아보고 소중한 교훈으로 삼아야 한다. 그리고 지금부터 다르게 행동해야 한다. 과거에 있었던 '원망과 분노'라는 독소를 제거하고 하나님의 새로운 은혜와 복을 갈망하라. 오늘을 과거의 망령에서 벗어나 하나님의 은혜로 회복된 날로 살기를 꿈꾸자!

이사야는 히스기야를 구원하는 역사적 사건을 핵심적인 주제로 다루면서 '온 우주의 주관자이신 하나님만을 섬기라!'고 권면한다(36-39장). 현재 앗수르의 위협(36-37장)과 장차 바벨론의 위협(38-39장)으로부터 구원할 분은 오직 전능하신 하나님뿐이시다.

1-35장(심판)	히스기야(구원)	40-66장(회복)
과거 애굽 의지 말라	현재 앗수르 의지 말라 장래 바벨론 의지 말라	하나님의 종을 의지하라

이스라엘의 회복을 위해 메시아가 죽음을 통하여 이룬 구원을 맛본 백성들은 앞으로 어떻게 살아야 하는가? 이사야는 그들의 잘못된 신앙과 믿음 생활을 지적하고 다시는 이러한 실수를 반복하지 말라고 한다. "오직 하나님만을 의지하라!"라고 말한다.

1. 심판의 예언들 _ 1-35장 : 심판

우리가 이사야를 통해 의식할 점은 이스라엘 사회의 도덕적인 부패의 원인이 그들의 부패한 신앙에서 나왔다는 것이다. 하나님은 세상이 끝나는 날에 열방이 시온으로 율법과 말씀을 배우고자 몰려 올 날을 계획하셨지만(2장) 그들의 현실은 우상과 교만으로 가득함에도 자신의 죄를 뉘우치기는커녕 오히려 뻔뻔하였다. 이사야는 범죄 한 그들에게 그루터기에서 씨앗이 나와 열매 맺을 것이라는 메시아의 오실 것에 대한 메시지를 전한다.

첫째, 여호와께서는 한 싹이 나서(메시아) 이스라엘의 남은 자들에게 구원을 베푸실 것이다(4장). 하나님께서 이스라엘을 회개케 하기 위하여 애썼음에도 불구하고 이스라엘은 나쁜 포도 보다 더 나쁜 '들포도'를 맺었다(5장). 이에 하나님은 심판을 선포할 자를 찾는 하나님의 부르심에 "내가 여기 있나이다. 나를 보내소서" 라고 이사야는 응답한다(6장).

둘째, '임마누엘'되신 메시아의 탄생으로 우리와 함께해 주시겠다는 약속을 예언한다(7-9장). "그 이름은 기묘자, 모사, 전능하신 하나님, 영존하시는 하나님, 평강의 왕이시다." 장차 오실 왕에 대한 예언으로 '한 싹'에서 메시아가 날 것이다(11장).

셋째, 하나님의 백성을 괴롭히는 열방들을 하나님이 심판하실 것이다. 그러나 여기에서 이방인들의 구원도 선포되고 있다(13-23장). 그들이 하나님을 신뢰하지 못한 것에 대한 가장 명백한 증거는 그들이 도움을 구하러 애굽으로 내려간 것이다(31장).

넷째, 오실 메시아가 예루살렘(시온 성)에서 영광을 받으실 것을 예고한다(24-27장). 시온의 회복은 곧 신약 교회의 영광을 상징한다.

2. 히스기야의 구원 역사 _ 36-39장: 구원

기원전 701년에 있었던 앗수르의 침공 때 히스기야왕이 하나님을 신뢰했기 때문에 예루살렘을 보존되었다(36-37장). 그가 앗수르에게 당한 고난은 하나님 안에서 오히려 승리가 되었다. 히스기야는 거의 죽을 뻔 한 병중에서 하나님께 부르짖어 15년의 생명 연장의 응답을 받았다(38장). 그러나 히스기야는 그의 교만 때문에 모든 보물을 바벨론 사신(첩보원)에게 보여 주었다. 이사야는 바벨론 왕이 보물과 그의 아들들을 바벨론으로 끌어가리라고 예언하였다. 현재에만 집중하고 다음 세대를 생각하지 못한 것이다. 하나님께서 앗수르 군대로부터 보호해 주신 것은 "내가 나와 나의 종 다윗을 위하여 이 성을 보호하여 구원하리라"는 약속을 충실하고자 하신 것이다(왕하 19:34). 유다는 이 감격을 갖고 하나님과 약속을 충실히 지켜어야 했다.

3. 위로의 예언들 _ 40-66장 : 회복

유다에게 심판을 선포한 후에 이사야는 소망과 회복에 대한 하나님의 약속들로 백성들을 위로하였다. 하나님께서는 자신의 백성을 구원하시고자 하는 의지뿐만 아니라, 능력도 가지고 계시는 분이다. 이사야는 하나님의 더 깊은 위로는 고난 받는 종을 통해서 이루어질 것이라는 깜짝 놀랄 뉴스를 전한다. 곧 회복될 하나님의 나라가 이 종을 통하여 이루어진다는 것이다.

첫째, '**평강의 약속(Promise of Peace)**'을 주신다(40-48장). 하나님께서 "내 백성을 위로하라"(40:1)는 위로의 메시지는 현재 이스라엘은 혼자 힘으로 일어설 수 없을 정도로 피곤한 상태에 있을 때 주신 것이다. 그들에게 "영원하신 하나님 여호와 땅 끝까지 창조하신 자는 피곤하지 아니하시며 지치지도 아니하신 분"으로 영원히 변하지 않고 창조 때부터 보이신 능력을 여전히 보여 주실 것이다(40장). 하나님은 지금 무력하게 압제를 당하고 있는 이스라엘을 "지렁이 같은 너 야곱아"라고 부르시며 "내가 너를 도울 것이니라"라고 하신다(41장). 그 증거로 이사야는 고레스를 통해 귀환(44-45장)하고, 바벨론이 멸망하며 포로 된 백성들을 회복(46-48장)할 것이라는 좋은 소식으로 격려한다.

둘째, '**평강의 왕(Prince of Peace)**'이 오심으로 세상이 줄 수 없는 평안을 주실 것이다(49-58장). 이 위로와 구원은 여호와의 종이 십자가 고난을 통해서만 올 수 있다(49-55장). 이사야는 메시아가 이 땅에 와서 왜 고난을 받아야 하는 이유는 우리의 죄와 허물 때문에 예수님이 오셔서 징계를 당함으로서 우리가 평화를 얻을 수 있다고 말한다(53장). 우리가 평안을 얻을 수 있는 것은 고난의 종의 구원 사역으로 말미암아

이사야

주신 것이다. 그것은 하나님이 '화평케 하는 언약'(54장)과 '영원한 언약'(55장)을 통해 약속 하셨다. 그러므로 메시아가 우리를 "너희 목마른 자들아 물로 나아오라. 돈 없는 자도 오라"고 초청하시는 목소리를 들어보라(55:1).

셋째, '**평강의 계획(Program of Peace)**'이다(59–66장). 어떻게 평강을 주실지 그 방법과 계획을 말해 준다. 이사야는 메시아가 성령의 기름 부으심을 받아 우리 죄와 상처를 씻어 주시고 희락의 기름을 부어주실 것이라 전한다(61장). 이사야는 "초라한 너의 모습을 돌아보라. 살길은 오직 여호와를 의지하는 것이다!"라고 외친다. 여호와를 의지하는 자들에게는 모든 것이 새롭게 될 것이므로 "일어나라 빛을 발하라. 여호와의 빛이 우리에게 임하였기 때문에 우리가 빛을 발하면 열방이 네 빛으로 나아 올 것이다"라고 격려한다(60장).

예루살렘(교회)의 회복은 메시아가 이루어야 할 중요한 임무로 "주 여호와의 신이 내게 임하였으니…" 가난한 자에게 기쁜 소식을, 마음이 상한 자를 고치며, 포로된 자에게 자유를, 갇힌 자에게 해방을, 슬픈 자에게 위로를 주실 것이다(61장). 남은 자들은 새 예루살렘을 세우는 '여호와의 제사장'이 될 것이다(61:6–9). 마지막 날은 평강의 왕을 믿지 않는 자들에게는 두려움의 날이지만, 믿는 성도들에는 잔치에 참여하는 날이 될 것이다(66장). 이사야가 말하고자 하는 것은 예수님이 재림하신 다음에 있을 영광만을 강조하는 것이 아니다. 바로 지금 일어나 영광의 빛을 발하라고 말한다. 성령이 우리에게 임했기 때문에 구원의 빛이 열방까지 뻗어 나아갈 것이다. 이것이 '평강의 계획'이다.

나눔의 축복 _내가 의지 하지 말아야 할 것과 의지해야 할 것은?

21. 현재의 실망감에 좌절하지 말라 _ 예레미야

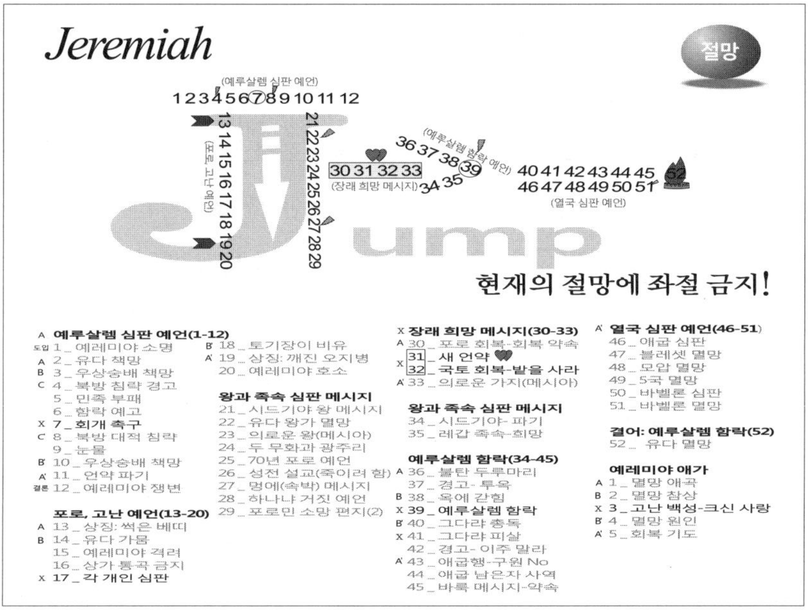

타락해가는 조국을 바라보며 우리는 어떻게 해야 하는가?

'눈물의 선지자'로 불리운 예레미야는 목이 곧은 유다 백성들에게 심판의 메시지를 40년이 넘도록 선포하였다. 그는 백성들이 우상 숭배와 배교, 도덕적 타락과 변질된 예배 등을 무섭게 질책하면서 회개를 촉구하였다. 그는 회개와 심판에 대한 메시지를 전한 까닭에 동족으로부터 핍박과 수모를 겪었다. BC 586년에 예루살렘은 멸망했지만 그는 미래의 소망과 회복을 힘 있게 전했다.

기록 목적 _ 유다가 하나님의 말씀을 거역하였기 때문에 바벨론으로 포로 잡혀갈 수밖에 없지만, 그는 백성들에게 소망과 회복에 대한 하나님의 은혜로운 약속을 선포하기 위해 기록했다.

저자 _ 예레미야 **기록연대** _ B. C 627-580년

주제 _ 회개할 수 있는 기회는 곧 지나간다. 지금이 기회이다!

● ● 성경관통 _ 왜 예레미야는 눈물의 선지자인가?

예레미야 선지자는 유다의 선한 왕 요시야 왕 통치 기간 중에 소명을 받아 요시야와 더불어 두 번의 대개혁을 했다. 요시야가 죽고 그의 두 아들 여호야김과 시드기야가 통치하던 혼란스러운 시대에도 예언 활동을 하였다. 요시야 시기는 국제적으로 평온한 시기였다. 하지만 안타깝게도 요시야가 젊은 시절 국제 정세를 파악하지 못해 애굽 왕 느고와 전쟁에서 전사했다. 그 후 요시야의 아들들의 통치 기간 중에는 애굽과 바벨론이 서로 싸우는 시기였다. 그들은 바벨론의 압제에서 벗어나고자 애굽의 도움을 구하려고 여러 번 시도를 하였다. 이러한 정책은 결국 느부갓네살의 포위 공격을 받았고, 3개월 통치한 여호야긴은 폐위되었다. 그리고 고위 관리들은 대부분 바벨론에 포로가 되어 끌려갔다. 그럼에도 불구하고 유다의 마지막 왕, 시드기야는 애굽을 의존하는 정책을 계속 펼쳐, 결국 바벨론의 2차 공격으로 예루살렘은 완전히 파괴되었다(주전 586년). 이때 예레미야 선지자는 포로로 끌려갔다.

예레미야 선지자는 참으로 감당하기 힘든 사명을 부여 받았다. 그것은 예루살렘에 임박한 파멸을 선언하고, 그들이 살기를 원한다면 바벨론의 포로가 되어야 한다는 것이었다. 친 바벨론 정책은 사람들의 지지를 받지 못했을 뿐만 아니라 수차례의 생명의 위협까지 받았다. 하지만 그는 어느 누구도 듣지 않는 메시지를 40년 동안 충실하게 선포했다. 그는 거듭 예언자의 직분을 포기하려 했지만, 끝까지 유다가 비참한 최후를 당할 때까지 직분을 감당하기 위해 눈물로 사역하였다. 눈물은 새 희망의 싹이 되었다!

1. 예루살렘에 대한 심판 예언_1-25장 : 멸망 이전

예레미야는 출생 이전에 이미 하나님의 선지자로 부르심을 받고 태어났다. 그 당시 유다와 예루살렘은 우상숭배로 가득하였고, 지도자들의 죄악으로 가득하여 하나님의 책망을 받을 수밖에 없었다(2-3장). 그는 부정한 신부인 백성을 향해 사마리아와 같이 행하지 말고 자신의 남편에게로 돌아오라고 호소하였다(3:6-4:4). 예루살렘이 포위 공격을 받을 것임을 선언하지만 안타깝게도 백성들은 예레미야의 호소를 듣지 않았다(6장).

유다에게 여호와에 대한 '헌신'과 하나님의 '임재'가 있다면 하나님께서 그들을 안전하게 지켜줄 것이다(7장). 그러하기에 예레미야는 눈물을 흘리며 탄식하며 기도하며 울부짖는다(9장). 게다가 하나님의 계명을 불순종하고도 만족하는 백성들은 예레미야를 더욱 낙심케 만들었다(11-12장). 여호야김 왕 통치 기간에 예레미야는 "내 눈이 밤낮으로 끊이지 아니하고 눈물을 흘리"면서 전하였지만, 백성들은 그의 환난의 경고를 받아들이기를 거절하였다(14장). 하나님은 예레미야에게 포로 될 것을 대응하기 위해 결혼도 하지 말고 자녀도 낳지 말라고 명하셨다(16장).

예레미야가 받은 "토기장이의 오지병을 사서 깨뜨리라"는 명령은 하나님께서 앞으로 유다와 예루살렘을 흩으실 것을 보여준다. 이러한 행동에 분노한 백성들은 예레미야에게 착고를 채웠다.
예레미야는 이들에게 70년간의 포로 생활이 있을 것을 예언하면서, 마지막 회개할 기회를 주었다. 도리어 모든 백성들은 그를 붙잡고 말하기를 "네가 반드시 죽으리라"고 협박하였다.

2 미래에 대한 소망 이야기 _ 26-36장 : 새 언약

새로운 나라에 대한 계획- 새 언약(예레미야 31:31-37)	
내용	"나는 그들의 하나님이 되고 그들은 내 백성이 될 것이다."
이유	말씀을 지키지 못함으로 앞으로 성령의 감동으로 마음에 새김
특징	성령의 역사로 하나님의 백성을 세워 하나님의 나라를 건설

거짓 선지자 하나냐와 스마야는 예레미야의 친 바벨론 정책을 반대하다가 죽고 만다(26-29장). 하나님은 그들이 포로 생활에서 돌아올 때 이스라엘과 유다 집에 새 언약을 세웠다(31장). 예루살렘의 임박한 멸망에도 불구하고 예레미야는 친척의 밭을 사서 매입함으로 미래에 대한 소망을 보증하였다(32장). 하나님이 "다윗에게 한 의로운 가지가 나게 하리니 그가 이 땅에 공평과 정의를 실현할 것이라 그 날에 유다가 구원을 얻겠고 예루살렘이 안전히 거"하는 날이 오게 하실 것이다(33장). 남은 자들이 구원을 받게 될 것이며 복을 누리게 될 때가 올 것이다. 그러나 왕들은 언약에 대해 불순종하였다(34-36장). 여호야김 왕은 하나님의 말씀을 거부하고 두루마리를 태워버렸다(36장)

3. 예루살렘 함락 이야기_ 37-45장

주전 605년에 바벨론은 유다를 침공하여 예레미야가 예언한 것과 같이 여호야김을 포로로 잡아 갔다. 유다의 마지막 왕인 시드기야는 바벨론 왕의 통치를 거부하고 애굽의 도움을 구하다가 결국 느부갓네살 왕에 의해 두 눈이 뽑힌 채로 포로로 끌려갔다. 그리고 예루살렘과 성전은 완전히 파괴 되었다(39장).

예루살렘 멸망 이후에 예레미야는 팔레스타인에 있는 남은 자에게 애굽에 내려가지 말고 이 땅에 남아서 진실하게 하나님을 믿으라고 하였으나 그들은 예레미야의 예언을 믿지 않고 애굽으로 도망간다. 이에 대해 예레미야는 느부갓네살이 그들을 체포하거나 죽일 것이라고 예언하였다(43장). 애굽에 내려가 하늘의 여신에게 분향하는 그들에게 "내가 예루살렘을 벌한 것 같이 애굽 땅에 거하는 자들을 칼과 기근과 염병으로 벌하리니. 애굽 땅에 피한 자는 유다 땅에 돌아오는 자가 없을 것"이라고 경고 하였다.

4. 열국에 대한 심판 예언 _ 46-51장 : 멸망 이후

마지막 부분은 바벨론의 포로에게 하는 예언에 관한 것이다. 유다 인근 국가들은 그들의 교만과 이스라엘에 대한 태도 때문에 정죄를 받을 것이다(47-49장). 예레미야는 느부갓네살에 의한 애굽 침략에 대하여 예언하였다(46장). 그리고 다메섹과 게달은 느부갓네살에 의하여 침략을 당할 것이나, 엘람은 선택될 것이다(49장). 이스라엘의 악한 원수들에 대한 심판은 남은 자들이 하나님의 의를 깨닫도록 격려하기 위하여 의도된 것이다. 강한 바벨론이라 해도 언젠가 북쪽 나라에 의해 함락되고 회개할 것이다(50-51장). 그러므로 멸망 이후에 다시 회복될 것을 기대하며 살라!

나눔의 축복_ 예레미야를 통해 배운 교훈은?

21-1 절망 가운데 소망이 있음은 _ 예레미야 애가

"어찌 이럴 수가!"에서 유래한 애가는 한 성의 장례식을 묘사한다. BC 586년 바벨론에 의해 멸망당하는 예루살렘의 처참한 최후를 목격하고 쓴 시로 예레미야 자신의 애절한 슬픔을 토로한다. 애가에는 유대인들이 자부하였던 예루살렘이 강간과 약탈, 방화와 파괴, 살육으로 휩쓸려 간 참혹함을 그대로 그려져 있다.

예루살렘의 멸망은 하나님이 힘이 없었기 때문이 아니라 하나님 백성들의 죄 때문이었다. 예루살렘과 성전의 멸망은 하나님의 심판이다. 그러나 하나님의 백성들이 자신의 죄를 회개하고 하나님께로 돌아가게 될 때 하나님께서는 무궁한 자비와 긍휼로 회복시켜 주실 것이다. 애가는 예루살렘 멸망에 대한 절망적인 탄식으로 시작하지만 결국 이스라엘이 회개하고 하나님께로 돌아가는 것으로 끝을 맺는다(5장).

이러한 절망 가운데 "중심에 회상한즉 오히려 소망이 있사옴은 여호와의 자비와 긍휼이 무궁하시므로 우리가 진멸되지 아니함이니이다. 이것이 아침마다 새로우니 주의 성실이 크도소이다(3:21-23). 하나님의 언약적 자비와 은혜로 소망을 찾을 수 있다. 슬픔은 그 원인을 찾아 반성하고 하나님의 긍휼하신 성품을 깊이 묵상할 때 기쁨으로 바뀔 수 있다. 예레미야 애가는 단순히 비참한 현실의 슬픔을 넘어 하나님의 선하심과 회복의 말씀을 주신다. 우리는 하나님에게서 희망과 위로를 발견한다.

나눔의 축복 _ 하나님이 우리가 절망에 빠질 때 주시는 소망은?

22. 미래의 영광을 바라보고 살라 _ 에스겔

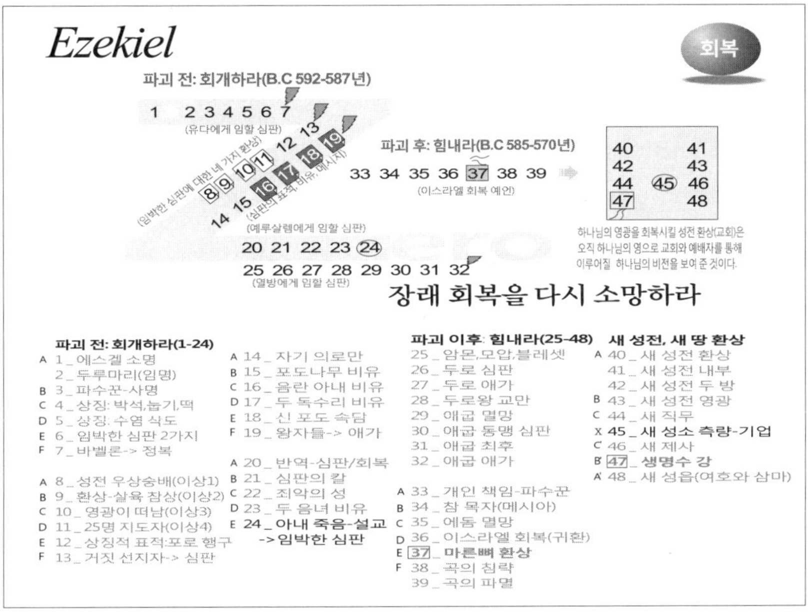

어떻게 하나님의 영광을 회복할 수 있는가?

유다는 바벨론에 의해 망했으며 성전도 파괴 되었고, 하나님의 영광마저 떠나갔다. 포로 된 백성들은 애굽에서 종살이 했던 상황을 생각하면서 현재 자신들의 정체성과 운명에 대하여 의문을 가졌다. 이 상황에서 에스겔은 하나님은 여전히 동일하시며 그들을 다시 출애굽같이 구원하려 하신다는 사실을 알도록 격려했다. 그들은 지금 비록 마른 뼈와 같이 소망이 없지만 하나님께서 그들에게 생기를 불어넣으실 것이다. 미래의 영광도 회복 될 것이다.

기록 목적 _ 고국 땅에 곧 돌아갈 것이라는 거짓된 희망을 깨고 회개해야 하며, 회복시킬 하나님의 약속을 붙들도록 하였다.

저자 _ 에스겔　　　　　　　　**기록 연대** _ B. C 593–570년

주제 _ 죄악을 버리고 영광과 소망을 회복시키는 하나님을 붙들라.

●● 성경관통 _ 생수의 능력 (겔 47장)

인생은 불안이다.

불안을 씻어 보내고 희망을 품게 할 무엇인가 필요하다. 나이와 상관없이 찾아오는 '불안 바이러스'는 우리를 절망이라는 골짜기로 몰아간다. 불안은 스트레스를 주며 우울증을 일으키고 우리를 영적 침체의 늪에 빠지게 한다. 다행히도 불안의 바이러스를 물리칠 수 있는 특효약이 있다. 그것은 '희망의 생수'이다.

예수님은 '희망의 생수'를 주려고 오신 분이시다. 이 생수를 마시는 자는 생명을 얻고 더 풍성함을 얻게 될 것이다. 인간은 70%가 물로 되어 있다. 물이 흐르는 곳에 식물이 자라듯이 말씀의 생수가 흐르는 곳에 영혼이 살아난다. 우리에게 필요한 것은 '불안 바이러스'를 물리칠 심리치료가 아니라 영혼을 치료하는 '희망의 생수'인 것이다. 생수가 우리 몸을 살린다!

생수가 흐르면 죽은 땅이 살아난다. 열방이 살아나게 된다. 죽은 바다까지 소생하게 하는 힘을 가진 것이 생수이다. 생수는 병든 것을 치유한다. 풍성한 과실을 맺게 한다. 그리고 회복이 일어나고 번영케 된다. 다시는 불안과 불화 그리고 불행이 없으며 평안과 안식, 그리고 번영을 넘치게 만드는 힘을 가진 것이다.

에스겔은 환상을 통해 생수가 성전에서 흘러나오는 것을 보았다. 성전은 우리 가운데 임하신 예수님이다. 예수님은 우리를 성전 삼아 열방을 치유하며 행진해 나가기를 원하신다. 우리는 생수를 흘러 보내는 자로 부르셨다. 또한 생수를 제공하는 곳이 교회이다. 생수는 열방을 치유한다. 그리고 회복시킨다!

에스겔은 예루살렘 멸망 이전에는 예루살렘에 대한 심판과 멸망을 전하면서 **"회개하라"**고 외쳤다(1-24장). 그리고 예루살렘 멸망 이후에는 하나님의 백성의 회복을 예언하면서 **"힘내라"**는 격려를 주었다(25-48장). 하나님의 영광이 성전과 예루살렘을 떠날 수밖에 없었던 이유는 유다와 예루살렘의 죄 때문이었다. 하나님의 임재가 떠난 것이 가장 큰 심판이다.

어떻게 하나님의 영광이 돌아오는가? 그것은 하나님의 언약적 약속 때문이다. 그들은 비록 마른 뼈와 같이 소망이 없지만 하나님께서는 그들에게 생기를 불어넣으실 것이다. 하나님의 나라는 심판 뒤에는 미래의 영광이 있게 될 것이고 그로 인하여 "그들이 하나님이 여호와인 줄 알게"될 것이다.

1. 에스겔의 소명과 사명 _ 1-3장

하나님은 천사인 그룹을 자세히 보여 주시고 하나님의 영광을 나타내시면서, 에스겔에게 패역한 세대인 이스라엘에게 하나님의 심판을 전파하라는 소명을 주신다(1장). 에스겔이 본 네 생물의 환상 가운데 그룹들이 바퀴가 달려 움직이는 것은 하나님이 역사를 움직이고 진행시키는 분임을 드러내는 것이다(1장). 그는 하나님으로부터 예레미야와 이사야와 같이 그들이 듣든지 아니 듣든지 그들을 두려워하지 말고 무서워하지 말고 선포하라는 파수꾼의 사명을 받았다(2-3장). 또한 파수꾼의 사명을 감당 하지 않으면 '그 피 값을 네 손에서 찾으리라'는 두려운 말씀을 동시에 받았다. 우리는 하나님의 소식을 전하는 파수꾼으로 부름 받았다.

2. 유다 멸망에 대한 예언 _ 4-24장

멸망 예언을 행위를 통한 고난의 메시지를 전함 (4-5장)		
1	포위당한 성의 모습	성 함락
2	390일 좌편으로 누움, 40일은 우편(유다를 위해)	죄 깨우침
3	쇠똥으로 보리떡을 구워 먹음	전쟁 비참함
4	수염과 머리카락-1/3 태움, 1/3 칼, 1/3 바람 흩음	완전 파멸

심판을 행하시는 이유에 대하여 영상 보이심(6-9장)		
1	성전 자리에서 우상을 섬김	우상 숭배
2	바벨론의 신 담무스를 섬기는 예식 거행	우상 숭배
3	동방 태양신을 섬김	우상 숭배
→ 회개하는 자 이마에 표 받으면 보호, 받지 못하면 심판을 선언하심		

비유를 통한 예루살렘 멸망의 불가피성을 전하심(15-24장)	
15장 _ 무가치한 포도나무 비유	16장 _ 부정한 행위를 한 아내의 비유
17장 _ 독수리와 포도나무 비유	18장 _ 각자의 행위 따라 심판 비유
23장 _ 음란한 두 자매의 비유	24장 _ 끓는 가마의 비유
→ 에스겔 아내의 죽음(24장)- 죄를 죽여야만 사랑으로 회복됨	

에스겔은 예루살렘 멸망과 성전의 파괴에 대하여 비유와 징조의 메시지를 반복적으로 강조하고 있다. 그러나 당시의 거짓 선지자들은 하나님이 유다의 멸망을 허락하시지 않을 것이라고 왕과 백성들을 계속 종용하였다. 그래서 결국 유다의 마지막 왕인 시드기야는 애굽과 연합하여 바벨론을 대적하려다 결국 체포되어 자신의 두 눈은 뽑히고 바벨론으로 끌려가 죽임을 당했다. 그의 불순종은 개인과 나라까지 멸망과 패망을 불러왔다.

3. 열국 심판 예언 _ 25-32장

열방 일곱 나라는 이스라엘을 압제하고, 하나님께 도전하며 출애굽 당시 애굽이 범한 죄를 지었다. 하나님은 이 열방들이 의롭기 때문에 이스라엘의 징벌에 동참시킨 것이 아니라 이스라엘을 회개시키기 위하여 징벌의 도구로 사용하셨을 뿐이다.

4. 이스라엘 회복 _ 33-48장 : 새로운 출애굽

이스라엘이 하나님과의 관계를 새롭게 회복하신 후에, 새 성전에서 새 이스라엘은 영원토록 하나님 안에서 살게 될 것이다. 이것은 이스라엘에게 맺은 '화평의 언약'으로 말미암아 새로운 시대가 열리는 것이다(34장). 하나님은 새 영과 새 신을 부어주심으로 그들이 하나님을 섬길 수 있게 될 것이라는 약속을 하셨다(36장). 마른 뼈에 대한 환상은 하나님이 이스라엘을 위해 세운 화평의 언약이 실현될 것임을 보여주는 사건이다.

회복 필요성	죄로 인하여 약속된 땅에서 쫓겨났다(36:17-19)
회복의 이유	적을 벌하고, 하나님의 이름을 비난으로부터 구함(36장)
회복의 환상	마른 뼈가 살아남, 뼈들에 생기가 들어가서 회복됨(37장)
회복의 상징	두 막대기가 하나가 됨, 열두 지파의 재결합(37:15-17)
회복의 결과	하나님의 백성이 됨, 새 마음, 새 성전 가짐(36,37장)
회복의 모습	새 성전(교회)과 제사장(예배자), 성령의 생수(40-48장)

나눔의 축복 _ 나와 민족에게 회복이 필요한 부분은?

에스겔

23. 시대를 초월하여 형통함 _ 다니엘

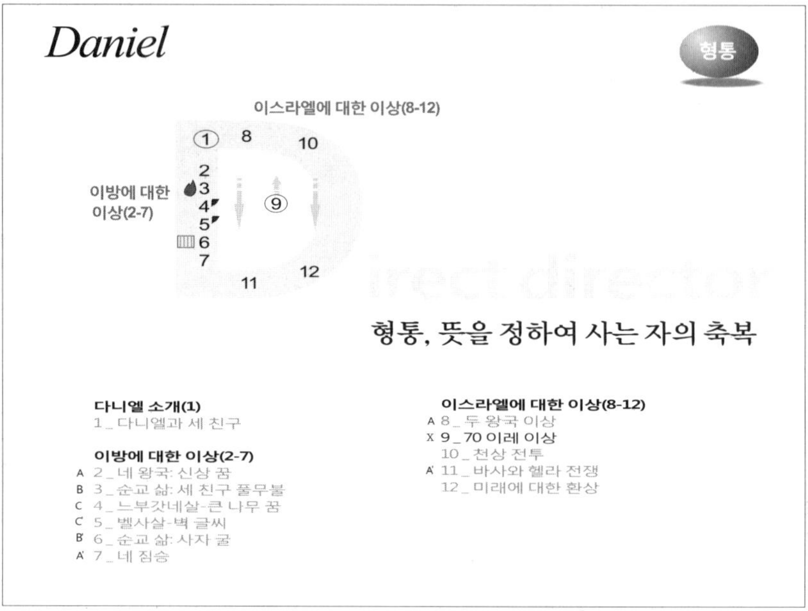

신실하게 신앙을 지켰던 사람들은 결국 어떻게 되는가?

다니엘처럼 '뜻을 정하여' 왕의 진미를 거절할 정도의 신앙으로 산다면 형통하게 될 것이다. 주위에 있는 신하들의 음모로 다니엘의 세 친구는 풀무불에, 다니엘 자신도 사자 굴에 던져졌지만 하나님이 지켜주심으로 형통하였다. 강대국 바벨론(이라크)과 페르시아(이란), 헬라와 로마 왕국은 멸망하지만 하나님 나라의 회복(9장)을 통해 모든 만국 위에 뛰어나신 하나님은 결국 성도들을 보호하시며, 하나님 나라를 건설해 가시는 분임을 보여 준다.

기록 목적 _ 포로 된 백성들에게 하나님께서 약속하신 나라가 회복될 것이라는 소식을 전함으로써 그들을 위로하려고 기록했다.

저자 _ 다니엘 **기록연대** _ B.C 605-530년경

주제 _ 역사의 주관자 하나님은 결코 성도들을 형통케 하신다.

● 성경관통 _ 다니엘처럼 형통을 꿈꾸라

다니엘은 시대를 초월하여 형통한 사람이다.

"이 다니엘이 다리오 왕의 시대와 바사 사람 고레스 왕의 시대에 형통하였더라"(6:28). 형통은 하나님의 뜻이다. 형통은 하나님의 아이디어이다. 하나님의 원리를 따라 살면 형통함이 따라다닌다.

'형통'이라는 히브리 단어는 인간이 하나님 앞에서 최선을 다할 때 하나님께서 부어주시는 축복을 말한다. 형통은 자신의 노력만으로 되는 것이 아니라 하나님의 전폭적인 은혜가 그 사람의 삶에 개입할 때 나타나는 현상이다.

고국 이스라엘이 멸망하여 바벨론에 포로로 잡혀간 기구한 운명의 청년에게 무슨 형통이 있을까? 다니엘은 그러한 고난 가운데 이방 나라의 4대에 걸쳐 왕들에게 총애를 받는 사람이 되었다. 하나님의 보호하심 때문이었다. 제일 중요한 것은 형통의 목적이 사명을 이루는 것임을 잊지 말라. 그러면 형통의 원리는?

첫째, '뜻을 정하여' 사는 것이 형통의 비밀이다. 우리가 사는 이 시대는 쾌락 문화 가운데서 청소년들이 숨 쉬고 있다. 오늘날 대부분의 청소년들이 뜻을 정하지 못하고 환경에 휩쓸려 산다. 그러나 다니엘은 뜻을 정하여 자신의 정체성을 숨기거나 포기하지 않았다. 하나님은 쾌락의 문화가 휩쓰는 21세기에서도 준비된 일꾼, 쓰임 받는 일꾼을 찾고 계신다. "다니엘은 뜻을 정하여 왕의 진미와 그의 마시는 포도주로 자기를 더럽히지 아니하리라 하고 자기를 더럽히지 않게 하기를 환관장에게 구하니"(단 1:8).

그는 도대체 무엇 때문에 왕이 주는 진미와 포도주를 먹지 않겠다고 말할 수 있었을까? 다른 포로들은 감사한 마음으로 먹는데 왜 유독 다니엘은 그것을 먹을 수 없다고 했을까? 그는 뜻을 정했기 때문이다. 뜻을 정하여 사는 삶은 '다르게 살기로 결단'하는 목적에 따라 사는 삶이다. 시대를 본받지 않고 시대를 초월하여 사는 '창조적 소수자'로 살아가는 것이다. 그는 하나님에 대한 바른 신앙을 지키기 위해 목숨을 걸었다. 뜻을 가지고 있다면 목숨을 걸고 나아가야 한다. 이것이 형통으로 가는 지름길이다. 시대를 이끌어가는 리더가 되기 위해서는 환경이 변하고 세대가 바뀌어도 변하지 않는 뜻을 세워야 한다.

금–머리	은–가슴·팔	놋–배·다리	철–종아리	철·진흙–발
바벨론	메데와 바사	그리스	로마	적그리스도 국가

둘째, 하나님을 경외하는 지혜를 가진 것이 형통의 비결이다. 다니엘은 정권이 네 번이나 바뀌었음에도 불구하고 형통한 자가 되었다. 그는 시대와 나라를 초월하여 형통함을 받은 사람이다. 그는 왕을 두려워하지 않았다. 왜냐하면 그는 오직 하나님만 의지하였기 때문이다. 두려워하지 않는 자는 이긴다. 오직 하나님 한분만 두려워해야 한다. 그때 비로소 이 세상에서 만나게 되는 어떠한 두려움도 이겨내고, 당당히 나아감으로 형통케 된다. 이렇게 하나님을 경외하는 다니엘에게 하나님은 지혜를 더해 주셨다. 하나님을 경외하는 자를 하나님은 보호하신다. 적의 모함이 있을지라도 천사까지 동원하여 보호하신다. 하나님을 경외하는 자에게 재물과 영광과 생명이 따라온다(잠언 22:4). 다니엘은 하나님을 경외함으로 재물이 따라왔고, 영광이 따라왔으며, 죽음 직전에서생명은 보호를 받았다. 이 세상을 두려워하지 말고 하나님만을 두려워하며 살면 형통함이 따라 올 것이다.

성경관통 _ 다니엘의 환상에 대한 해석

다니엘이 이방 왕의 궁전에 있었음에도 불구하고 하나님은 다니엘을 번영케 하셨다(1장). 그는 요셉처럼 높은 정치적 지위를 얻었으며, 심지어 감옥에 있을 때에도 왕의 총애를 받았다. 이 모든 것은 하나님의 돌보심으로 인해 형통하였던 것이다. 다니엘은 바벨론과 바사의 흥망 하는 혼란스러운 가운데도 바벨론 지배자와 비교할 수 없는 장수를 누리며 형통하였다. 하나님은 세상을 다스리고 통치하시는 분으로 바벨론과 열왕을 다스리며 통치하신다. 인간이나 국가는 영원하지 않다. 다니엘은 세상의 왕들과 나라들 배후에 천상의 차원에서 일이 일어나고 있다는 것을 보여 주면서 하나님이 세상의 만사를 통치하신다는 것을 보여 주었다.

다니엘의 세 친구 이야기와 다니엘의 환상은 신앙을 신실하게 지킨 교회는 비록 세상에서 환난을 당하지만 하나님의 보호하심을 받음으로 결국은 형통하다는 것을 보여 준다. 반면 바벨론의 처음 왕 느부갓네살 왕과(4장) 마지막 왕인 벨사살은 제국을 대표하는 왕들이지만(5장) 하나님의 심판을 받았다. 이는 역사는 그분의 계획이 펼치지는 무대에 불과함을 열방에게 알려준다.

다니엘서는 역사의 주인은 하나님이시며 역사는 그분의 뜻에 따라 일정한 목표를 향하여 행진하고 있다는 것을 가르쳐 준다.

나눔의 축복 _ 다니엘이 불안한 시대에서도 형통한 삶을 누린 비결은?

24. 회개는 회복을 약속한다 _ 12 소선지서

오바댜 _ 하나님이 그 백성을 돌보신다

오바댜는 주전 587년 예루살렘이 멸망한 후, 에서의 후예인 에돔의 멸망(1−16)과 이스라엘의 회복(17−21)에 대하여 예언하였다. 에돔의 멸망의 원인은 이스라엘이 적군에 의하여 멸망당하고 있을 때 도와주지 않았을 뿐 아니라 아랍인들과 함께 왕궁까지 들어와 모든 재물을 약탈하였으며 왕자들까지 데려갔던 것이었다. 결국 '에돔 족속은 멸망하게 될 것이고 이스라엘의 남은 자는 고국에 돌아오게 될 것이다'라고 예언하였다. 오바댜는 "세상은 반드시 망하고 하나님의 나라는 영원하다"는 진리를 보여 준다.

요엘 _ 심판이 오기 전에 회개하라

요엘은 정치, 외교, 사회적으로 가장 번성하였지만 영적으로 가장 침체된 웃시야 왕 때 말씀을 받아 전하였다. 어느 날 갑자기 날아온 온 땅을 뒤덮은 메뚜기 재앙(유다에 들어 닥치는 군대를 상징)으로 곡식 밭이 황무해지고, 모든 초목이 황폐해지며, 과목들은 시들고 말라버렸다. 메뚜기 재앙이 비록 죄에 대한 끔찍한 심판이었을지라도, 주의 날에 있을 하나님의 심판은 이 재앙에 비교하면 아무것도 아닐 것이다(1장). 그날에는 하나님께서 모든 대적들을 멸하실 것이지만 하나님께 충성스럽게 순종하는 자들에게는 비교할 수 없는 놀라운 축복을 주실 것이다. 요엘은 독자들에게 "유일한 소망은 그 무서운 날이 도래하기 전에 마음을 찢고 회개하는 일 뿐이다"고 말한다(2−3장).

요엘은 회개를 촉구하면서 "회개가 하나님의 심판 재앙에서 구원 받을 수 있는 길을 보여주겠다. 인류의 죄로 인한 최후의 심판의 날을 면할 수 있다고 생각하지 말라. 죄로 인하여 심판을 면할 길은 하나 밖에 없다. 오직 성령의 부으심을 경험하며 구원을 얻으라"고 외친다. 성령님이 오시면 "너희 자녀들이 장래 일을 말할 것이며 너희 늙은이들은 (회복) 꿈을 꾸며 너희 젊은이들은 환상(비전)을 볼 것"(2:28)을 예언한다. 

베드로가 성령이 충만하여 담대히 일어나 요엘의 예언을 인용하며 말씀을 전하자 3천 명이나 회개하였다. 지금이 하나님의 이름을 부를 때이다.

요나 _ 하나님은 이방인도 구원받기 원하신다

요나(비둘기)는 여로보암 2세 시대에 이방인들에게 직접 보냄을 받은 유일한 선지자임에도 불구하고 불순종하였다(1장). 도망가던 그는 결국 물고기 뱃속에서 삼 일을 보낸 후에야 니느웨로 갔다(2장). 당시 유대적 국수주의는 하나님의 언약 백성들만 선택받고 이방인들은 하나님의 구원을 받지 못하도록 하던 방해거리였다.

요나는 그에게 주어진 첫 번째 사명에 대하여 그는 불순종한다(1–2장). 두 번째 사명은 마지못하여 순종한다(3–4장). 왜 요나는 하나님의 선교 명령에 불순종 했는가? 요나는 니느웨가 회개하고 구원받는 것을 기뻐하지 않았기 때문이다. 그러면 왜 하나님은 요나를 니느웨에 보내어 그 사람들을 회개 하도록 하셨는가? 요나가 박넝쿨을 아까워하는 것처럼 하나님은 니느웨의 수많은 영혼들을 아끼시는 분이시기 때문이다. 하나님은 이방인의 하나님도 되신다.

요나는 하나님의 백성을 괴롭히는 니느웨 사람들에게 어떤 긍휼도 원치 않았지만, 후에 자신의 고집이 얼마나 이기적이며 무자비한 것이었는가를 깨닫게 되었다. 요나는 하나님의 책무를 버렸지만 하나님은 끝까지 요나를 버리지 않으시고 일을 맡기셨다. 요나서는 갑자기 하나님이 "니느웨에서 좌우를 분별치 못하는 자가 십이만여 명이요… 내가 아끼는 것이 어찌 합당치 아니하냐?" 라는 질문으로 끝낸다. 이것은 오늘날 우리에게 동일하게 하나님께서 질문을 던지시고 해답을 찾기를 바라는 것이다. "축복의 통로로 부름 받은 너희들이 이웃을 모른 채 할 수 있겠느냐?"

아모스 _ 왜곡된 예배보다 공의를 행하라

목자이며 농부인 아모스는 호세아와 같은 시대 사람이었다. 아모스가 예언하였던 당시는 겉보기에는 사업과 영토는 크게 번창하였지만 내적으로는 사치와 타락으로 사회는 병들었고 빈부 격차가 심하였으며, 가난한 사람들은 빈곤으로 심한 고통을 당하고 있었던 여로보암 2세 때였다. 아모스는 앗수르의 침공이 다가오고 있는 것을 모르고 사치와 왜곡된 예배에 빠진 그들에게 회개를 촉구한다. 그는 먼저 이스라엘 사람들이 가장 듣고 싶어 하는 주변 국가들을 비난을 한 후에, 이스라엘에게도 "너희에게도 재앙이 있을 것이다! 불의와 왜곡된 예배를 회개하지 않으면 하나님의 진노를 피할 수 없다"고 공격하였다(1-2장). 북이스라엘은 형식적인 예배와 지도자의 불의와 불법으로 인하여 심판을 받을 수밖에 없다고 설교한다(3-6장). 이어서 5가지 환상, 즉 메뚜기, 불, 다림줄, 여름과실, 성소 붕괴의 환상을 보여주면서 하나님이 이스라엘을 버리셨음을 확증한다(7-9장). 그럼에도 불구하고 이스라엘이 '가난한 자들과 약한 자들을 도와주겠다'는 언약을 지키며, 하나님의 긍휼을 구하면 회복 될 수 있다고 약속한다(9장).

호세아 _ 하나님을 아는 것이 사랑이다

호세아(야훼는 구원이시다)는 북이스라엘 마지막 선지자이다. 북왕국은 물질적인 번영과 성장을 누리고 있었지만, 내부적으로는 도덕적인 타락과 영적 간음이 백성들 사이에 만연해 있었다.

호세아는 하나님의 명령대로 음란한 고멜과 비극적인 결혼 생활을 하였다(1-2장). 고멜이 다시 바람이 나서 창녀촌에 팔려 갔을 때, 하나님은 "네 가슴이 찢어지고 헤어지고 싶겠지만 나는 아직도 그 여인을 사랑한다. 돈을 지불하고 네 아내를 데려오라"고 하셨다. 값을 지불(대속)하면서까지 우리를 사랑하신 하나님의 사랑을 호세아는 체험하게 된다. 고멜을 향한 호세아의 사랑은 이스라엘을 향한 하나님의 사랑을 보여 주는 거울이다.

하지만 이스라엘은 우상숭배(4장)와 죄악을 행하고(5장), 타락하였으며(7장) 반역하였다(8장). 그 결과 그들의 멸망을 앞두고 호세아는 하나님이 어떤 분임을 아는 것이 너무나 중요한 것임을 깨달았다. "내 백성이 지식이 없음으로 망하는도다"(4:6)하고 탄식한다. 그래서 "우리가 여호와를 알자 힘써 여호와를 알자"(6:3)고 권면한다. 이스라엘의 불성실에도 불구하고 그분의 백성을 향한 은혜는 끝이 없다. 죄악의 수렁에 빠져 있는 그들에게 호세아는 "오라 우리가 여호와께로 돌아가자 여호와께서 우리를 찢으셨으나 도로 낫게 하실 것이요"(6:1)라고 호소한다. 이스라엘의 공허한 형식주의에 대하여 "나는 인애를 원하고 제사를 원치 아니하며 번제보다 하나님을 아는 것을 원하노라"(6:6)고 하셨다. 그들의 거짓 회개는 전혀 도움이 될 수 없었다. 하나님은 진심어린 회개를 촉구하시며, 그들이 회복되기를 원하셨다. 하나님은 자기 백성을 끝까지 버리지 않는 사랑으로 사랑하신다. "내가 사람의 줄 곧 사랑의 줄로 저희를 이끌었고"(11:4) 라고 하셨다. 이스라엘의 죄악으로 하나님의 분노는 격발하였고(12장), 그 결과로 하나님은 그들을 징계하셨지만(13장), 당신의 끝없는 사랑으로 자신의 백성들을 구원하고 회복시키실 것이다(14장). 호세아는 이스라엘의 회복을 바라며 회개하고 돌아오기를 초청하며 마무리를 한다. "이스라엘아 네 하나님 여호와께로 돌아오라"(14장).

하나님의 불타는 사랑으로 결국 이스라엘은 회복된다. 이스라엘의 회복은 예수님이 오시고 난 뒤, 참 이스라엘인 교회가 탄생함으로써 성취된다. 교회는 하나님의 불타는 사랑으로 인해 하나님의 백성으로 다시금 회복된 아내들이다.

미가 _ 겸손히 하나님과 동행하는 의로운 삶

시골 고향에서 선지자로 부름을 받은 미가(여호와 같은 분 누구냐)는 이사야와 동시대 사람으로 가난한 자들을 착취하는 부자와 권력자들, 사적인 이득을 위해 권력을 남용하는 자들, 그리고 거짓 예언을 일삼는 거짓 예언자들을 책망하였다(1–3장).

그는 BC 722년경, 앗수르에 의해 북이스라엘의 멸망을 목도하고 다가올 유다의 멸망의 원인을 하나님 백성들의 총체적인 부패에서 찾는다. 또한 그는 종말에 있을 영광스러운 회복에 대해 강조함으로써 이스라엘과 유다는 죄로 말미암아 심판을 받을 수밖에 없지만 희망은 하나님께 있다. 하나님은 열국을 통치하시며 유다의 남은 자들을 회복시킬 것이다. 또한 메시아를 보내어 이스라엘을 총체적 부패에서 해방시켜 영광스러운 미래를 만드실 것이다(4–5장). 그러므로 지금 하나님께서 하나님 백성들에게 진정으로 원하시는 것은 "공의를 행하며, 인자를 사랑하고 겸손히 네 하나님과 동행"하는 것이다(6-7장).

나훔 _ 교만과 강포의 죄는 반드시 심판한다

앗수르는 BC 8세기와 7세기 초까지 100년 동안 고대 중동의 강대국으로 주변국들을 무자비하게 약탈하고 멸망시킨 아주 잔인한 나라였다. 앗수르의 수도 니느웨의 성은 난공불락의 성으로 성벽의 높이가 30m이며 마차 세 대가 나란히 달릴 수 있을 정도 넓이의 성벽으로 20년 동안 포위해도 견딜 수 있었다. 나훔은 니느웨가 '범람한 물로' 멸망할 것이라고 예언했고(1:8), 이 예언대로 홍수가 나서 니느웨 성 일부가 파괴되어 바벨론인들은 이 성벽의 무너진 틈으로 침략하여 불을 질렀다(1-2장).

요나 때의 놀라운 부흥 이후 100년이 지나자, 다시 백성들은 부도덕해졌고, 하나님의 인내심이 더 이상 지속될 수 없을 정도로 사악하여졌다. 그들은 자신들의 종교 개혁을 잊어 버렸고 폭력과 우상 숭배, 교만으로 가득차 다시 옛 태도로 돌아갔다. 이것은 자신의 교만으로 인하여 하나님의 은혜를 무시해 버린 것이다. 그 결과 바벨론 군대는 이 도시를 파괴하여 흔적조차 찾기 어려울 정도로 만들어 버렸다.

나훔은 니느웨의 멸망으로 앗수르의 잔혹성을 두려워하며 살던 유다 민족에게 큰 위로와 위안의 메시지를 주었다. 또한 앗수르의 멸망은 하나님의 정의에 의한 하나님의 심판임을 밝힘으로써 하나님의 우주적 주권과 통치를 보여 준다(3장). 하나님은 지금 우리에게 나훔을 통해 말씀하고 계신다. 교만한 자는 무너지고 말 것이며, 겸손히 하나님을 의지하는 자를 구원하실 것이다.

스바냐 _ 회개하는 삶은 구원의 기쁨 누림

스바냐는 요시아 왕 때 '여호와의 날'을 선포하였다. 남유다 사람들은 그 날에 자신들만 구원받을 것이라고 착각하고 있었다. 주의 날은 인류 모든 사람들에게 심판이 임하는 날이다. 범죄한 불신자에게는 무서운 심판의 날이 되며, 의인에게는 놀라운 구원의 날이 될 것이다. 그러므로 우리가 주의 날을 맞이하는 가장 중요한 자세는 회개 하는 삶이다.

회개가 있을 때 여호와의 날은 기쁨의 날로 변할 것이다. 스바냐는 남은 백성들이 하나님의 이름을 부르는 그날을 그리면서 "너의 하나님 여호와가 너희 가운데 계시니 그는 구원을 베푸실 전능자시라 그가 너로 인하여 기쁨을 이기지 못하시며 너를 잠잠히 사랑하시며 너로 인하여 즐거이 부르며 기뻐하시리라"(3:17)라는 것을 선포했다.

하박국 _ 오직 의인은 믿음을 붙잡고 산다

하박국서는 하나님이 "왜 악인을 그대로 두시는가? 왜 의인이 고난을 당해야 하는가?"에 대한 질문에 답해 주는 책이다. 의인의 고난과 악인의 번성은 언제나 역사상 모든 경건한 성도들을 낙심케 하는 가장 중요한 문제이다. 하박국서는 답변을 해준다.

하나님의 공의는 반드시 이루어질 것이다. 완전한 하나님의 공의가 역사에 이루어지는 그날까지 "오직 의인은 믿음으로 승리할 것이다"라는 약속을 버리지 말고 꼭 붙잡고 살아야 한다. 하나님의 약속을 기다리는 자는 "그 믿음으로 사는" 반면에, "마음이 교만하여 그의 속에서 정직하지 못한"자는 망할 것이다.

하박국은 유다 민족의 멸망을 앞두고 회개를 외쳤지만 그 민족이 죄악 된 행실을 바꾸지 않음에 대해 "백성들의 손마다 폭력과 불의가 가득하고, 악인들은 하나님의 백성 사이에서 번영하는데 어찌하여 의인들이 짓밟힘을 당하며, 또 어찌하여 하나님은 이런 사악한 시대에 가만히 계시며 무관심하신가?"에 대하여 질문한다. 하나님은 선택받은 민족보다 더 부패한 민족인 갈대아인들이 하나님의 심판의 막대기로 침략할 것이라는 대답을 하셨다(1장). 그러자 하박국은 "악한 바벨론이 자기보다 의로운 유다를 처벌할 수 있습니까?"라고 두 번째 불평을 한다. 그러자 하나님께서는 "바벨론은 결국 형벌을 받을 것이다. 그러므로 의인은 믿음으로 살아야 할 것이다"고 답변하셨다(2장). 하박국이 이러한 답변에 놀라고 실망하자 하나님은 인내심으로 하나님의 뜻을 가르치셨고, 마침내 하박국은 "나는 여호와로 인하여 즐거워하며 나의 구원의 하나님을 인하여 기뻐하리로다"라는 찬양시로 응답한다(3장).

학개 _ 하나님 나라를 우선순위로 사는 복

BC 538년 고레스 칙령에 따라 바벨론 포로에서 귀환한 유대인들은 성전 재건 작업은 사마리아 사람들의 반대로 인하여 16년 동안 중단되었다. 백성들은 자신들의 사적인 사정들의 핑계 때문에 "여호와의 전을 건축할 시기가 이르지 아니하였다"(1:2)는 태도를 취하였다. BC 520년경 학개는 성전 재건 중단의 죄를 꾸짖고 재건을 촉구하였고, 이에 유대인들은 순종하였다(1장). 그러자 하나님은 영광을 약속하며 격려하신다(2장).

성전 재건(교회)은 하나님 나라를 건설하는 것이다. 학개서에서는 "너희는 먼저 그의 나라와 그의 의를 구하라 그리하면 이 모든 것을 너희에게 더하시리라"(마 6:33)는 말씀을 통해 하나님 나라 건설을 위해 노력하고 수고하면 하나님이 복을 주신다는 것을 알려준다.

스가랴 _ 성전 건축은 하나님 나라 건설

스가랴는 학개가 주전 520년 성전 재건 설교를 시작한 지 두 달 후에 동일하게 성전 재건을 위한 격려의 메시지를 전했다. 그때 당시 성전을 재건하는 일은 중간 정도만 진행된 채 수십 년 이상이나 그냥 그 상태에 머물러 있었다. 스가랴는 이러한 성전 재건의 잘못에 대한 책망보다는 미래의 비전을 보여 주었다. 그들에게 미래의 성전이 가지는 중요성을 상기시키기 위하여 그림을 보여주며 그들로 하여금 행동으로 옮기도록 독려하였다. 성전 건축은 반드시 이루어져야 하는데 그 이유는 메시아의 영광이 성전에 거할 것이기 때문이다. 미래의 축복은 현재의 순종에 달려 있다.

스가랴의 메시지는 '성전을 재건하라'는 메시지로 8가지 환상을 보여 준다. 성전은 정치 지도자 스룹바벨과 종교지도자 대제사장 여호수아를 통해 반드시 성취될 것이다(1-8장). 사실 스룹바벨은 막대한 규모의 성전 재건에 확신이 없었고, 백성들은 너무 가난했으며 약탈자들을 막을 군대도 없었기 때문이다. 그러나 하나님은 "스룹바벨아, 너는 군대의 힘이나 돈의 능력으로 성전 건축이 되는 것이 아니라 오직 여호와의 신으로 이룰 것이다"라고 하셨다.

후반부 9-14장은 미래에 나타날 메시아의 영광스러운 도래를 알려 준다. '이제 오실 메시아는 낮고 천한 인간의 삶 속에 오실 것이다. 흩어져서 양처럼 방황하는 백성들의 목자가 되실 것이다. 메시아는 영광중에 다시 오셔서 이스라엘 대적의 손에서 구원하시며, 새로운 세상 속에 자신의 나라를 세우실 것이다'라고 말한다. 예수님이 오심으로 영광스러운 하나님의 나라가 도래하였다.

말라기 _ 기회는 다시 온다

생각대로 진행되지 않을 때, 하나님께 어떻게 반응하기 쉬운가? 백성들과 지도자들은 느헤미야가 성벽을 완성한지 10년 후쯤에 약속하신 큰 영광이 임하지 않자 "주께서 어떻게 우리를 사랑하셨나이까?"라고 의심하였다(1:2). 그리고 하나님의 공의로운 통치에도 회의를 가졌다(2:17). 그리하여 제사장들은 제사에 병든 짐승으로 제사 드리고, 지도자들은 물질을 탐하고 백성들은 잡혼을 하고 십일조도 소홀히 하였다. 이에 구약의 마지막 선지자인 말라기는 위선적인 삶을 버리고 회개하고 진정으로 돌아오기를 권면했다. 그럼에도 불구하고 이스라엘 민족은 점점 죄에 가득 차게 되었고 말라기 이후 400년 동안 하나님께서는 침묵하셨다. 말라기는 마지막으로 하나님이 엘리야(세례 요한)을 보낼 것인데, 그가 사람들을 주께로 돌아오도록 외치는 소리가 될 것을 예언하였다(4장).  구약은 메시아를 갈망하며 문을 닫는다. 이 문을 예수님이 여실 것이다. 그분은 하나님과 관계를 회복 하는 유일한 열쇠이다. 하나님 나라의 보화 주시기 위해 오실 것이다!

7개의 질문으로 하나님께 반문하며 논쟁함		구절
1	"주께서 어떻게 우리를 사랑하셨나이까?"	1:2
2	"우리가 어떻게 주의 이름을 멸시하였나이까?"	1:6
3	"우리가 어떻게 주를 더럽게 하였나이까?"(이혼)	1:7
4	"우리가 어떻게 여호와를 괴로우시게 하였나이까?"	2:17
5	"우리가 어떻게 하여야 돌아가리이까?"	3:7
6	"우리가 어떻게 주의 것을 도적질 하였나이까?"(십일조)	3:8
7	"우리가 무슨 말로 주를 대적하였나이까?"	3:13

나눔의 축복 _ 소선지서를 통해 깨달은 것은?

25. 침묵시대에도 하나님은 일 하신다 _ 신구약중간역사

<table>
<tr><th>나라</th><th>왕</th><th>기간</th><th>이스라엘 상황</th><th>이스라엘 관계</th></tr>
<tr><td>1. 바벨론</td><td>벨사살</td><td>70년</td><td>포로됨</td><td>유대인 정체의식</td></tr>
<tr><td>2. 바사</td><td>고레스</td><td>200년</td><td>귀환-에스라</td><td>포로귀환 공동체</td></tr>
<tr><td rowspan="4">3. 헬라</td><td>알렉산더</td><td>30년</td><td>헬라화</td><td></td></tr>
<tr><td>프톨레미</td><td>100년</td><td>헬라의 속국</td><td>칠십인역 번역</td></tr>
<tr><td>셀레우코스</td><td>34년</td><td>헬레니즘 문화공격</td><td></td></tr>
<tr><td>마카비</td><td>100년</td><td>100년 독립 전쟁</td><td>유대교, 수전절</td></tr>
<tr><td>4. 로마</td><td>가이사</td><td>BC.34</td><td>로마 통치 시대</td><td>예수님 탄생</td></tr>
</table>

<table>
<tr><th>직책</th><th>권력자</th><th>행한 일</th><th>예수님과 관련</th></tr>
<tr><td rowspan="5">1. 왕</td><td>헤롯(BC37)</td><td>성전 재건</td><td>유아 살해 명령</td></tr>
<tr><td>아켈라오</td><td>유대 분봉왕(마2장)</td><td>갈릴리에 사심</td></tr>
<tr><td>빌립</td><td>갈릴리 북동부 왕</td><td>가이사랴 가심</td></tr>
<tr><td>헤롯 안티파스</td><td>갈릴리,베레아 왕</td><td>예수님 공생애</td></tr>
<tr><td>헤롯 아그립바</td><td>야고보 죽임</td><td>바울이 호소한 왕</td></tr>
<tr><td>2. 총독</td><td>빌라도</td><td>로마에서 파견</td><td>십자가에 예수 죽임</td></tr>
<tr><td>3. 산헤드린</td><td>〈정치권력자〉</td><td>유대인 최고 의회</td><td>니고데모 만남</td></tr>
<tr><td>4. 대제사장</td><td>안나스, 가야바</td><td>종교 지도자</td><td>예수님 심문</td></tr>
<tr><td>5. 서기관</td><td>〈전통주의자〉</td><td>율법을 가르침</td><td rowspan="3">예수님과 논쟁
적대 세력</td></tr>
<tr><td>6. 사두개파</td><td>〈합리주의자〉</td><td>제사장 귀족 집단</td></tr>
<tr><td>7. 바리새파</td><td>〈율법주의자〉</td><td>종교집단, 율법연구</td></tr>
<tr><td>8. 열심당</td><td>〈정치행동자〉</td><td>열성적 민족주의</td><td></td></tr>
<tr><td>9. 엣센파</td><td>〈고립주의자〉</td><td>경건한 유대공동체</td><td>세례요한 관련???</td></tr>
</table>

말라기 이후 예수님이 등장하시기까지 약 400년 동안 성경은 침묵한다. 이 기간을 침묵시대라고 부른다. 이 시기에 하나님은 아무 말씀이 없으셨지만 예수님이 오실 만반의 준비를 하셨다.

헬라가 헬라어를 보급함으로 언어가 통일 되었다. 이 때 신약을 헬라어로 기록함으로써 복음을 전하는 도구가 되었다. 그리고 구약의 히브리어 성경을 헬라어로 번역한 70인경은 복음을 세계로 뻗어갈 그릇이 되었다. 헬라를 정복한 로마는 이스라엘까지 점령하였다. 이스라엘은 로마의 지배 아래 있으면서 구세주에 대한 소망이 최고점에 이르게 되었다. 로마는 세계를 통일하고 다스리기 위해 도로망을 건설하게 되었는데 이것은 후에 바울이 복음을 전 세계에 전하는데 쓰임 받는 하나님의 도구가 되었다. 아무런 소리가 들리지 않는 그 때에도 하나님은 400년 동안 일하고 계셨다.

중국이 1949년에 공산화가 되면서 모든 선교사는 추방을 당하고 복음은 폐쇄 되었다. 70만 명의 성도들은 대핍박을 받았다. 그러한 가운데에서도 하나님은 조용히 일하고 계셨다. 모택동을 통해 중국의 언어를 통일하였고, 도로들을 정비하였으며, 조상을 숭배하는 예식과 미신을 축출하였다. 중국은 개방화로 인해서 다시금 하나님이 역사하신 것이다. 현재 중국은 공산당의 압제 아래서도 놀라운 성령의 역사로 현재 약 1억 3천 만 명의 불어난 신자를 가지고 있다. 이들은 100만 명의 선교사 파송을 준비하며 실크로드를 통해 복음의 서진 운동을 일으켜 이스라엘까지 복음을 전할 준비를 하고 있다. 이러한 일은 오직 하나님이 일하시고 계심을 나타내는 증거이다.

하나님은 지금도 일하고 계신다!

성경 역사 한눈에 총정리

하나님의 나라 창조와 실현(구약)			
창조와 광야시대	정복시대	왕정시대	포로 · 귀환시대
하나님 나라 시작	하나님 나라 성장	하나님 나라	하나님 나라
백성, 땅 약속	영토 확보, 정복	왕권 실현	파괴, 재건설
언약하심	언약 실현	언약 중심	언약파괴와 새 언약

하나님의 나라 확장과 완성 (신약)		
복음 시대	교회 시대	성취 시대
하나님 나라 도래	하나님 나라 확장	하나님 나라 완성
백성과 통치 회복	교회 건설과 복음 확장	평화와 안식 실현
성자 부활	성령 임함	성부 심판

역사의 물결

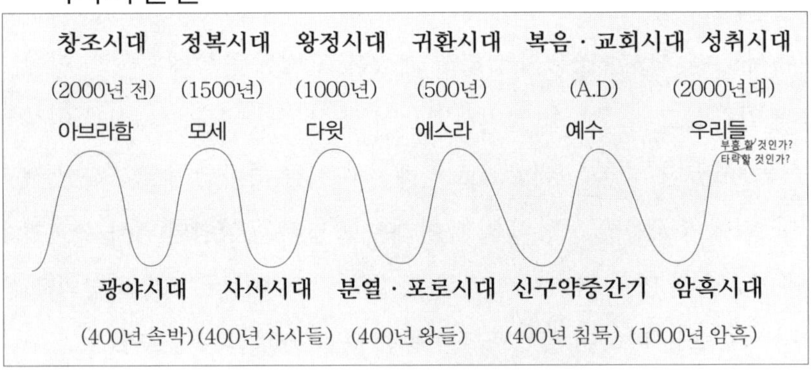

구약	신약
모세로 말미암아 주신 율법	그리스도로 말미암아 온 은혜와 진리
선지자를 통해 말씀하심/저주로 끝남	아들을 통해 말씀하심/축복으로 끝남

1. 창조와 광야시대- 하나님의 나라의 시작

에덴동산은 하나님 나라의 모델 하우스이다.

하나님은 에덴동산에 평화와 안식과 풍요가 가득한 나라를 이루고자 하셨다. 하나님께서는 하나님의 백성인 아담과 하와가 하나님의 통치를 받으며 복을 누리며 살기를 원하셨다. 하지만 안타깝게도 아담과 하와는 하나님의 통치를 벗어나 인간 스스로 '하나님 노릇'할 수 있다는 사단의 유혹에 넘어가고 말았다. 이 잘못된 생각으로 아담과 하와는 하나님의 백성이란 지위와 선물로 받은 땅을 잃어버리게 되었다.

그러나 하나님께서는 여인의 후손을 통해 하나님의 나라를 다시 회복하시길 원하셨다. 위대한 시작은 불순종으로 축복을 놓쳤지만 하나님은 한 사람, 아브라함을 통해 '복의 통로'가 되는 계획을 세우셨다. 아브라함의 자손을 통해 하나님은 자신의 나라를 세우고, 하나님의 백성이 약속한 땅에서 살며 하나님의 복을 누릴 위대한 계획을 주신 것이다(창 12:1-3). 하나님의 뜻은 그를 통해 모든 민족이 복을 받는 것이다. 이 약속은 아브라함의 후손을 통해 부분적으로 실현되었지만 궁극적으로 예수 그리스도를 통해 성취될 것이다. 예수 그리스도를 통해 아브라함에게 주신 약속이 이루어질 것이다. 바로 이것이 복음이다!

하나님은 당신에게도 아브라함과 같은 복을 누리길 원하신다. 단 조건이 있다. 하나님의 나라를 위해 씨앗을 뿌려야 한다. 씨앗을 뿌려야 풍성한 수확을 기대할 수 있다. 하나님이 주신 축복을 나누는 통로가 될 때 그 축복은 배가 된다. 위대한 창조의 역사를 당신도 할 수 있다. 당신은 하나님 나라의 축복의 통로이다.

2. 정복시대- 하나님의 나라의 정복

아브라함에게 하신 약속이 어떻게 이루어졌는지는 출애굽 사건을 통해 볼 수 있다. 하나님은 출애굽을 통해 하나님의 백성을 약속의 땅 '가나안'으로 가게 하신다. 출애굽은 전적으로 하나님의 은혜로 이루어진 구원의 사건이다. 하나님이 시내산에서 언약을 주심으로써 하나님의 뜻을 보여 주셨다. 그 뜻은 십계명에 잘 나타난다. 십계명을 주신 것은 무거운 법률로 그들을 억압하려는 것이 아니라 하나님의 복을 누리며 살기 위한 선물이다. 하나님은 성막이라는 신혼 방을 마련하시고 하나님과 교제를 통해 하나님의 임재를 누리며 살도록 해주셨다.

여호수아를 보면 광야 40년 동안, 백성은 하나님의 군대가 되어 약속의 땅을 정복하러 가는 장면이 나온다. 여호수아의 지도력 아래 가나안 땅을 정복한다. 정복을 통해 땅을 분배하여 하나님의 백성들이 하나님의 복을 누리게 된다. 그러나 세월이 지나 사사기에서 '각자의 소견대로 행함'으로 하나님의 백성들은 주위의 나라들과 타협을 하고 지배를 받으며 살아간다. 이 때 그들은 하나님의 나라 왕국이 실현되기를 간절히 바란다.

정복은 하나님이 선물로 약속하신 약속의 땅을 받는 것이지만 말씀을 믿고 순종하는 자에게만 주시는 것이다. 여호수아는 끝임 없는 도전으로 안식과 평안을 누렸지만, 사사들은 안주함으로써 400년 동안 안식과 평안을 잃어버렸다. 다윗은 약속의 땅을 정복하기 위해 끊임없는 도전으로 쟁취하였고, 그 결과 그는 평안과 안식을 가져다 준 하나님 나라의 대리자 역할을 잘 수행하였다.

3. 왕정과 분열시대- 하나님의 나라의 왕권 실현

다윗 왕이 등장함으로 인해 하나님의 백성들은 땅을 회복하고 하나님의 통치를 누리면서 태평성대를 이룬다. 평화의 왕인 솔로몬은 하나님의 성전을 건축함으로써 하나님의 임재와 영광을 온 백성들이 누리게 되었다. 그러나 솔로몬의 불순종의 씨앗이 누룩처럼 퍼져 결국 이스라엘 나라는 분열되고 왕권은 무너지고 만다.

솔로몬이 죽고 이스라엘 왕국은 북 이스라엘과 남 유다로 분열된다. 하나님의 나라는 분열된 상황에서 서로 선의의 경쟁으로 하나님의 나라를 이루어 갈 수 있었음에도 불구하고 자신들의 정권을 유지하는데 바빠 하나님을 등지게 되었다.

총정리

4. 포로와 귀환시대- 하나님의 나라의 회복

남북이 200년 동안 분열하는 동안 그들은 하나님의 뜻에 불순종하였고, 이에 북 이스라엘은 앗수르에 의해 멸망을 당한다. 남 유다는 이러한 북이스라엘의 멸망을 거울삼아 회개함으로써 하나님과의 언약을 회복해야 함에도 불구하고 회개하지 않았다. 약 150년 동안 정권이 유지 끝에 결국 바벨론(이라크)에 의해 멸망하게 된다. 그 역사 동안 몇몇 선지자들은 회개를 촉구하며 미래의 회복을 약속하고 외쳤다. 선지자들은 메시아를 통해 하나님의 약속이 성취될 때가 올 것이라고 예언한다. 구약은 예수님이 오심으로 하나님의 나라가 시작 될 것이라고 약속하며 마무리 된다.

5. 복음시대- 하나님의 나라의 도래

구약의 말라기 선지자 이후 400년의 시간이 지난 후, 예수님이 "회개하라 하나님 나라가 가까웠다"라는 말씀을 선포하심으로써 공적인 사역을 시작하셨다. 왕으로 오신 예수님은 이 땅에 하나님의 나라를 세우기 위해 오신 것이다. 이 땅에 하나님의 백성들이 생명을 얻고 삶을 풍요롭게 하기 위해 오신 것이다(요 10:10).

예수님은 산상수훈을 통해 하나님의 백성의 삶을 보여 주시고, 기적을 베푸심으로써 당신이 인간의 모양으로 오신 하나님이라는 것을 증명해 보이셨다. 예수님은 하나님 나라의 평화와 안식과 풍요를 가져다 줄 수 있는 분이심을 보여 주셨다. 예수님은 그렇게 하시기 위해 자기 백성을 위해 죽으심으로 씨앗이 되어 주셨다. 씨앗이 땅에 죽어도 다시 싹이 나듯이 예수님도 부활하심으로써 구원 사역이 성공하셨음을 온 천하에 알리셨다. 예수님의 부활을 믿는 제자들은 온 천하에 다니며 만민에게 복음을 전파하였다.

6. 교회와 선교시대- 하나님 나라의 확장

예수님은 하늘로 올라가시고 이 땅에 다시 올 때까지 인류가 복음을 듣고 구원을 받을 수 있는 기회를 주셨다. 오순절 날에는 성령이 임하심 덕분에 이를 통해 제자들은 땅 끝까지 복음을 전할 능력을 받게 되었다. 성령의 임함으로 교회는 더욱 확장되었고 하나님의 복음을 전파하는 도구로 사용될 수 있었다. 교회는 선교를 통해 온 인류에게 구원과 회복을 가져다 주는 통로가 되었다.

7. 성취 시대- 하나님의 나라의 완성

장차 예수님이 재림하십시게 되면 성부 하나님의 심판이 이 땅에 이루어지고 하나님의 백성들은 구원을 받게 될 것이다. 하나님의 원수들은 지옥에 떨어지게 되고 하나님의 백성들은 새 하늘과 새 땅에서 하나님의 임재 가운데 살게 될 것이다. 온전히 회복된 하나님의 나라에서 백성들은 평화와 안식과 풍요를 맛보며 영원히 살게 될 것이다.

최후에 웃는 자가 승리자이다. 우리 모두 하나님의 나라에서 기쁨으로 웃을 승리의 날이 곧 올 것이다. 그러나 아직 하나님의 나라는 완성되지 않았다. 따라서 우리는 이 땅에서 하나님의 나라를 이루는 일을 계속 해야 한다. 하나님은 우리가 최선의 삶을 살기를 원하신다. 바로 오늘부터 최선의 삶을 살기를 선택하라!

행복은 선택이다. 아침에 일어날 때마다 지옥 같은 세상에서 살아가는 것을 한탄하며 직장에 나갈 수 있고, 오늘도 하나님의 나라를 위해 기쁘게 살아가는 삶을 선택할 수 있다. 하나님의 나라는 오늘 하루 매순간순간 최선을 다하는 삶에서 시작되어진다. 지금 이 순간에도 최선을 다하라. 미래에 이루어질 것만 바라보고 살면 현재의 스트레스가 증폭되어 불안정해지고 좌절하기 쉽다. 하나님은 우리가 오늘을 살면서 필요한 은혜를 내려주신다. 내일 일을 내일 걱정 하고 오늘 하루 하나님 나라의 풍성함을 삶 가운데 이룰 수 있을 것인지를 상상하며 시작해보지 않겠는가?

25. 신약은 새로운 관점으로 보아야 한다

	씨(백성)	땅(영역)	뜻(통치)
에덴	아담과 하와	에덴동산	말씀하심–선악과
아브라함	아브라함과 족장	약속의 땅	언약하심
모세	모세와 이스라엘	광야(성막)	시내산 언약
여호수아	여호수아와 이스라엘	가나안 땅(성막)	세겜 언약
다윗	열왕과 이스라엘	예루살렘(성전)	다윗 언약
포로기	신실한 남은 자들	회복된 땅(성전)	새 언약 약속
예수님	새 이스라엘 백성	열방(교회)	말씀으로 임하심
천국	새 이스라엘	새 예루살렘(새 성전)	새 언약 성취

신약은 "예수, 그는 누구인가?"라는 눈으로 보아야 한다.

이러한 질문은 그 당시 사람뿐만 아니라 현재 우리에게도 해당되는 고민이다. "과연 그가 참 평안과 안식을 가져다 줄 왕인가?"라는 질문에 일생일대에 고민하며 목숨 걸고 답을 찾아야 한다.

예수님이 계셨을 당시의 95%를 차지하고 있었던 땅의 백성은 먹고 사는 문제가 가장 심각한 문제였다. 그들은 빵 문제를 해결해주고, 로마 정권으로부터 수탈당하지 않도록 도와줄 다윗 같은 왕을 기다렸다. 그러다가 예수님이 등장하여 다섯 개의 떡과 물고기 두 마리로 오천 명을 먹이는 기적을 보고 백성들은 예수님을 억지로 유대임금으로 삼으려고 하였다. 하루 먹고 살기 힘든 그들은 예수님이 먹는 문제를 해결해줄 메시아로 보였기 때문이다.

백성들은 예수님이 행하는 기적을 지켜보면서 그를 선지자로 여겨 왔으나 자신을 자꾸 하나님이라고 하는 것에 혼란을 느꼈다. 그 당시 사람들은 "과연 예수님이 하나님인가?"라는 의문을 가졌다. 이 질문에 우리도 "예수님은 4대 성인 중에 한 사람인가? 아니면 하나님이신가?"라는 고민을 해보아야 한다. 아무런 근거도 없이 자신을 하나님이라고 한다면 그는 미치광이 일 것이다. 그러나 만약 자신이 진정 하나님이란 증거를 보일 수만 있다면 그는 분명 하나님일 것이다. 분명한 사실은 예수님은 우리의 삶에 생명과 풍성함을 가져다주시는 하나님이시다. 우리가 예수님이 하나님이라는 사실을 믿지 않으면 예수님이 주시는 참 평안과 안식 그리고 풍성한 축복을 놓치게 될 것이다.

예수님이 오신 목적은 "너희로 생명을 얻게 하고 더 풍성히 얻게 하려함이라"고 하셨다(요 10:10). 예수를 믿는 다는 것은 '영생'을 얻는 것이다. 우리가 예수님을 선택하는 것은 영원히 사는 문제와 직결되기 때문에 중요하다. 영생은 건강하게 오래 살고, 안정을 누리며 사는 것이 아니라 영원한 생명을 누리는 것에 대한 문제이다. 예수님을 나의 하나님으로 믿음으로 믿는 것은 바로 이러한 복을 누릴 수 있게 됨을 뜻한다.

예수님 당시 사람들은 예수님이 온 세상을 구원할 왕으로 찾아오셨을 때, 예수님을 배척했다. 그 이유는 자신들이 그리던 메시아가 아니었기 때문이다. 예수님은 로마 군대를 정복하러 오신 분이 아니다. 예수님이 정복하신 것은 사람들의 근본적인 불안과 불화와 불행을 가져다주는 '죄'의 뿌리를 멸하러 오신 것이었다. 결국 로마는 콘스탄틴 황제(313년)가 기독교를 공인함으로써 복음으로 정복되었다.

성경관통 _ 신약 시대의 하나님 나라(땅)는?

예수님이 이 땅에 오셔서 제일 먼저 외친 말씀이 "돌이켜 하나님의 나라에 들어오라. 하나님의 나라가 가까왔다"라고 하셨다. 그리고 제자들에게 "땅 끝까지 하나님의 나라를 전파하라"는 사명을 주셨다. 구약을 살펴보면 천지를 창조하신 하나님이 제일 먼저 명령하신 것은 "땅에 충만하라, 땅을 정복하라, 땅을 다스리라"는 말씀이셨다. 구약의 땅은 신약에서 하나님의 나라라는 개념으로 바뀌게 된다.

하나님의 나라는 무엇인가? 하나님의 나라는 4가지로 나타난다. 첫째, '교회가 하나님의 나라'이다. 하나님은 교회를 통해 참 평안과 안식 그리고 영적 풍성함을 누리도록 계획 하셨다. 둘째, 성도의 마음속에 내적인 천국이 확장되는 심령천국이다. 셋째, 통치의 개념으로 하나님의 다스림이 있는 곳이 천국이다. 넷째, 마지막에 성도들이 가는 곳인 천국이라는 장소와 관련된 개념이 있다.

구약은 이스라엘이라는 '보이는 나라'를 통해 하나님의 나라 모습을 보여 준다. 이스라엘이라는 나라가 이루어지기 위해 국민 만들기, 영토 만들기, 주권 만들기가 진행되었다. 신약에서는 하나님의 나라가 '교회'를 통해 어떻게 국민이 만들어지고 복음이 전파되어지며 하나님의 목적이 성취되고 있는지를 보여준다. 교회는 새 이스라엘이라는 공동체로서 하나님과 교제하며 땅 끝까지 복음을 전파하라는 사명을 받았다. 교회의 탄생 목적은 하나님의 복을 누리는 공동체로 이 복을 열방에 전파하기 위한 것이다. 교회는 하나님의 복을 나누는 '축복의 통로'이다.

"교회가 세상을 변화 시킬 수 있는가?" 그렇다.

교회가 거대한 중보기도운동을 일으키고 말씀으로 무장되어 있을 때에 큰 부흥이 일어났다. 소련과 동유럽에 복음의 문을 열게 된 것은 인간의 힘이 아닌 하나님의 능력이었다. 라틴 아메리카에서는 성령의 바람이 불고 있다. 라틴 아메리카의 놀라운 부흥은 하나님의 말씀을 읽고 가르쳤기 때문에 가능한 것이다. 라틴 아메리카는 1억 8천만 명으로 신자가 증가하였다. 아프리카는 큰 도전과 소망의 땅이다. 라인하르트 본케는 아프리카에서 2백만 명 규모의 집회를 자주 열었고 이때, 많은 사람들이 회심하고 치유의 기적을 경험했다. 2000년에 1만 3천 명의 아프리카 선교사들이 타 문화 지역으로 파송됨으로써 교회는 급성장하게 되었다. 성령과 말씀이 함께 할 때 기적이 일어난다. 우리는 하나님의 말씀으로 무너진 나라를 세울 수 있고 민족을 새롭게 할 수 있다.

하나님 나라는 '심령이라는 내 땅'에서도 이루어져야 한다. 우리가 잊지 말아야 하는 것은 '예수를 믿고 천국만 가면 된다'라는 생각은 하나님의 뜻이 아니다. 하나님은 우리에게 이 땅에 살게 하신 것은 분명한 사명이 있어서 이다. 교회의 사명은 우리가 살고 있는 땅이 하나님의 통치로 인하여 평강과 안식을 누리도록 만드는 것이다.

우리가 '축복의 통로'가 되어 이 땅에 사는 사람들이 예수님을 믿으며 구원의 축복을 누리도록 해야 한다. 또한 하나님의 통치를 모르고 평화와 안식을 누리지 못하고 착취와 억압을 당하고 있는 이들을 도와야 한다. 소외계층 돕기, 장애인 돕기, 인류 인권 회복, AIDS 환자 돕기 등은 교회가 감당해야 영역이다. 하나님의 나라는 교육과 선교의 두 날개를 통해 완성된다.

5. 예수님처럼 승리하라

열매 맺기 | 복음시대(B. C 4년-A. D 30년)

Golden King _ 영광의 왕(마태)	Great Servant _ 위대한 종(마가)
Goodness Guide _ 선한 인자(누가)	Give Son _ (영생) 주는 아들(요한)

공생애	유월절1		유월절2		유월절3	초막절	수전절	유월절4
30세/4개월	8개월	4개월	1년		6개월	3개월	3개월	
세례 받음 사단시험 가나혼인	성전청결 사마리아 왕의 신하	가버나움전도 치유, 전도사역	베데스다	사도파송 천국비유 순회전도	오병이어 물위걸음 변화산	열문둥병 초막절 실로암기적	베뢰아 나사로 나귀 입성	죽음 부활
예-갈-예	유다 1차	갈릴리 1차	예루살렘	갈릴리 2차 사역		유다 2차-베뢰아-예		예루살렘
5명 제자		4 제자 부름	12제자	대중사역	제자훈련			
첫기적		고향1-배척	치유사역	1차 배척	고향2배척	성전출현	체포	죽음

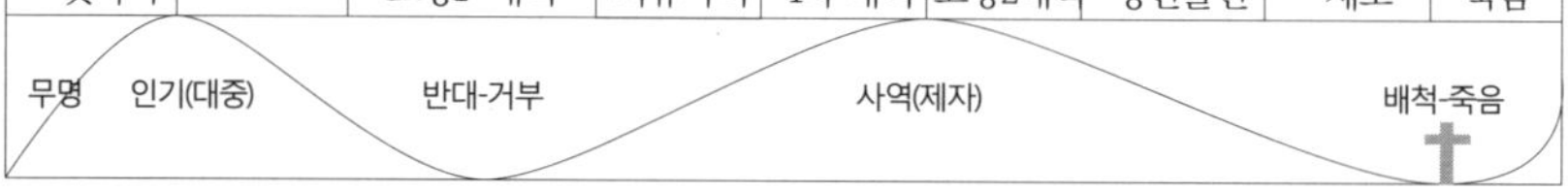

사건	내용	지역	성경
공생애 시작			
세례요한세례	5명 제자 만남	요단강베다니	마3:13
40일 금식	마귀 시험을 이기심	유대광야	마4장
가나혼인잔치	물이 포도주로 바뀜	갈릴리	요2장
가버나움 가심	전도-갈릴리 사역 거점 확보	갈릴리중심도시	요2:12
유월절 1년			
성전청결	성전 장사 내쫓음-공식도전	예루살렘 성전	요2:13
니고데모 방문	거듭남에 대해 설명하심	예루살렘	요3장
사마리아 여인	영원히 목마르지 않는 생수	사마리아 사역	요4장
왕 신하 고침	신하 아들을 말씀으로 고침	갈릴리 가나	요4장
고향-예수배척	나사렛에서 가버나움 이사	가버나움	마13장
제자 부르심	본격적 갈릴리 복음전파 시작	갈릴리 1차 사역	눅5장
가버나움 안식일	회당에서 가르치고 귀신 쫓음		눅4장
베드로 장모	열병을 고치심		막1장
1차 순회전도	여러 회당 다님, 마태 따름		눅5장

사건	내용	지역	성경
공생애 2년 유월절(2)			
베데스다	38년 병든 사람을 고치심	예루살렘	요5장
12제자 확증	12제자 임명-치유, 전도 사역	갈릴리 2차 사역	마10장
산상수훈	어떻게 살아야 할지 가르침	갈릴리 2차 사역	마5-7
백부장 종 고침	나인성 과부의 아들 살리심	갈릴리 2차 사역	눅7장
세례요한 질문	"오실 그 이가 당신입니까?"	갈릴리 2차 사역	눅7장
천국 비유	13개 비유 베풂	갈릴리 2차 사역	마13장
바다 잠잠	가다라-귀신들린 자 고치심	갈릴리 2차 사역	마8장
마태가 따름	마태가 큰 잔치를 베풂	갈릴리 2차 사역	마9장
혈루증 여인	회당장 야이로의 딸 살림	갈릴리 2차 사역	눅8장
공생애 3년			
오병이어	영원한 생명의 떡 설교	갈릴리 2차 사역	요6장
4천명 먹이심	이방(데가볼리) 사역	갈릴리 2차 사역	마15장
위대한 질문	"너희는 나를 누구라 하느냐"	가이사랴	마16장
변화산 사건	하나님이심을 증명해 보임	헬몬산	눅9장
누가 크냐	제자들간 자리다툼	갈릴리 2차	막9장
70인 전도단	베뢰아 지방에 파송함	베뢰아	눅10
초막절	예루살렘 성전에서 가르치심	유다 2차 사역	요7장
수전절	목자와 양에 대해 설교	유다 2차 사역	요10장
나사로 살리심	예수님에게 체포령 내림	에브라임 피신	요11장
베뢰아 3개월	고창병 든 사람 고침, 설교	베뢰아	눅15장
삭개오 만남	예루살렘 돌아가는 길에	여리고	눅19장
마리아 향유	옥합을 깸-예수 장사 준비	베다니	요12장
나귀타고 입성	예루살렘 입성-승리의 왕	예루살렘	눅19장
2차 성전 청결	무화과나무 저주(월)	마지막 일주일	마21장
감람산 설교	말세에 일어날 징조 설교(화)	마지막 일주일	마21-25
유월절/잡히심	만찬/심문/베드로 배반(목)	마지막 일주일	마26
십자가 죽으심	빌라도 재판, 십자가(금)	마지막 일주일	마27
부활	돌문이 굴러 있음(주일)	마지막 일주일	마28

축구 황제 펠레는 “나는 축구황제로 유명하다. 하지만 내가 축구황제가 될 수 있었던 것은 다른 선수들이 적절한 타임에 볼을 패스해 주었기 때문이다”라고 말했다. 우리가 성공할 수 있는 것은 주님께서 적절한 볼을 패스해 주기 때문에 승리를 맛보게 되는 것이다. 예수님은 우리에게 승리를 주시기 위해 오셨다. 우리를 챔피언으로 만들어 주시고자 하시는 손길을 거절하지 말라.

예수님께서는 당시 후보 선수의 명단에도 오를 수도 없는 시골 갈릴리 출신의 어부들을 제자로 삼았다. 그리고 그들로 하여금 온 세계를 정복하라는 비전을 주셨다. 그리고 세리, 죄인, 창기들과는 친구가 되어 주셨다. 그 당시는 세리, 죄인, 창녀들은 저주 받은 운명으로 태어났다고 생각하여 함께 밥 먹는 것도 금하였던 시대이다. 예수님은 그들과 함께 밥을 먹으면서 친구가 되어 주셨고 비전을 주셨다. 그들 스스로는 ‘저주 받은 운명.’ ‘지옥에 떨어질 죄인’으로 여겼는데 예수님을 만나서 그들 인생의 대반전을 이루게 된 것이다. 예수님은 큰 그림을 보여 주고자 하셨다. 비전을 품지 않으면 목표를 이루고자 하는 소원을 가질 수 없다. 예수님의 제자들은 세상을 변화시키는 승리자가 되었고, 오늘도 그를 따르는 자들이 전 세계를 주도해 나아가고 있다.

인생에서 풍성한 열매를 누리는 삶을 살고 싶은가? 그러한 삶을 살기 위해서는 우리 존재 안에 예수님의 모습을 심어 넣어야 한다. 예수님의 모습을 닮아갈 때 영적 혁명이 일어난다. 이 놀라운 일은 새로운 정보인 복음의 말씀을 마음에 받는 순간에 시작된다. 접속된 말씀은 생각에 충격을 주어 깨닫게 하며, 우리의 시각을 변화 시킨다. 이것은 곧 바로 삶을 변화시킨다.

신약을 시간 순서로 보기

이제 구약의 물결을 넘고 나서, 신약에 도달하였다. 자신감을 가지고 신약을 등반 하고자 하지만 두 가지 난제가 있다. 역사의 흐름을 놓치고 지나가면 중요한 것을 못보고 지나갈 수 있다. '신약은 마태복음이 제일 먼저 기록되고, 그 다음이 마가복음, 누가복음, 요한복음 순서로 기록되었겠지'라고 생각하는 사람이 있을 것이다. 사실은 그렇지 않다. "왜 네 가지 복음서를 기록하여 헷갈리게 만들었지?"라고 반문할 수 있다. 네 명의 기자가 4개의 뉴스로 기록한 것은 각자가 다른 상황 속에서 기록한 것으로써 예수님의 사건이 진짜로 일어났다는 것을 말해준다.

우리는 사복음서를 역사 순서에 따라 정리해보고, 다시 각 복음서를 펼쳐봄으로 저자의 의도를 살펴보고자 한다. 예수님의 일생을 4번에 걸친 유월절을 통해 살펴볼 것이다. 또 하나의 난제는 서신서에 관한 것인데, 서신서를 사도행전에 맞추는 것이다. 신약 27권 중 21권이 모두 서신서다. 그리고 그중 13권이 바울이 쓴 편지다. 그러므로 사복음서 이후 신약은 바울을 중심으로 기록되었다고 해도 틀리지 않다. 바울서신을 사도행전과 연결하여 읽고 공부해야 하는 것도 이 때문이다. 이렇게 굵은 기둥을 세운 다음 구약과 신약을 읽어 나가면 "성경이 어느새 한눈에 보여진다"라고 할 수 있을 것이다.

사도행전은 교회라는 하나님 나라가 어떻게 국민(씨)을 만들고, 어떤 영역(땅)으로 확장되는지를 중점으로 보아야 한다. 서신서는 하나님 나라의 뜻을 이땅에 어떻게 풍성하게 나타낼 수 있는지 구체적인 지침을 내려 준다. 사도행전은 영적 발전소이며, 서신서는 영적 플러그로 우리의 삶을 풍요롭게 만들어 주는 비결이 담긴 책들이다.

26. 왕답게 살라 _ 마태복음

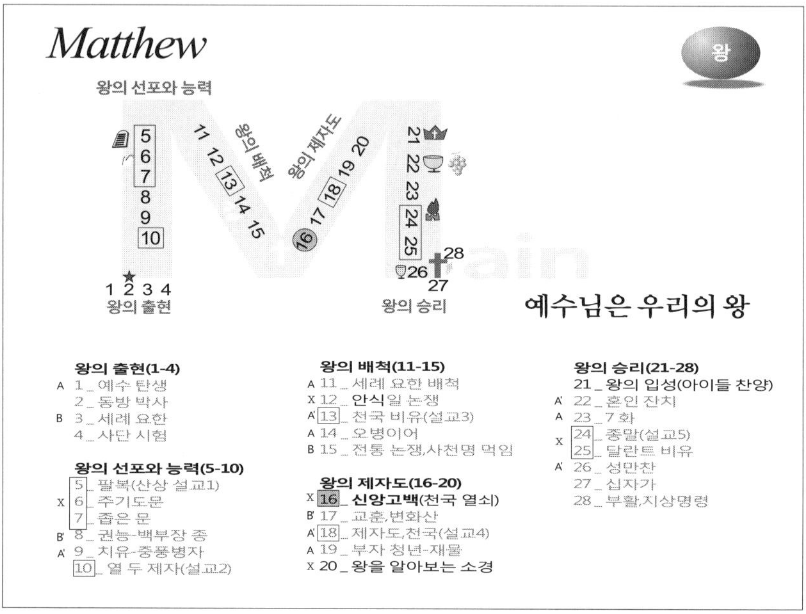

승리하라

예수님은 과연 우리를 구원할 메시아인가?

마태복음은 예수님이 '메시아로 오신 왕'이심을 유대인들에게 알려주는 책이다. 신약 성경 중 맨 처음에 위치한 이유는 구약과 신약을 연결하는 다리 역할을 하기 때문이다. 마태는 예수님이 다윗의 후손으로 오신 메시아이시며, 메시아에 대한 10가지 예언 성취하신 사실을 설교와 10가지 기적을 통해 증명하였다. 또한 예수님의 여러 가지 가르침과 비유 그리고 표적들을 통해 하나님의 나라가 어떤 것인가를 사람들에게 구체적으로 보여 주었다.

기록 목적 _ 유대인들에게 구약의 예언들이 예수 그리스도를 통해 성취되는 사실을 언급함으로써 예수님이 메시아이심을 보여준다.

저자 _ 마태 **기록연대** _ 주후 58-68년

주제 _ 왕이신 예수님은 우리를 구원하러 오신 메시아이시다.

성경관통 _ 온유한 자가 땅을 다스린다

마태 당시 사람들은 자신들의 열등감을 극복해 줄 수 있는 로마의 시저와 같은 강력한 군사력을 가진 메시아를 원했다. 다윗의 후손으로 오신 메시아가 로마를 멸망시키고 풍요로운 나라를 세울 것을 기대한 것이다. 유대인들은 생각한 메시아는 강력한 군사력과 힘을 가진 왕이 되어야 한다고 생각했다. 그러나 예수님은 다르게 생각하셨다. 강력한 왕권을 가진 나라도 망한다. 오직 자기 자신을 정복한 자가 세상을 다스릴 수 있다고 믿으셨다.

예수님은 온유의 힘이 세상을 정복한다고 하셨다. "온유한 자는 행복하다 저희가 땅을 기업으로 받을 것이기 때문이다"(5:5). 과연 온유한 자가 세상을 정복하고 땅을 차지할 수 있는가? 온유함으로 땅을 정복하기에는 너무 약해 보인다. 그러나 세상을 정복한 힘은 칼이 아니라 부드러운 혀에서 나왔다. 부드러운 것이 강한 것을 꺾는다. 온유란 단어는 '잘 길들여진 말'이란 뜻에서 나왔다. 엄청난 힘을 가지고 있지만 절제된 능력이 바로 온유라는 것이다.
지혜로운 자는 자신의 실력을 감추는 능력을 가지고 있다. 예수님은 전능하신 왕이시지만 부활하실 때까지 철저히 자신을 감추셨다. 또한 강한 군대를 만들기보다 온유함으로 무장한 제자들이 세상을 다스리도록 철저하게 훈련시키셨다.

결국 온유함을 배운 제자들은 강력한 로마를 313년에 정복하게 되었다. 예수님은 한 번도 군대를 동원하지 않으셨지만 그들의 제자들은 오늘날 군대와 정부 그리고 교육, 문화까지 다스리고 있다. 이 세상에서 가장 강한 힘은 온유한 사람에게서 나온다.

1. 왕의 출현 _ 1–4장

유대인들은 두 가지 문제가 충족되어야 메시아로 인정하였다. 마태는 예수님의 족보를 통해 그가 아브라함과 다윗 언약의 성취자로서 바로 유대인들이 기다려 왔던 왕적인 메시아이심을 증명하였다. 동방 박사들도 '유대인의 왕'(2:2)에게 경배하였다. 세례 요한 역시 왕의 오시는 길을 예비하는 사자로서 예수님을 증거하며 세례를 주었다(3장). 예수님이 사탄의 세 가지 시험을 하나님의 말씀으로 물리침으로써 왕이 되심을 증명해 보이셨다(4장).

2. 왕의 선포와 능력(5–10장): 산상 설교①, 파송 설교②

산상 설교에서 예수님은 어떤 사람이 천국의 백성인지, 그들이 어떻게 살아야 하는지를 기본적으로 가르치셨다. 산상설교는 행복 선언으로 시작한다. "행복하도다, 영적으로 가난한 자들이여! 이는 하늘나라가 너희들의 것이기 때문이다"(마 5:3). 예수님께서 외치신 8복은 하나님 나라의 백성에게 참 행복한 삶을 살 수 있는 비결을 가르쳐 주신 것이다. 이어서 예수님은 소금과 빛의 역할을 할 하나님의 백성에게 바리새인들과 서기관들의 의 보다 높은 수준의 의를 갖도록 요구하셨다(5:20). 특별히 서기관들과 바리새인들의 세 가지 종교적 의무인 자선과 기도와 금식보다 도덕적으로 우위에 있는 삶을 요구하셨다(6장). 예수님은 경제적인 삶에서 재물에 매여서 살아서는 안 된다고 하셨다. 인생의 미래를 최우선적으로 하나님의 나라와 의(은혜의 통로로 사는 삶)를 위해 살 때 필요한 모든 것을 채워 주실 것을 약속하셨다.

제자들에게는 인간관계의 핵심인 "대접을 받고자 하거든 먼저 남을 대접하라" 황금률을 주셨다. 예수님의 가르침을 따르는 삶이 쉽지 않음을 좁은 길의 예를 통해 말씀하셨다. 예수님은 산상설교의 마지막인 집 짓는 비유를 통해 "반석 위에 집을 지을 것인가? 아니면 모래 위에 집을 지을 것인가?" 결단을 요구하셨다(7장).

산상설교(5-7장)	10가지 기적 행함(8-10장)
천국의 삶을 말씀하심	치유를 통해 말씀 성취를 보이심
천국 백성이 행복하게 사는 비결(8복)	천국 기적을 행하시는 메시아(10 기적)

10개의 기적을 통해 예수님께서는 사탄의 나라를 점점 붕괴시키시고 하나님의 나라가 점진적으로 도래하고 있음을 보여 주셨다. 예수님께서는 열두 제자의 파송을 통해 제자들에게 계승한다. 결국 제자들도 예수님처럼 자기 십자가를 지고 따라야 한다. 제자들에게 고난만 있는 것이 아니라, 영광의 상급도 약속되었다(10장).

3. 왕의 배척(11-15장): 천국 비유 설교③

예수님께서 제자들 파송을 마친 후에, 왕의 말씀과 사역을 반대하는 세력들이 생겨났다. 이에 예수님은 사람들의 냉담한 반응을 장터 아이들의 비유를 통해 다루면서, 어린아이 같은 사람들이 메시아를 수용할 수 있다고 하면서 "수고하고 무거운 짐 진 자들아 다 내게로 오라"고 초청하셨다(11장).

두 번째 충돌은 바리새인과 서기관들과의 안식일 논쟁으로써 예수님께서는 '아버지의 뜻을 행하는 것'이 올바른 반응이라고 하셨는데 바리새인들은 예수가 마귀의 종임을 말하며 죽일 것을 의논한다. 이에 예수님은 자신의 권위가 하나님의 권위임을 밝힌다(12장).

천국의 비유인 '하늘나라'는 그 시작은 미미하지만 예상치 못한 커다란 영적 결실로 마지막 때에 나타나게 될 것이다(13장).

오병이어의 기적은 인간의 모든 경제 문제에 대한 해답을 가지신 예수님께서 직접 백성들에게 먹을 것을 베풀어주신 것을 말한다. 또 다른 이적인 물 위를 걸어오신 예수님께서는 하나님의 아들이시며, 모든 자연을 지배하시는 분이시다(14장). 다시 예수님과 바리새인과 서기관 사이에 논쟁이 벌어졌다(15장).

4. 왕의 제자를 예비하심(16-20장): 제자도 설교④

메시아이신 예수님은 종교지도자들의 배척 가운데에서 제자들에게 자신의 운명에 관해 은밀하게 가르치는 일에 집중하셨다. 제자들이 예수님을 "주는 그리스도시요, 살아계신 하나님의 아들이시니이다" 라고 메시아로 고백하는 절정의 순간에 베드로는 신앙 고백을 하였다. 예수님은 고백한 신앙고백 위에 교회가 세워질 것을 말씀하셨다(16장). 이어서 예수님이 앞으로 일어날 죽음에 대하여 말씀하시고, 세 명의 제자들은 그의 부활의 영광을 미리 보는 '예수의 변화되심'을 목격했다(17장). 제자들 사이에 "누가 크냐?" 하는 문제에 대해 예수님은 "어린아이와 같이 되지 않으면 결단코 천국에 들어가지 못하리라"고 하셨다(18장). 예수님은 제자로의 부르심보다 재물을 더 소중히 여긴 부자 청년을 통해 재물의 위험성에 대해 교훈하셨다(19장). 예수님께서 두 소경을 고침을 통해 눈먼 자의 눈이 열리는 반면 육신의 눈이 성한 사람들은 눈멀게 될 것이라는 것을 보이셨다(20장).

5. 왕의 죽음과 부활(21-28장): 종말 설교⑤

예수님은 새끼 나귀를 타고 군중의 환영을 받으며 예루살렘에 입성하신다. 그리고 성전 청결 작업을 하셨다(21장). 성전정화 사건이 계기가 되어 유대 지도자들은 예수님께 어떤 권위로 그런 일을 행하였는지 강력하게 항의하고 이에 대해 예수님은 비유를 들어 답변하셨다(21-22장).

예수님은 예루살렘과 성전이 무너지고 심판 받을 것이라는 종말 설교를 통해 말하려는 핵심은 종말의 때를 모르는 제자들이 깨어 있어서 항상 하나님을 섬길 것을 요구하신다(24-25장). 예수님은 수난을 받으시고, 십자가에 죽으시고 삼일 만에 다시 부활하셨다.

마태는 예수님은 유대인만의 왕이 아니라 모든 민족의 왕이시기 때문에 복음은 모든 민족에게 전파되어야 한다고 강조한다. 예수님이 제자들에게 주신 사명의 핵심은 "모든 족속을 제자 삼으라" 이며, 이는 아브라함에게 주신 복을 모든 백성에게 나누어 주라는 선교 명령이다. 또한 교회를 세워 성도가 하나 되는 "세례를 주라"는 교제 명령과 "내가 너희에게 분부한 모든 것을 지키도록 가르치라"고 하신 교육 명령도 함께 주셨다. 우리가 이 세 가지 사명을 감당하도록 세상 끝 날까지 함께 하실 것을 약속하셨다.

맥잡기 마태복음은 왕으로 오신 예수님이 죽음과 부활을 통해 그의 백성(씨)를 구원하시고 그들에게 기쁜 소식을 전하는 자들을 보내어 모든 민족으로(땅) 제자를 삼아서 아브라함에게 약속하신 하나님의 복(뜻)이 성취하도록 우리를 초청하고 있다.

나눔의 축복 _ 왕의 자녀답게 살기 위해 해야 할 일은?

27. 섬기는 리더십을 배우라 _ 마가복음

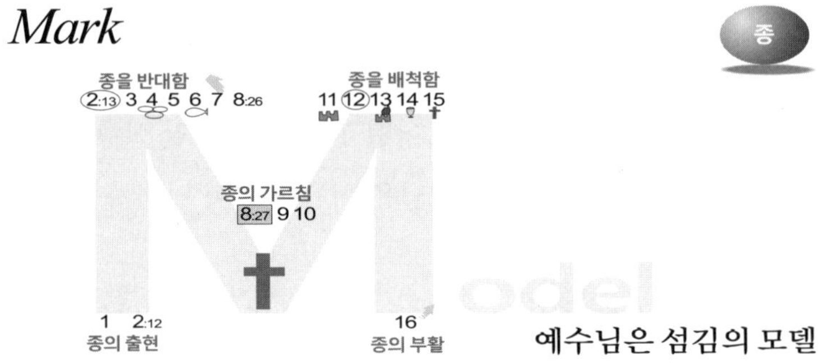

A 종의 출현(1:2:12)
A 1 _ 복음 전파

B 종을 반대함(2:13-8:26)
X 2 _ 중풍 병자(안식)
3 _ 열두 제자
A' 4 _ 씨 뿌리는 비유
5 _ 12해 혈루증
6 _ 오병이어
7 _ 부정한 손-논쟁

X 종의 가르침(8:27-10장)
X 8 _ 신앙 고백
9 _ 변화산
10 _ 제자 가르침

B' 종을 배척함(11-15장)
A 11 _ 예루살렘 입성
X **12 _ 건축자의 버린 돌**
A' 13 _ 종말론
14 _ 성만찬
15 _ 십자가

A' 종의 부활(16장)
16 _ 부활

씨뿌리는 비유(4:1-34)
A 하나님의 나라의 비유(1-2a)
B 좋은 땅에 뿌려진 씨가 크게 결실함(2b-9)
C 믿지 않는자- 죄사함을 받지 못하게(10-12)
C' 믿는 자- 믿음으로 받아 들임(21-25)
B' 스스로 자라서 추수 때가 이르게 됨(26-29)
A' 겨자씨 같이 크게 자라 성취됨(30-34)

예수님께서 베푸신 기적(6:30-56)
A 예수님 **바빠서 음식 먹을 겨를도 없음**(30-34)
B 오천 명- "이백 데나리온의 떡이 있어야"(35-38)
X 떡을 먹은 남자가 오천 명(39-44)
B' 예수님께서 바다 위로 걸어오심(45-52)
A' 병든 자를 침상채로 매고 예수님께로(53-56)

왜 우리는 고난을 받아야 하지요? 정말 예수님이 도와주시는가?

복음서 중에 가장 짧은 마가복음은 예수님이 '종'의 모습으로 오셔서, 자기 백성의 구원을 위하여 쉼 없이 일하시는 종의 희생을 보여 준다. 예수님은 다른 사람들의 필요를 채우시기 위하여 죽기까지 하셨다. 마가복음의 메시지는 한 구절로 요약될 수 있다. "인자의 온 것은 섬김을 받으려 함이 아니라 도리어 섬기려 하고 자기 목숨을 많은 사람의 대속물로 주려 함이니라"(10:45)

기록 목적 _ 기록된 당시는 로마에서 기독교에 대한 박해가 한창 일 때였다. 예수님 성도들에게 자신이 고난당하는 종으로서 십자가를 지지만, 결국은 승리를 거둔다는 것을 보여주고자 했다.

저자 _ 마가 **기록연대** _ 주후 65-70년경

주제 _ 예수님은 섬기려 오신 하나님의 종이다.

성경관통 _ 마가복음을 해석하는 열쇠

마가복음은 "예수님이 누구신가?"는 질문에 답하는 것으로 밝혀지도록 하였다. '예수님이 왜 오셨는가?' 에 대한 질문의 답은 섬기기 위해(1–10장), 희생하기 위해(11–16장)로 풀이 될 수 있다.

A	X	A'
야이로의 간구	혈루증 여인 치유	야이로의 딸 치료
무화과 저주	성전 청결	무화과 마름

야이로는 회당장으로 재판하는 일을 하였는데 사회에서 존경을 받는 인물이었다. 그의 열 두 살 되는 딸이 죽을병에 걸려 예수님을 찾아와 무릎을 꿇고 고쳐달라고 하였다. 그러나 예수님은 혈루증 여인을 치료하고 계셔서 결국 딸은 죽고 만다. 딸이 죽었음에도 불구하고 그는 살려 달라고 간구함으로 기적이 일어났다.

여기에서 예수님이 야이로의 딸을 죽도록 지체하신 데에는 이유가 있다. 그것은 이방 여인의 믿음이 큰 것을 보고 믿음을 가지라고 한 것이다. 

믿음이란? 히브리 의미는 '연합하여 줄을 맨다'는 뜻이다. 도저히 불가능해 보이는 문제를 예수님과 함께 묶음으로서 회복됨을 믿는 것이다. 야리로의 딸은 분명 죽었는데 그는 물러서지 않고 고쳐달라고 간구한다. 그의 딸이 죽은 상태였지만 포기하지 않고 주님과 연합되어 있다는 것을 볼 수 있다. 생명의 주님과 연합하면 살아난다!

무화과나무가 아직 열매의 때가 아님에도 저주하신 것은? 형식주의로 잎사귀만 무성함을 책망한 것이다. 형식주의로 가득한 성전을 청결하게 하심으로 형식적 신앙은 무너질 것을 말씀하셨다.

1. 종의 출현 _ 1-2:12

마가복음에서 '예수 그리스도 복음의 시작'(1:1)은 새 창조의 시작을 알리는 기쁜 소식이다. 마가는 18개의 치유 기적, 자연 기적, 귀신 축출 기적을 통해 예수님이 회복을 주시러 오신 메시아임을 증명한다. 세례 요한은 "주의 길을 예비하라"는 사명을 받고, 이스라엘에게 예수님을 소개하는 역할을 하였다. 예수님은 세례 받으시고, 시험을 받으신 후 갈릴리로 돌아와서 "하나님의 좋은 소식"을 전하셨다.

예수님의 사역은 많은 사람들이 몰려와 한적한 곳에서 기도하며 묵상하는 시간을 가져야 할 정도로 인기 폭발적이었다. 예수님은 공생애 첫 활동을 제자들과 함께 팀으로 사역하시면서 갈릴리에서 다양한 가르침을 주시고 부지런히 병자들을 고치시는 종이셨다(1장). 중풍병자를 고치심으로써, 예수님이 죄를 사하는 권세가 있음을 보여 주셨다(2장).

2. 종을 반대함(갈릴리에서) _ 2:13-8:26

종교지도자들은 예수님이 중풍병자를 치유하신 사건을 자신을 하나님과 동일시하였다는 것으로 여겨 신성 모독죄로 여겼다. 특히 세리와 죄인들과 어울리시고, 안식일 계명까지 어긴 것을 문제로 삼아 예수님을 죽이겠다는 결심을 하게 된다(3장). 그러한 와중에서도 예수님은 제자들에게 권세를 나누어 주며 함께 사역을 하셨다. 서기관들은 예수님이 바알세불의 이름을 빌어 귀신을 쫓아낸다고 하며 "더러운 귀신이 들렸다"라고 했다.

예수님은 갈릴리 호수로 자리를 옮겨 '씨 뿌리는 자의 비유'를 통해 하나님 나라가 도래하였고 새로운 질서가 시작되었음을 알리셨다. 이어서 예수님은 바다 기적과 거라사 군대 귀신들렸던 청년, 12년 혈우병으로 고생한 여인의 기적적인 치유, 그리고 회당장 야이로 딸을 살린 세 가지 치유 기적을 통해 우리가 해결하지 못한 문제들을 근본적으로 해결하시는 분임을 보여준다(4-5장).

고향에서도 배척당하신 예수님은 제자들을 파송시키셨다. 다른 한편 오병이어 기적을 행하신 주님은 폭풍을 진정시키시고 나서 제자들의 '마음의 둔함'을 지적하셨다(6장). 사천 명을 먹이신 사건과 소경을 치유한 사건은 제자들의 눈이 뜨게 하여 "예수님이 누구신가?"를 알게 하시려는 것이었다(8장).

3. 종의 가르침(예루살렘으로 가는 길에서) _ 8:27-10장

마가복음의 후반부는 베드로의 신앙 고백과 수난에 대한 예고로 시작된다. 예수님은 자신의 죽음과 부활에 대하여 세 번씩이나 예고했었음에도 불구하고 제자들은 예수님의 의도를 파악하지 못하였다. 베드로는 예수님의 죽으심에 대한 말씀을 비난하고 꾸짖었으며, 제자들은 "누가 크냐"고 서로 싸우며, 야고보와 요한은 "하나는 주의 우편에, 하나는 주의 좌편에 앉게 하여 주옵소서"라고 요청을 함으로 십자가의 길에 대한 완전한 무지함을 보였다. 한편 예수님은 그들의 잘못된 반응들에 대해 그의 사명을 "인자가 온 것은 섬김을 받으려 함이 아니라 도리어 섬기려 하고 자기 목숨을 많은 사람의 대속물로 주려 함이라"(10:45)고 하셨다. 제자들은 십자가의 길에 무지함에도 불구하고, 예수님은 자신의 시간 대부분을 제자들을 가르치는데 사용하셨다.

4. 종을 배척함 (예루살렘에서) _ 11-15장

마가복음은 종의 구속 사역 가운데 마지막 주간에 많은 부분을 할애하고 있다. 예수님께서는 이스라엘에게 세 가지 예언적인 행위인 예루살렘의 입성, 무화과나무에 대한 저주, 성전 정화를 통해 자신이 왕이심을 드러내셨다(11장). 특히 '포도원 소작인의 비유'는 종교지도자들의 반대와 배척이 더욱 적극적으로 가시화됨을 보여준다. 13장은 재림의 징조들과 재림의 임박함을 통해 제자들에게 깨어 있을 것을 강조한다. 예수님은 로마에 넘겨져 "유대인의 왕"으로서 십자가에서 처형을 당한다(14-15장).

5. 종의 부활 _ 16장

예수님께서는 부활하셨다. 예수님의 죽음은 우리의 죄를 해결할 수 있는 구원의 사건이며, 부활은 예수님의 죽음이 우리에게 구원이 임했음을 보여 주는 사건이다.

구레네 시몬이 십자가를 대신 진 이후 임한 4가지 축복	
1. 자식의 축복	루포- 초대교회의 위대한 지도자
2. 아내의 축복	초대교회에 바울이 내 어머니라고 고백함
3. 자손의 축복	콘스탄티누스 황제가 11대 자손
4. 성경에 기록	구레네에서 온 시몬이라는 이름이 기록됨

길가 밭- 새(마귀)가 와서 먹음	바위 밭- 말라버림(인내 부족)
가시떨기 밭- 세상 염려	옥토 밭- 풍성한 결실

나눔의 축복 _ 섬기려 오신 예수님처럼 섬길 수 있는 영역은?

28. 잃어버린 자를 찾는 열정 _ 누가복음

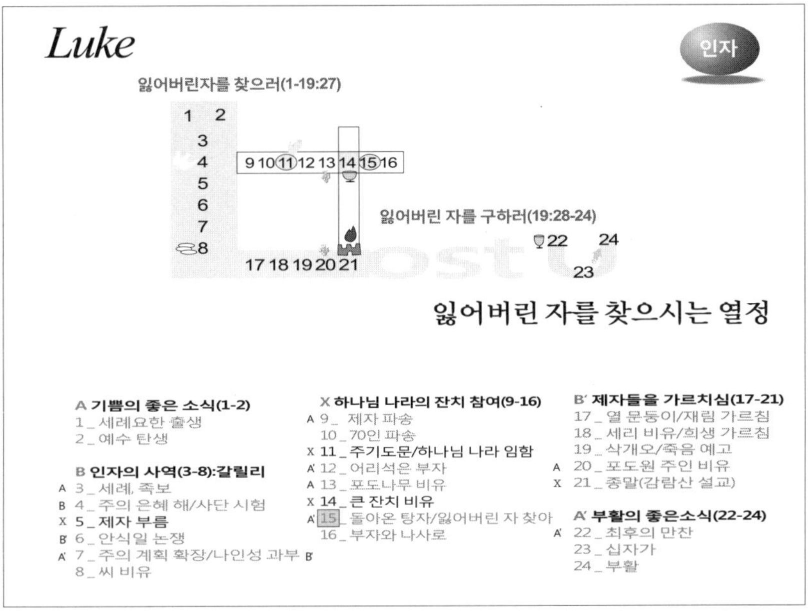

잃어버린 자를 찾아오신 예수님은 이방인들에게 어떤 의미를 주는가?

예수님은 '잃어버린 자를 찾아 구원하려함'(19:10)이라는 목적으로 소외된 가난한 자, 병자, 어린이, 여자, 이방인들을 돌아보시는 분이시다. 이방인 의사인 누가는 이방인 신자의 믿음을 굳게 세우기 위하여 예수님의 생애를 연대순으로 기록하였다. 예수님의 사역과 십자가 부활 사건은 이방인들까지도 구원을 누릴 수 있게 하려는 것임을 보여준다. 예수님은 부활을 통해 제자들이 잃은 자를 찾는 사역을 계속하도록 만들었다.

기록 목적 _ 하나님의 구원 역사는 예수님을 통해 이어지며 더 나아가 교회 시대, 즉 사도행전을 통해 계속 완성되어 나간다.

저자 _ 누가　　　　**기록연대** _ 주후 60-62년경

주제 _ 예수님은 잃어버린 자를 구원하려 오신 인자이시다.

성경관통_ 왜 안식이 필요한가?

인생은 피곤하다.

피곤함은 혈관 속 깊이 오랫동안 지녀온 바이러스이다. 사는 것 자체가 우리를 피곤하게 만든다. 특히 스트레스를 받으면 더욱 심하다. 그럼에도 인간들은 편하게 살기 위한 돈을 벌기 위해 죽을 때까지 일만한다. 지금 우리에게는 쉼이 필요하다.

안식을 처음으로 만드신 분은 하나님이시다. 하나님은 인간이 안식하며, 하나님의 풍성함을 누리며 살기를 원하셨다. 예수님은 "수고하고 무거운 짐 진 자들아 다 내게로 오라 내가 너희를 쉬게 하리라"라고 하시며 안식으로 우리를 초대하신다(마 11:28).

그런데 왜 사람들은 안식을 누리지 못하고 피곤한가? 하나님을 온전히 신뢰하지 못하기 때문이다. 조금이라도 더 돈을 벌어야 쉴 수 있다는 생각으로 가득차 있기 때문이다. 구소련에서 노동자들에게 더욱 많은 일을 시키기 위해 일주일을 8일로 만들었지만 그 결과 노동력이 더욱 나빠져서 다시 일주일을 7일로 바꾸었다.

믿음으로 사는 것이 안식하는 삶이다. 믿음이란 하나님이 풍성히 채우실 것을 신뢰하며 철저하게 쉬는 것이다. 먼저 하나님의 나라를 구하면 하나님이 채워주실 것이라는 믿을 때 하나님의 신실하심 안에서 쉴 수 있다. 진짜 편히 쉬는 것은 하나님의 손길과 말씀을 포옹하는 것이다. 주일은 오직 하나님만이 행하실 것을 믿는 날이다. 우리는 주일 예배를 통해 말씀의 양식을 풍족히 먹고, 하나님과 교제함으로써 진정한 안식을 누리게 된다. 하나님과 대면하는 영광의 자리에서 참 안식의 축복을 누리라!

1. 인자의 소개 _ 1-4:13

누가복음은 세례요한의 출생과 어린 시절을 매우 자세히 다룬다(1-2장). 세례 요한은 사람들에게 메시아의 오심으로 성령과 불을 통한 세례를 준비하도록 인도하는 역할을 맡았다. 이어지는 광야의 시험에서는 예수님이 성령의 충만을 받은 후 성령의 이끌림을 받으러 주도적으로 광야로 가셨고, 말씀으로 승리하셨다(4장).

2. 인자의 사역(갈릴리 활동)_ 4:14-9:50

이사야 61:1-2 예언	예언 성취
가난한 자 – 복음, 포로된 자 – 자유	귀신 – 쫓아내심, 시몬 장모 고침
희년(해방과 자유)이 왔음을 선포	새로운 시대 도래를 보여 주심

예수님께서는 사람들에게 열정을 가지시고 밤을 지새우며 병자들에게 "일일이 손을 얹으셨다"(4:40). 이는 예수님이 잃어버린 하나를 찾기 위하여 온 힘을 기울이심을 보여준다. 예수님이 안식일에 손 마른 사람을 고치신 사건으로 인하여 바리새인과 서기관들은 심각하게 안식일 논쟁을 하셨다. 안식일 논쟁으로 종교 지도자들이 예수를 어떻게 처치할 것인지 서로 의논할 때, 예수님은 12제자를 세우시고 제자도의 본질을 가르치시는 일에 집중하셨다. 예수님의 제자는 입술로만 '주여, 주여'하면서 실천하지 않는 자가 아니라 말씀을 듣고 실천하는 자로 반석 위에 세운 집과 같은 인생이 되어야 한다고 비유를 통해 가르치셨다(6장).

소외된 자들을 긍휼히 여기시어 베푸신 메시아의 사역으로는 백부장의 종 치유, 나인성 과부의 아들을 살리심, 죄인인 여인에게 긍휼을 베푸신 것 등이 있다(7장). 8장은 누가복음의 전체의 주제로서 하나님의 나라를 가르치기 위한 예수님의 씨 뿌리는 비유와 풍랑을 잔잔케 하고 귀신들인 사람과 혈루증 그리고 죽은 자를 살려내신 기적과 치유를 통해서 예수님이 누구인지를 분명하게 밝혀주고 있다. 이어서 예수님께서 12제자를 파송하시고 자신의 사역을 위임하신다. 그리고 나서 베드로의 고백과 다가올 죽음에 대해 예고하시고 변화산에서 '그리스도께서의 죽음을 통하여 이루게 될 출애굽'에 대해 모세와 엘리야와 함께 대화하셨다(9장).

3. 인자를 배척함(예루살렘으로 향한 여정) _ 9:51-11장

예수님은 지금까지 갈릴리를 다니시며 순회 사역을 하시다가 이제 예루살렘으로 향하는 여정에 오르게 된다. 이때부터 인자에 대한 반대가 더욱 심해진다. 예수님은 제자의 의무와 특권을 가르치시고 70인을 파송하신다. 예수님이 누구냐는 질문에 답을 하기 위하여 오병이어 기적과 베드로의 신앙고백 사건을 보여 주신다.

오병이어는 절망의 빈들에서 아직 남아 있는 것을 주님께 내어드림으로 풍성히 채우시는 은혜를 경험하게 한다. 주님은 우리에게 아직 남아 있지만 하찮게 여기는 오병이어를 가져 오라고 하신다. 우리에게 생명, 건강, 시간 등을 주님께 내어 드릴 때 생각지도 못한 풍성한 은혜를 받게 될 것이다. 예수님은 제자들이 하나님을 사랑하고 이웃을 사랑하는 삶을 살아야 할 것을 제시하셨다(10-11장). 종교 지도자들이 예수님이 귀신을 쫓아내신 것이 바알세불에 힘입었다고 비난할 때에, 예수님은 그들에게 어떻게 반응해야 할지 결단을 내려야만 하셨다.

4. 제자들을 가르치심(예루살렘을 향한 여정) _ 12-19장

예수님께서는 예루살렘으로 가는 것이 마지막 여행길임을 아시고 자신의 제자들에게 재림에 대한 경고(12장), 하나님의 나라에 대한 가르침(13장), 바리새인들에게 안식일에 대한 가르침과 제자도에 대한 가르침(14장), 잃어버린 양과 동전 그리고 탕자의 비유(15장), 청지기도에 대한 가르침(16장), 재림에 대한 가르침(17장), 세리의 기도와 의지하지 말아야 할 재물에 대한 가르침(18장)과 같은 실제적인 문제에 대하여 가르치셨다. 가르침의 초점은 "인자가 온 것은 잃어버린 자를 찾아 구원하려 함"이다(19:10). 누가복음은 "주의 은혜의 해"(4”19)가 예수님을 통해 약속이 성취되었음을 보여 준다. 가난한 자들과 무기력한 자, 그리고 소외된 자들을 예수님의 긍휼을 베푸는 사역을 강조한다.

잃어버린 양	잃어버린 동전	잃어버린 아들
100 마리	10 개	1 사람

5. 인자의 죽음과 부활(예루살렘 마지막 주간) _ 19:28-24장

예수님의 '예루살렘을 향한 여행'에서는 메시아의 사역이 성전을 중심으로 새롭게 펼쳐진다(19-21장). 예수님이 유월절에 최후의 만찬을 하시고(22장), 수난당하여 죽게 되지만(23장), 부활하시고 승천하심으로(24장) 새로운 역사가 시작되었음을 알리고 있다(행1,2장). 예수님은 이 세상에 오신 목적이 잃어버린 백성을 구원하기 위함이고 제자들이 성령을 의지하여 감당하기를 당부하셨다.

나눔의 축복 _ 잃어버린 자를 찾기 위해 주님이 보이신 열심은?

29. 풍성함을 누리는 삶 _ 요한복음

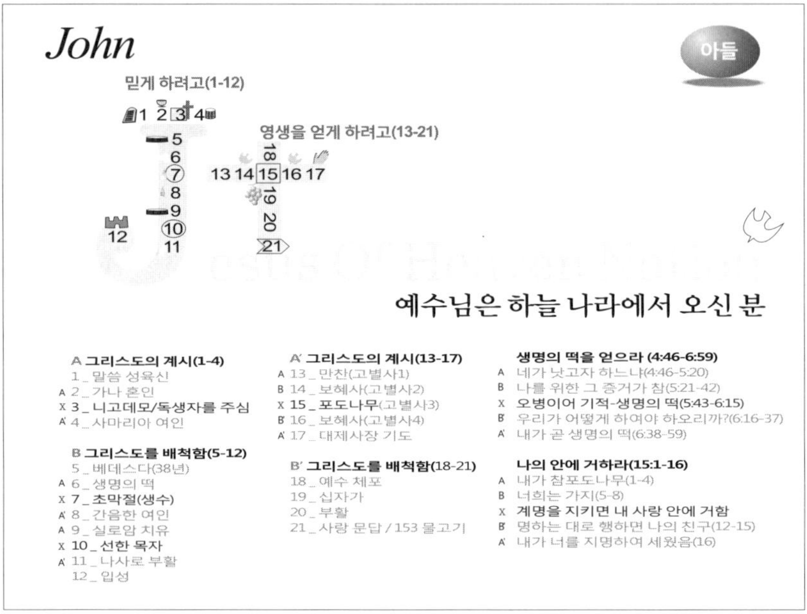

인간의 참된 행복은 어디에 있을까?

요한은 인간의 참 행복은 순간의 기쁨을 줄 돈이나 명예가 아니라 평안과 안식, 풍성한 삶을 주는 영생의 복을 영원히 누리는 데에 있다고 보았다. '영생'이란 죽고 난 다음에 주어지는 삶이 아니라 예수님을 믿는 순간 하나님의 자녀가 되어 상속자의 복을 받게 되는 것이다. 영생을 받은 자들은 '서로 사랑하라'는 계명을 실천해야 한다. 서로 사랑함으로써 참된 행복을 누릴 수 있기 때문이다. 따라서 영생은 '예수님 따라 풍성한 삶 누리기'이다.

기록 목적 _ "예수가 하나님의 아들이 것을 믿고 그로 말미암아 생명을 얻도록 하기 위해서"(20:31) 이다.

저자 _ 사도 요한 **기록연대** _ 주후 60–90년경

주제 _ 예수님은 영생을 주고 풍성케 하실 '하나님의 아들'이시다

성경관통 _ 어떻게 풍성한 열매를 맺을 수 있는가?

풍성한 축복은 모두 관계에서 나온다.

자연과 맺은 관계의 법칙이 인간관계와 하나님과의 영적관계에서도 그대로 적용된다. 좋은 종자가 있으면 많은 수확을 한다. 벼를 한 알 심으면 약 150알을 얻게 된다. 감자 하나에서 60개를 얻게 된다. 우리가 심는 것보다 더 많이 거두게 하는 것이 하나님의 법칙이다. 가장 커다란 수확을 얻을 수 있는 비결은 바로 하나님과의 바른 관계를 맺는 것이다.

이는 포도나무에 가지가 붙어 있으면 저절로 과실을 많이 맺는 원리와 같다. "나는 포도나무요 너희는 가지니 저가 내 안에 내가 저 안에 있으면 이 사람은 과실을 많이 맺나니"(15:5). 가지가 할 일은 포도나무에 붙어 있는 것이다. 이렇게 하면 풍성함이 넘치게 된다. 좋은 농부를 만나는 것은 가장 큰 행복이다. 나 자신의 부족함에 집중하지 말고 내 안에 계시는 예수님의 공급하심에 집중하라. 포도나무에 붙어 있으면 잘될 수밖에 없다. 우리가 예수님 안에 있으면 이러한 축복을 누리게 된다. 주님과 연결되어 있으면 그분으로부터 영적인 양분을 받아들이게 되고 그분으로부터 받은 능력이 우리를 통해 흘러갈 수 있게 된다.

그런데 왜 풍성한 열매를 맺지 못하는가? 하나님 보다 중요한 일들에 '바쁘다는 핑계의 게으름'으로 '주님께 거함'을 미루기 때문이다. 현재 시급한 것은 최고 수준의 열매를 맺기 위해서 주님 안에 거해야 한다. 그러면 그분의 풍성함을 맛보게 될 것이다. 당신 안에 열매를 맺을 수 있는 비결은 예수 안에 거하는 것이다.

1. 그리스도의 계시 _ 1-4장 : 7가지 기적

7가지 기적: 예수님이 하나님의 아들이심을 나타냄		
1. 물을 포도주로	새 시대의 풍성한 구원을 주심(2:1-11)	질을 초월
2. 왕의 신하 아들 참	생명을 주시는 예수님(4:46-54)	공간 초월
3. 38년 된 병자	원하는 자에게 생명을 주심(5:1-16)	시간 초월
4. 오병이어 기적	생명의 떡을 주시는 예수님(6:1-13)	양을 초월
5. 물 위를 걸으심	환경을 초월하여 신적인 능력 (6:16-21)	환경 초월
6. 날 때부터 소경	세상의 빛이신 예수님(9:1-7)	질병 초월
7. 나사로 살리심	부활이요 생명이신 예수님(11:1-44)	죽음 초월

하나님과 사람 사이를 이어주는 매개체가 필요하다.

하나님의 뜻은 '말'이라는 매개체를 통해 전달된다. 태초에 말씀이신 예수님은 중보자로 이 땅에 성육신 되신 말씀으로 우리 가운데 거하시기 위해 오셨다(1:14). 예수님의 첫 기적은 맹물을 포도주로 만드신 사건이다(2장). 이것은 구원의 풍성함을 온 세상이 천국의 잔치로서 누리게 될 것임을 암시한다.

예수님은 하나님 나라의 백성을 찾으시기 위하여 유대인과 사마리아 여인을 만나신다(3-4장). 유대교의 최고 의인으로 인정된 니고데모나 사마리아의 가장 천한 여인도 예수 그리스도를 통해서만 영생을 얻을 수 있다. 구원은 은혜로만 가능하기 때문에 아무리 경건한 유대인이나 정반대인 죄인들도 은혜로만 구원을 얻을 수 있다. 이 은혜는 "하나님이 세상을 이처럼 사랑하사 독생자를 보내 주심"을 통해 결정적으로 드러났다(3:16). 이 은혜를 받아들이느냐 아니냐에 따라 인간의 궁극적인 운명이 결정된다.

예수님은 자신이 "모세가 광야에서 뱀을 든 것 같이 인자가 들려야 하리니"라고 말씀하셨다(3:14). 왜 예수님은 놋 뱀이 장대에 달린 것처럼 자신도 나무에 달려야 한다고 하셨을까? 이것은 히브리인들이 단어를 숫자로 계산하는 것을 보면 알 수 있다. 놋 뱀(나하쉬)은 히브리어의 숫자는 358이다. 이 단어 또한 히브리인들에게 '치유'라는 숫자로 358을 사용한다. 구약에서 치유하는 단어는 '사람을 살린다'라는 의미를 가지고 있다. 메시아라는 단어도 358의 숫자와 같다. 그러므로 예수님은 사람을 살리는 메시아로서 358이라는 숫자를 사용하고 있다. 사람들은 예수님이 십자가에 달려 저주를 받은 것처럼 보지만, 그의 죽으시고 부활을 믿는 자들은 '치유'되고 '살아나는' 일을 경험하게 된다.

2. 그리스도를 배척함 5-12장

하나님의 아들 예수 그리스도가 구원자라는 것을 히브리인의 절기들을 연결시켜 설명한다(5-10장). 예수님이 소경의 눈을 뜨게 하신 것은 "내가 세상의 빛이다"는 주장을 우리에게 알려주기 위함이셨다(8-9장). 우리는 빛이신 예수님을 통해 하나님의 진리의 세계를 환히 볼 수 있게 되었다. 예수님은 "도적이 온 것은 도적질 하고 죽이고 멸망시키려는 것뿐이요 내가 온 것은 양으로 생명을 얻게 하고 더 풍성히 얻게 하려는 것이라"(10:10)라고 하셨다. 선한 목자이신 예수님은 양떼들을 하나님의 나라로 들어가 구원을 얻게 하는 '양의 문'이시다.

오늘도 요한은 우리에게 말한다. 서양 헬라인들처럼 플라톤이나 스토아 철학의 지식을 통해 구원에 이르는 길을 깨닫지 못한다. 오직 우리의 구원 문 되신 예수 그리스도를 통해 구원을 받게 된다.

절 기	사 건	상 징	의 미
안식일(5장)	38년 된 병자	광야 38년 회복	참 안식을 주심
유월절(6장)	오병이어 기적	출애굽 성취	하늘 양식 주심
초막절(7장)	믿는 자에게 생수	성령 부으심	성령 주심
수전절(10장)	소경 눈뜸	생명의 빛	계시의 빛 주심

7가지 "나는 … 이다": 구약의 "나는 스스로 있는 자" 와 동일시		
1.나는 생명의 떡 이다 (6:35, 48)	자신의 몸을 생명으로 주기 위해 오신 분(오병이어의 기적)	유일한 하늘양식 ↔ 썩을 양식
2. 나는 세상의 빛 이다(8:12, 9:12)	자신이 하나님을 알게 하는 분 (날 때부터 소경된 자를 고치심)	유일한 계시 ↔ 영적 어두움
3. 나는 양의 문 이다 (10:7, 9)	우리를 하나님 나라로 들어가게 하시는 분	하나뿐인 구원의 문 ↔ 담
4. 나는 선한 목자 이다 (10:11, 14)	하나님의 백성에게 생명을 얻게 하시는 분(선한 목자 되신 주)	유일한 보호자 ↔ 도적
5. 나는 부활이요 생명이다 (11:25)	죽은 자를 살리시고 생명을 가져다 주시는 분(죽은 나사로를 살리심)	유일한 부활 ↔ 영원한 사망
6. 나는 길이요 진리 생명이다(14:6)	하나님을 알게 하여 생명을 얻게 하시는 분	유일한 구원의 길 ↔ 사망의 길
7. 나는 참 포도 나무이다 (15:1-5)	우리 안에 거하여 풍성한 열매를 주시는 분	유일한 공급자 ↔ 사망

마지막 표적인 나사로를 부활시키신 기적은 예수님 자신이 죽음 후에 부활할 것을 암시할 뿐만 아니라, 종말에 그를 믿는 자들을 그가 죽음에서 생명으로 옮길 것을 가리키는 표적이다(11장). 이 표적은 예수님의 십자가 부활 사건을 예고한다. 나사로를 살린 표적은 예수께서 십자가에 달려 죽게 되는 계기가 되었다.

3. 그리스도의 계시 (다락방 설교- 마지막 유월절) _ 13-17장

예수님께서는 다락방에 모인 제자들에게 고별사를 하시면서 제자들이 성령의 도우심 가운데 이 세상에 남아 어떻게 살아야 하는지를 가르쳐 주셨다. 제자에게 새 계명 즉 '사랑하라'는 명령을 주셨다. 오직 성령의 도움 가운데 서로 사랑하고, 하나 되어 살아가야 한다고 당부하신 것이다. 그리고 예수님이 친히 제자들의 발을 씻기심으로써 완전한 사랑을 보여주셨다(13장). 제자들에게 하나님을 사랑한다면 그의 계명을 지켜야 한다고 하셨다(14장).

예수님이 아버지께로 돌아가면, 아버지는 제자들에게 "다른 보혜사 성령"을 보내 주셔서 계명을 지킬 수 있도록 도와주실 것이다. 이 계명을 실천할 수 있는 비결은 포도 열매를 맺기 위하여 나무에 붙어 있어야 하듯이 계속해서 주님 안에 거해야 함에 있다.

4. 그리스도를 배척함 _ 18-21장

예수님이 왕으로 오신 메시아임이 십자가에 히브리어, 헬라어, 로마어로 '나사렛 예수 유대인의 왕'이라고 쓴 패에 보인다(19장).
요한복음의 총 결론은 제자들 가운데 특히 베드로를 사랑으로 회복시키시고 사명을 부여하셨다(21장). 

물고기 153마리를 잡은 사건은 교회가 온 세상에 나아가 복음을 선포해서 모든 민족으로부터 하나님의 백성을 불러 모아야 함을 상징한다.

나눔의 축복 _ 7개 기적에서 배운 것? 풍성한 삶을 누리는 비결은?

요한복음

6. 더 많은 열매를 맺으라

열매 재생산하기 | 교회 선교시대(30-100년)

예루살렘	유대	사마리아	땅끝까지 이르러 증인			
베드로		빌립	바울			
오순절	스데반순교(35년)		1차 선교	2차 선교	3차 선교	로마-4차
(AD30년)	이방선교		2년(47년)	3년(49년)	4년(53년)	8년(59년)
행1-7장	행8-12장		행13-28장			

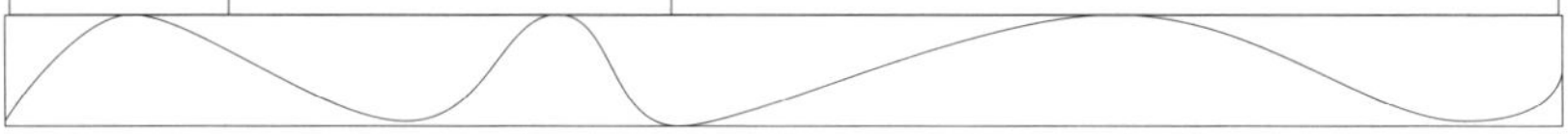

바울의 선교여행			
1차 선교 2년(47년)	2차 선교 3년(49년)	3차 선교 4년(53년)	로마-4차 선교-감옥 8년(59년)
안디옥-선교사 파송 구브로-서기오 전도 비시디아 안디옥-설교 이고니온, 루스드라 더베-많은 제자 삼음 안디옥	예루살렘 종교회의 소아시아 선교 루스드라, 드로아 마게도냐 선교 빌립보-루디아,간수 데살로니가→베뢰아 아가야 선교〈살전후〉 아덴, 고린도→귀환	에베소(2년)〈고전후〉 아데미 우상-폭동 고린도〈로마서〉 드로아 설교-유두고 고별설교-에베소장로 두로, 가이사랴 예루살렘-선교 보고 바울이 체포됨	2년 감금-바울 변론 예루살렘→가이사랴 로마행 2년 감옥〈옥중서신〉 서버나 선교→체포 〈딤전후 · 디도서〉 순교함(66-67년)

Epistles_서신서	
로마서_Effective 효과성	고린도전·후서_Education 교육
갈라디아서_Excite(자유) 감격	에베소서_Enough 충만함
빌립보서_Enjoy 기쁨	골로새서_Existence 탁월함
데살로니가전·후서_End 재림	빌레몬서_Encouragement 장려
디모데전·후서_Elect 선출	디도서_Effort(교회 세움) 애씀
히브리서_Excellent 우월한	야고보서_Experience 행함
베드로전·후서_Expect 기대	요한서신_Essence(사랑) 본질

더 많은 열매를 거두기 원하는가? 그렇다면 더 많이 심어라.

심은 대로 거둔다. 더 풍성한 열매를 얻기 위해서는 미래의 씨앗을 심어야 한다. 씨앗은 미래를 창조하는 도구이다. 하나님은 우리에게 승리의 열매만을 주시지 않는다. 다만 씨앗을 주셔서 우리에게 승리의 열매를 맺도록 기회를 주실 뿐이다. 하나님은 모든 사람들에게 풍성한 씨앗을 주셨다. 이 씨앗을 모두 심는다고 잘 자라는 것은 아니다. 중요한 것은 자신에게 주신 재능과 은사를 찾아 선택하여 심어야 한다는 점이다. 선택의 중요성을 깨달아야 한다. 하나님은 우리를 대신하여 직접 선택해 주시지 않는다. 선택은 당신의 손에 맡겨졌다. 강준민은 "씨앗을 선택하고, 씨앗을 심고 또한 가꾸는 것은 우리가 해야 할 일입니다"고 하였다. 아볼로가 심고 바울이 물을 주었으되 자라게 하시는 분은 하나님이시다. 하나님은 우리가 심은 씨앗이 자라 열매를 맺을 수 있도록 도우시는 분이다. 계속해서 승리의 열매를 맺기 위해서는 씨앗을 뿌려야 한다. 좋은 미래를 위해 무엇을 심을지를 선택하라.

우리는 그리스도 안에서 풍성한 축복의 씨앗을 받았다. 무기력에서 해방된 성취함(로마서), 세상과 비교될 수 없는 사랑함(고린도전·후서), 자유함(갈라디아서), 풍성함(에베소서), 기뻐함(빌립보서), 탁월함(골로새서), 소망함(베드로전후서), 사랑함(요한서신) 등은 우리가 누릴 수 있는 씨앗들이다. 이러한 것은 돈이나 노력함으로 받는 것이 아니라 믿음으로 받는다. 이 선물을 주신 것에는 하나님의 목적이 있다. 하나님은 당신에게 주신 은혜와 은사를 찾아 잘 가꾸어 열매 맺기를 원하신다. 그리고 이 열매를 나눠줌으로써 더 풍성하게 하길 원하신 다는 것을 잊어서는 안 된다.

30. 땅 끝까지 나아가는 힘 _ 사도행전

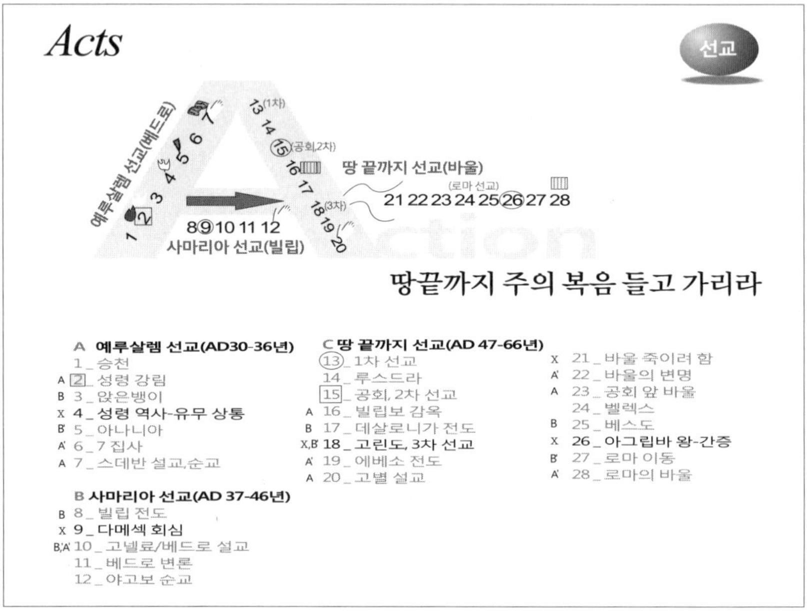

©성경맥관통학교

유대 땅에서 시작된 기독교가 어떻게 전 세계로 확산될 수 있었을까? 교회는 어떻게 시작되었나? 에 대한 물음에 사도행전은 답을 준다. 사도행전의 초점은 사도들이라기보다는 복음이 어느 지역(땅)으로 전파되어 가느냐에 맞추어져 있다. 누가는 복음 전파가 예루살렘(1-7장)에서 시작하여 유대와 사마리아(8-12장) 그리고 땅 끝(13-28장)까지 전해지는 과정을 자세하게 보도 한다. 복음은 유대를 벗어나 문화적인 장벽을 넘어 열방을 변화시켰다. 로마 선교(30-500년)→유럽 선교(500-1500년)→세계 선교(현재)

기록 목적 _ 성령으로 인한 교회의 탄생과 성장의 과정을 보여 줌으로써, 유대인과 이방인들에게 복음을 증거 하기 위해 기록했다.

저자 _ 누가 **기록연대** _ 주후 61-63년

주제 _ 복음은 성령의 능력에 사로잡힌 증인들에 의해 전파 된다.

성경관통 _ 초월적인 능력을 받아야 성취할 수 있다

인생은 능력의 문제이다.

능력이 있어야 비행기도 날 수 있고, 차도 달릴 수 있다. 능력을 어떻게 활용하느냐에 따라 인생이 달라진다. 인간의 능력에는 한계가 있다. 하지만 인간 밖의 초월적인 능력에 접촉되면 인생이 놀랍게 달라질 수 있다. 신비한 능력을 가질 수 있기를 꿈꿔라. 성령의 능력이 함께 함으로써 인간이 위대한 과업을 성취할 수 있을 것을 하나님은 약속하셨다. "성령의 능력이 임하면 권능을 받고 예루살렘과 온 유대와 사마리아와 땅 끝까지 이르러 내 증인이 되리라"(1:8). 성령이 임하면 내 한계 밖의 땅 끝까지 가게 된다. 하나님의 능력이 임하면 먼저 생각이 바뀌고 믿음이 바뀐다. 베드로는 예수님을 배신하고 떠날 정도로 혼란에 빠진 사람이었다. 그러나 오순절 성령이 임하였을 때 베드로의 인생은 2막이 열리게 되었다. 철저하게 실패한 그가 성령의 힘을 의지하여 다시 일어나 역전 드라마를 펼친 것이다. 그가 말씀을 전하자 3천명이 주께 돌아오는 기적이 일어났다.

바울은 다메섹으로 가는 길에서 예수님을 만나게 되었고 그로 인해 그의 인생에 새로운 변화가 일어났다. 그는 예수님을 만난 후에 아라비아 광야로 가서 3년 동안 하나님의 능력을 알고자 연구하였다. 지혜는 능력의 원천을 찾는 작업인 것이다. 바울은 능력의 원천인 지혜를 알게 되었다. 초자연적인 능력, 초월적인 능력이 예수 안에 있음을 알게 되었다. 능력의 원천인 지혜를 가졌을 때, 바울은 다른 사도들보다 탁월한 사역을 할 수 있었다.

1. 예루살렘에서의 증거 _ 1-7장 : AD 30-36년(7년간)

당시 이스라엘은 하루 종일 죽도록 일해도, 하루의 품삯을 가지고 하루의 끼니를 연명하기가 어려웠던 시기였다. 그들은 정치적으로 독립을 원했고, 경제적으로는 착취당하는 삶의 문제를 해결하고 빵의 문제가 해결되기를 원했다. 예수님이 부활하심을 보고 자신들이 원하는 정치적인 왕국이 건설 될 것으로 착각하였다. 제자들이 "주의 나라가 회복하는 것이 바로 이 때입니까?"라고 물었을 때, 예수님은 영적인 하나님의 나라가 땅 끝까지 복음을 전파함으로 성취될 것이라고 하셨다. 시간과 영역은 모두 하나님의 주권아래 속한 것으로 제자가 해야 할 일은 복음 전파이다(1장)

선교 원리	선교 도구	선교 영역	선교 사역
성령 임함	성령의 권능	땅 끝까지	주님의 증인

명령에 순종한 제자들은 위로부터 임하실 성령을 기다리며 함께 모여 간절히 기도하였다. 오순절 날에 성령이 임함으로써 성령으로 충만하여 권능을 받게 되었다(AD 30년). 오순절 날 성령이 바람과 불 같이 임하였고 방언을 하게 되었다. 맥잡기 오순절은 시내산에 하나님이 강림하실 때 바람과 불, 그리고 음성을 들려주신 것과 같다. 이것은 이스라엘 민족에게는 아주 중요한 것이다. 새로운 영적 이스라엘이 출발하는데 3가지 상징을 보여주심으로써 시내산 사건이 재현되었다는 확신을 갖게 한 것이다(2장).

오순절 성령 강림을 통해 인종과 국가를 초월하는 교회가 탄생하게 되었다. 선교활동을 하기 전에 성령의 강력한 임재하심이 일어났다. 베드로의 첫 설교는 3,000명이나 되는 사람들이 가슴을 치며 주님께로 돌아오는 역사를 만들었다.

요한과 베드로는 미문의 앉은뱅이를 "나사렛 예수의 이름으로" 고치는 치유의 기적을 일으켰다(3장). 이 기적으로 모인 군중들 가운데 베드로의 설교를 듣게 되었고 5천명이나 되는 사람들이 예수님을 믿게 되었다. 이들은 날마다 성전에 있든지 집에 있든지 예수의 그리스도 되심을 가르치고 증거하는 일을 계속했다. 또한 서로의 것을 나누는 사랑의 공동체를 이루어 나갔다.

위협을 느낀 유대인 산헤드린 공회는 사도들을 체포하여 "예수 이름으로" 말하거나 가르치지 못하게 하지만(4장), 베드로는 "다른 이로써는 구원을 받을 수 없나니 천하 인간에 구원을 받을 만한 다른 이름을 주신 일이 없다"(4:12)고 더욱 담대히 예수 이름을 전하였다. 사도들이 다시 체포되는 위협에 불구하고 베드로와 요한은 "우리가 보고 들은 것을 말하지 않을 수 없다"라고 말하며 복음 전파하는 일을 쉬지 아니하였다.

하지만 교회 안에서 아간과 같이 아나니아와 삽비라가 탐심을 가지고 사도들을 속이는 사건이 발생했다. 이에 교회의 내적인 순결성을 지키기 위해 아나니아와 삽비라는 죽임을 당하였다(5장).

평신도들의 활발한 복음전파 활동으로 예수 그리스도의 복음이 예루살렘에서 이방인 세계로 뻗어 나아갔다(6-7장). 믿는 사람들의 수효가 점점 늘어나 교회 안에 구제의 문제로 불평과 불만의 소리가 나자 사도들은 7명의 집사를 세워 문제를 해결하였다. 일곱 집사 중 스데반은 하나님의 은총과 성령의 능력으로 백성들 앞에서 놀라운 일들과 기장한 기적들을 행하며 그리스도를 증거하였다. 스데반의 설교를 들은 공회원들은 화가 나서 이를 갈며 그를 돌로 쳐 죽였다(AD 35년). 스데반의 순교의 씨는 바울이 회심하고, 빌립의 효과적인 사마리아와 유대 전도로 이어졌다.

초대교회는 어떤 방법으로 전도했을까?	
1. 표적 전도	하나님의 강력한 임재와 능력이 나타나 전함
2. 생활 전도	삶으로 어려운 이웃들의 필요를 채워주는 것
3. 직접 전도	가장 중요한 방법으로 예수님을 말로서 전함
전도와 선교는 사람의 일이 아니라 성령의 도우심으로 해야 한다.	

2. 유대 · 사마리아에서 증거 _ 8-12장: AD 37-46년(10년간)

스데반의 순교는 더 많은 사람들을 복음의 증인으로 일어나게 했을 뿐만 아니라, 사마리아 사람들과 당시 땅 끝에 있는 나라 중 하나로 간주된 에디오피아 내시에게까지 복음이 확장되는 결과를 가져 왔다(8장). 이러한 전도 사역에 있어서 중요하게 사용된 인물은 전도자 빌립이었다. 교회에 임한 핍박(8:1)은 교회를 파괴하는 것이 아니라 오히려 교회가 하나님의 은밀한 섭리 가운데 세계 복음화의 사명을 감당할 수 있도록 하였다.

예수님은 유대인들뿐만 아니라 이방인들에게까지 복음을 선포할 인물인 바울에게 나타나서 그를 변화시키고 땅 끝까지 복음을 전할 사람으로 세웠다(9장). 다른 한편 사도 베드로가 행한 두 가지 기적으로 말미암아 룻다와 욥바 지역에서 많은 사람들이 주님께 돌아왔다. 하나님은 땅 끝까지 복음을 가지고 갈 사람을 준비 시켜 놓고, 로마 백부장 고넬

료의 개종 사건을 통해 그 시대가 본격적으로 왔음을 보여 주셨다(10장).

드디어 이방인 선교를 위한 거점으로 안디옥 교회가 세워지게 되었는데 이 교회는 헬라인, 곧 이방인으로 구성된 최초의 교회였다(11장). 다시 교회에 핍박이 일어나 야고보 사도는 죽고, 베드로는 기적적으로 감옥에서 나오게 되었다(12장). 이러한 박해에도 불구하고 "하나님의 말씀은 점점 더 흥왕하여져 갔다"(12:24). 유대 지역의 교회가 어려움에 직면했지만 주님은 교회를 온전히 지켜 주심으로 바울은 세계 선교를 향한 힘찬 발걸음을 시작한다.

3. 땅 끝까지 증거 _ 13-28장 : AD 47-66년(20년간)

헤롯의 박해로 교회 본부가 예루살렘에서 시리아 안디옥으로 옮겨지면서 바울 전도 여행으로 선교시대가 시작 된다. 이방인 선교를 위한 복음의 불길이 이전까지 유대인에게 집중되었던 선교가 이방인에게까지 번지기 시작했다. 그 복음의 불길은 "주의 손이 함께 하시는" 그 누구도 끌 수 없는 강력한 성령님의 불길이었다.

1차 선교여행 2년간 (주후 48-50년) : 아시아 전도

이때 바울과 바나바는 갈라디아 지역에 복음을 전파하기 위해 비시디아 안디옥의 안식일 회당에서 그리스도 중심의 설교를 하고, 이고니온, 루스드라에서는 태어나면서부터 앉은뱅이 된 자를 치유하고, 안디옥으로 귀환했다(14장). 그리고 안디옥 교회로 돌아와 선교 보고를 하는 것으로 1차 선교 여행을 마무리 한다. 제 1차 선교여행에서 가장 중요한 것은, 이방인들에게 믿음의 문이 열린 것을 확인한 것이다(14:27). 특히 바울은 이 여행은 예루살렘교회에서 공회를 여는 중요한 계기가 되었다. 예루살렘 공회에서는 이방인 신자들은 모세의 율법에 속할 필요가 없음을 결정하였다(15장). 이 회의를 통해 이방인 선교가 인정을 받게 되었으며 이는 바울의 독자적인 선교를 위한 중요한 토대가 형성되었다. 이는 선교역사의 중대한 전환점이라 할 수 있다.

2차 선교여행 3년간 (주후 50-53년): 유럽 선교

2차는 마게도냐와 아가야와 헬라 지역에 예수님의 복음을 전파하는 여행이었다. 사도 바울은 마가가 떠나간 후에 새로운 동역자, 실라를 데리고 수리아와 길리기아를 통과하면서 서진하게 된다. 루스드라에서 새로운 동역자 디모데가 합세한다(16장). 드로아에서 마게도냐 환상을 본 후에, 유럽 선교의 출발지인 빌립보에서는 루디아의 회심이 있었다. 바울은 점치는 귀신들린 여종을 치료해 준 것이 계기가 되어 감옥에 갇히지만, 오히려 간수장의 가정을 구원하는 결과를 가져왔다. 이때 바울은 간수에게 "주 예수를 믿으라. 그리하면 너와 네 집이 구원을 얻으리라"(16:31)는 유명한 말을 남긴다. 선한 행위의 결과고 기적이 일어났다.

유럽 선교의 두 번째 아가야 지방 중심도시 데살로니가에서 3주간 복음을 전파하였다(17장). 이에 많은 사람들과 헬라 사람, 귀부인들까지 예수님을 믿게 되었다. 그러나 유대인들의 심각한 반대 때문에 갓 믿은 초신자들을 놓아둔 채로 베뢰아를 떠나야만 했다. 바울은 아덴에서 연설한 후에 고린도 가서 브리스길라 아굴라 부부와 함께 천막을 만들며 1년 반을 머물면서 교회를 부흥시켰다. 고린도에 머물고 있을 때 데살로니가에서 실라와 디모데가 도착하여 데살로니가 성도들이 온 아가야와 마게도니아까지 모든 성도들의 귀감이 될 믿음의 삶을 산다는 좋은 소식과 재림에 대한 혼란에 빠졌다는 나쁜 소식을 듣는다. 그래서 쓴 편지가 <데살로니가 전후서>이다(17:11). 이후 안디옥으로 돌아왔다(18장).

3차 선교여행 4년간 (주후 53-57년): 아시아 전도

2차 선교여행 지역을 재방문하여 1년을 제외한 기간에는 아시아 전도에 집중한다. 브리스길라와 아굴라 부부가 아볼로를 만나 하나님의 도를 가르쳤고, 아볼로는 고린도로 건너간다(18장). 에베소에서 고린도 교회의 문제가 심각하다는 사실을 알고 <고린도전서>를 기록하여 디도를 통해 앞서 보낸다. 디도가 늦게 오자 마게도냐로 건너가서 디도의 보고를 듣고 난후<고린도후서>를 쓰게 된다(19:22). 특히 두란노 서원에서 2년간의 사역은 유대인과 이방인이 주의 복음을 듣게 만드는 전략적으로 중요한 사역이었다. 소아시아의 중심도시 에베소에서는 온 사회를 복음의 능력으로 흔들어 놓는 성공적인 사역을 하였다(19장). 바울은 이방인이나 유대인이나 차별 없이 예수 믿는 사람에게 주시는 은혜의 구원을 알리기 위해 <갈라디아서>를 기록한다. 그 후 마게도냐와 헬라를 두 번째 방문하여 <로마서>를 쓰고(20:3), 드로아에서 밀레도까지 바울이 여행하고 밀레도에서 에베소 장로들에게 긴 고별설교를 하였다(20장). 바울 일행은 3차 전도 여행을 마무리하면서 오순절 안에 예루살렘에 도착하기 위하여 여정을 서두른다.

로마 선교 5년간 (주후 57-62년)

많은 사람들의 만류에도 불구하고 예루살렘에 올라가, 결국 유대인들에게 붙잡혀 의해 성전에서 죽을 뻔했던 바울은 천부장에 의해 구출됐다(21장). 예루살렘에 도착한 후부터 그의 신변 안전을 위해 가이사랴로 이송되기까지 12일 정도의 기간이 소요되었다.

바울은 성전 뜰에 모인 유대인 무리들에게 1차로 변론했지만 유대인들이 더 큰 소란을 일으켜 로마군이 채찍질하려고 하자 로마 시민권을 가졌음을 밝히며 항변하였다(22장). 바울의 2차 변론(23장)은 산헤드린 공회 앞에서 군중의 난폭한 반응을 보고 바울을 죽이려는 음모를 알게 된 천부장은 바울을 가이사랴의 총독 벨릭스에게 보냈다. 벨릭스 총독은 혹시 돈을 뜯을까 하여 2년 동안 감금(AD 57-59년)하였다. 이어서 바울은 유대인 총독 벨릭스 앞에서 3차 변론(24장), 베스도 총독 앞에서 4차 변론(25장), 아그립바 왕 앞에서 5차 변론(26장)을 하며 자신의 무죄를 변호하면서 예수님을 증거했다. 바울이 황제에게 상소함으로 바울은 특별 경호 부대원들에게 호위되어 로마로 항해를 하였다(AD 59). 바울은 가이사에게 호소하여 로마까지 먼 항해를 했고, 그곳에서 재판 때까지 1차 구금되어 2년 동안 셋집에서 유하였다(28장).

첫 번째 로마 수감 2년간(주후 60-62년)

바울이 재판을 기다리는 동안 가택 연금을 당하고 있는 동안을 로마 황제 근위대 및 황실 깊숙이 주의 복음을 퍼뜨리는 결정적인 전도의 기회로 삼았다. 옥중에서 바울은 옥중서신인 <에베소서, 빌립보서, 골로새서, 빌레몬서>를 기록하였다(A.D 60).

4차 선교여행 5년간 (주후 62-67년)

약 2년 후 바울은 석방되고(AD 62). 그가 가고 싶어 했던 스페인까지 복음을 전했다고 역사학자들은 믿는다. 또 한편, 바울은 에베소, 골로새 그리고 마케도니아의 각 지방을 다니며 이미 개척해 놓은 교회들을 굳게 세우고 다시 로마로 돌아왔을 것이다. 바울은 디모데에게 에베소를, 디도에게 그레데에 목회를 하도록 하였다.

얼마 후 로마에 원인 모를 대화재가 일어났다(AD 64). 네로는 자신에게 집중된 방화의 의혹을 피하기 위하여 희생양으로 그리스도인을 지목하였고 베드로는 순교를 당하고, 바울은 투옥됐다.

두 번째 로마 수감과 순교(주후 66-67년경)

AD 67년경, 바울은 에베소에 목회하는 디모데와 그레데 섬에서 목회하는 디도에게 <디모데전서, 디도서, 디모데후서>를 쓴 뒤 얼마 후 참수형을 받고 생애를 마감하였다. 바울은 죽었지만 복음의 불길은 핍박의 강풍을 타고 1세기 말에는 지중해 연안 모든 지역이 주의 복음을 듣게 되었다. 이러한 사실은 사도행전 28장 31절의 마지막 진술인 "담대히 하나님 나라를 전파하며 주 예수 그리스도께 관한 것을 가르치되 금하는 사람이 없었더라"는 말씀은 하나님의 역사를 막는 것은 아무 것도 없다는 것을 보여준다. 

승리의 선언으로 사도행전을 마무리 맺고 있는 것은 바울이 선포한 이방인을 위한 복음의 증거는 하나님의 나라가 완성될 때까지 계속 될 것을 보여준다. 복음 확장과 승리를 위해 하나님은 그의 종들의 배후에서지금도 일하고 계신다. 사도행전 29장은 우리가 기록해야 차례이다.

나눔의 축복 _ 하나님의 나라를 이루기 위한 나의 사명은?

사도행전

31. 열매 맺는 삶 _ 서신서 총정리

서신서	연대	내 용	메시지
바울의 초기서신(48-55년)			
데살로니가 전서	51	어떻게 오시나?(1–3) 어떻게 준비해야 하나(4–5)	신자들은 주님의 재림을 사모하고 준비된 삶을 살아야 한다
데살로니가 후서	51	미래를 두려워 말라(1–2) 현재 최선을 다하라(3)	주님이 오실 때까지 인내하며 주어진 일에 최선을 다하라
갈라디아서	55 (48)	자유를 주는 복음(1–4) 자유를 누리는 삶(5–6)	예수를 구주로 믿는 사람은 율법과 죄에서 자유케 되었다
바울의 주요서신(54-57년)			
고린도전서	54-55	교회의 죄 책망(1–6) 교회의 문제 대답(7–16)	그리스도인은 죄악된 행동을 버리고 사랑의 길을 가야 한다
고린도후서	55-56	사역의 변호와 모금(1–9) 사도직의 변호(10–13)	주님을 섬기는 일에는 기쁨과 더불어 고난이 따른다
로마서	57	어떻게 구원받았나(1–11) 어떻게 살아야 하나(12–16)	믿음으로 의롭게 된 신자는 의로운 삶을 살아야 한다
바울의 옥중서신(61-62년)			
에베소서	61	너희는 영적부자다(1–3) 부자답게 살아라(4–6)	영적부요를 받은 자로서 베푸는 부자로 살라
골로새서	61	탁월하신 그리스도(1–2) 탁월한 그리스도인(3–4)	탁월하신 그리스도같이 탁월한 삶을 살아야 한다
빌레몬서	61	너를 사랑했듯이(1–16) 너도 나처럼 사랑(17–25)	주님이 우리를 받아주신 것처럼 우리도 서로 받아주라
빌립보서	62	존귀케 하는 기쁨(1–2) 그리스도를 아는 기쁨(3–4)	어떤 악조건에서도 그리스도 안에 있는 자는 기쁨이 있다
바울의 목회서신(62-64년)			
디모데전서	62	바른 교훈을 가르쳐라(1–3) 선한 싸움을 싸우라(4–6)	사역자로서 말씀으로 세우는 책임을 충성되게 감당하라
디도서	63	경건한 지도력(1–2) 경건한 삶(3)	성도는 선한 일에 힘씀으로 자신의 믿음을 보여주라
디모데후서	64	고난을 견디라(1–2) 복음을 전하라(3–4)	힘들고 어려워도 우리에게 맡겨 주신 복음을 사수하라

이 도표는 양승헌 교수의 '한눈에 보는 성경'을 참고하여 만들었음

일반서신			
서신서	연대	내 용	메 시 지
야고보서	45	믿음의 시험과 특성(1-5) 참 믿음의 승리(6-7)	참 믿음은 행함으로 증명된다 행함이 없는 믿음은 가짜다
히브리서	65	우월하신 그리스도(1-9) 우월한 그리스도인(10-13)	고난 때문에 그리스도의 축복 을 놓치지 말고 붙잡으라
베드로전서	65	성도의 구원과 복종(1-3:12) 성도의 고난(3:13-5)	성도로서 부당한 고난을 받을 때 하나님을 의지하며 이기라
베드로후서	67	참 지식과 거짓 지식(1-2) 재림은 확실하다(3)	그리스도에 대한 참 지식으로 성장할 때 승리자가 된다
유다서	70?	거짓 선생들 정체(1-16) 거짓을 대항하라(17-23)	거짓 가르침을 이기기 위해 진리 가운데 믿음으로 싸우라
요한1서	85	교제는 빛에 거함(1-2) 교제는 사랑에 거함(3-5)	하나님과의 교제는 형제 사랑으로 나타나야 한다
요한2서	90	하나님의 계명을 지킴(1-6) 거짓 선생을 거절(7-13)	거짓 가르침을 주는 거짓 교사 들과는 상종도 하지 말라
요한3서	95?	가이오에 대한 칭찬(1-8) 디오드레베 책망(9-14)	신자는 예수님의 사랑으로 형제를 대접해야 한다

서신서(22권)는 신약의 약 80%를 차지한다. 그만큼 중요하다.

그런데 왜 편지라는 형식을 사용했을까? 그 당시 사도들에게는 많은 지역 교회를 돌보기 위해 편지가 상당히 중요한 전달 도구로 사용되었다. 성도들은 구약의 성경을 보고 배울 순 있었겠지만, 교회 속에서 다양하게 일어나는 사건을 처리하기에는 역부족 이었다. 사도들이 서신을 통해서 성도들의 정체성을 찾고, 당면한 문제에 성경적인 대안을 제시하기 위해 서신을 사용했다. 그리고 이 서신은 오늘날 우리에게도 여러 상황에서 일어나는 일에 대한 해결 방안을 제시해 줌으로써 신앙생활에 큰 도움을 주고 있다.

서신서는 구원받은 성도가 예수님의 형상을 닮아 가는 구체적인 방법을 제시한다. 또한 풍성한 삶을 누리는 비결을 보여준다.

31-1 무기력을 극복하는 성취함 _ 로마서

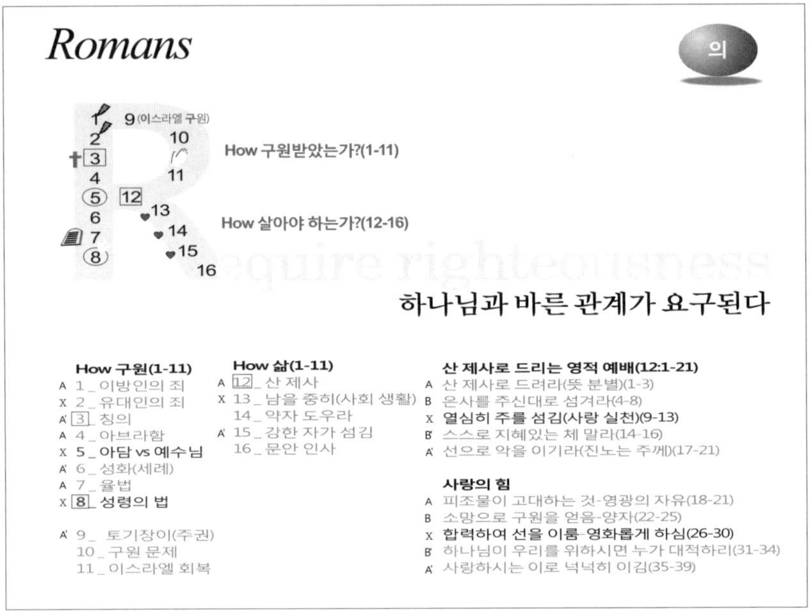

구원이란 무엇이며, 왜 구원 받아야 하는가?

바울의 최대 걸작품인 로마서는 바울이 복음을 로마교회에 소개하고자 쓴 편지이다. 로마 교회에서 유대인 신자와 이방인 신자는 어떻게 구원받는가? 율법과 복음의 차이, 이스라엘이 과연 구원받을 것인가? 하는 중요한 신학적인 논제에 대한 답을 주었다.

어거스틴은 로마서 13:13-14의 말씀으로 변화되어 기독교 역사상 가장 탁월한 신학자로 교회를 섬기게 되었다. 마틴 루터는 로마서 1:17의 말씀 "오직 의인은 믿음으로 말미암아 살리라"에서 종교개혁의 영감을 얻었다. 요한 웨슬리는 루터가 쓴 로마서 서론을 경청하다가 회심을 했고, 존 번연은 천로역정을 썼다.

저자 _ 바울 **기록연대** _ 주후 56-57년(고린도에서)

주제 _ 믿음으로 의롭게 된 자는 의로운 삶을 살아야 한다.

●● 성경관통 _ 내 마음대로 할 수 없는 무력감

암으로 죽어가는 아들을 본 엄마는 "나는 이 암을 증오합니다"라고 말했다. 그녀의 말에는 암에 대한 원한으로 가득 차 있었다. 암이 그녀의 사랑하는 아들을 파괴하고 죽이고 있었기 때문이다. 알코올에 중독된 남편을 둔 아내는 술이 남편의 삶을 파괴하고 있는 것을 보았다. 술은 점점 그들의 결혼 생활을 무너지게 하였다. 자녀들까지 남편의 폭력에 시달리게 되었다. 부인은 "나는 남편은 사랑하지만 술을 증오합니다."

알코올에 중독된 남편을 둔 부인의 문제점은 그녀가 남편을 망치게 하는 술을 제어할 수 있는 힘을 가지고 있지 않다는 것이다. 그녀는 남편이기 때문에 최선을 다해 사랑을 해 보지만 남편을 구해낼 수는 없었다. 그녀에게 문제점은 '무기력'이다. 그녀가 할 수 있는 일은 자신의 무기력함을 인정하고 전문가의 도움을 구하는 것이다. 최고의 회복 전문가이신 하나님은 이 무력감을 능히 회복시키신다. 죄로 감염되어 망가진 인생을 회복시킬 수 있다,

그럼에도 사람들은 자신의 무력감을 인정하기 싫어한다. 술을 마시면 알코올 중독이 된다는 것을 알고 있지만 술을 좋아 하는 사람은 계속 술을 마신다. 로마서 7장은 우리의 무력감을 잘 표현해준다. "내가 행하는 것을 내가 알지 못하노니 곧 원하는 이것을 행하지 아니하고 도리어 미워하는 그것을 함이라"(7:15). 무력감을 가진 사람들도 하나님의 법을 사랑하고 지키고 싶어 한다. 그것이 행복의 길이기 때문이다. 그러나 무력감의 문제는 행하고 싶은 마음은 있지만 행할 능력이 없다는 것이다. 죄의 문제를 극복하고 싶지만 이길 힘이 부족하여 그냥 주

저앉고 만다. 무력감이란 하나님의 법을 좋아하고 즐거워하지만, "내 지체 속에 있는 죄의 법 아래로 나를 사로잡아 오는 것을 보는도다"라고 인정할 수밖에 없는 것이다. "이 일은 내 능력 밖의 일이야. 나는 하고 싶지만 또 시도해도 실패할 것인데 왜 해"라고 우리는 포기한다. 콜린 스미스는 "무력감은 감옥에 갇혀 있는 죄수다"라고 하였다. 무력감은 우리를 가두게 하고 죄인 취급하게 한다. "너는 실패자야. 너는 죄인이야. 너는 할 수 없어"라고 죽음으로 몰아붙인다. 바울은 절대적인 무력감 앞에서 "오호라 나는 곤고한 사람이로다 이 사망의 몸에서 누가 나를 건져내랴"고 외친다(7:24). 무력감의 문제는 하나님의 법을 사랑하면서도 그 법을 행할 능력이 부족하다는 것이다. 무력함을 극복할 능력을 가지기 위해서는 재충전이 필요한데, 그 능력은 성령, 곧 그리스도의 영으로 가능하다.

하나님의 방법으로 구원 - 하나님의 의(3:21-5:11)	
의의 방법 (3장)	하나님의 은혜로, 예수의 피로 말미암아 → 예수 그리스도를 믿음으로 의롭다하심
의의 실례 (4장)	아브라함이 믿음으로 말미암아 의롭게 됨 → 행위, 할례, 율법이 아닌 믿음으로 의롭다함을 받음
의의 완성- ①죽음(5장)	그리스도의 죽으심과 부활로 말미암아 완성됨 → 예수의 순종으로 말미암아 의와 생명을 경험
②죄(6장)	그리스도와 함께 세례 받음 → 죄의 세력에 대하여 죽고 그리스도의 부활로 거듭나 새로운 삶을 영위
③율법(7장)	그리스도의 죽음에 동참하여 → 율법의 저주로부터 해방

육신을 따라 사는 자	육신의 일을 생각	죽음과 고통	하나님을 기쁘게 못함
성령을 따라 사는 자	성령의 일을 생각	생명과 평안	하나님을 기쁘게 한다

수확하라

무력감을 극복할 하나님의 의가 필요하다 _ 1-8장

세계 최강의 힘과 평화를 갈망하는 로마가 해결하지 못한 것이 하나 있다. 그것은 바로 죄의 바이러스이다. 만약 에이즈 바이러스 보다 무서운 죄 바이러스에 걸렸다면 어떻게 회복할 수 있을까? 바울은 오직 복음만이 유대인이나 로마의 이방인들이나 믿는 모든 자들을 구원할 수 있는 능력이라고 외친다(1: 16-17). 왜 복음이 믿는 모든 자에게 구원을 가져다주는 하나님의 능력이 되는가? 이는 바로 복음 안에서 하나님이 우리를 보시고 "너는 의롭다. 더 이상 죄의 바이러스가 없다"라고 인정해 주시기 때문이다.

바울은 죄의 바이러스 아래에 있는 인간은 결국 '죽음'이라는 절망 아래 있다고 선언한다. 왜 유대인과 이방인은 복음을 통한 구원을 필요로 하는가?(1:18-3:20). 그것은 구원 받기 위한 인간의 수준은 이방인이나 유대인은 하나님께서 요구하는 수준은 불합격이기 때문이다. 이는 '완전함' 요구하시는 하나님 앞에서 우리는 다른 사람과 비교하여 "나는 의롭다"라고 스스로 합리화하기에 바쁠 뿐이다. 그 결과 하나님의 진노를 피할 사람은 아무도 없다(1:18). 예를 들면 이방인은 그들의 양심으로부터 가책을 받았다는 것 자체만으로도 죄가 있다는 것을 핑계를 댈 수 없고(1:18-32). 유대인들도 만약에 '탐심하지 말라'는 율법의 하나라도 순종하지 않았다면 유죄이다(2:3-3:8). 그러므로 우리는 모두 죄인이며 죄의 바이러스 아래 있다(3:9).

그렇다면 죄의 바이러스에 걸린 죄인을 하나님께서 어떻게 의롭게(죄 씻고 회복) 하시는가? 그것은 '오직 믿음으로 말미암아 의롭게 된다'(3:21-3장). 정말 믿는다고 죄의 바이러스 문제가 해결 될 수 있단 말인가? 죄의 백신(바이러스를 삭제하는 것)이 필요하다.

의롭다함(죄의 바이러스가 없다고 인정)은 오직 하나님의 은혜를 믿음으로 말미암아(3:21–24), 그의 피로 인하여(3:25–26), 오직 예수 그리스도를 믿음으로만 우리가 의롭다 함을 얻을 수 있다(3:29–31). 한마디로 예수님이 대신 죄의 바이러스를 삭제하기 위해 "피를 흘려 우리의 죄를 깨끗케 해 주셨다"는 것을 믿음으로 다운 받으면 되는 것이다. 믿음으로 받으면 죄는 삭제된다. 너무 쉬운가? 믿음으로 말미암아 의롭게 됨을 아브라함의 예를 통해 증명해 보겠다(4장).

아브라함이 할례를 받기 전에 이미 믿음으로 의롭다함을 받았으며, 또한 약속도 믿음에 근거하여 받았다(3:28–30). 첫째, 아브라함은 행위가 아니라 믿음으로 의롭다는 칭의를 받았다(4:1–8). 둘째, 아브라함이 얻은 칭의는 할례가 아닌 믿음으로 의롭다함을 받았다(4:9–12). 셋째, 아브라함과 그의 자손들이 세상에 물려받은 상속자가 되리라는 약속을 받은 것은 율법의 근거가 아니라 약속을 믿음으로 된 것이다(4:13–17). 넷째, 아브라함은 어떻게 믿었는가? 아브라함은 바랄 수 없는 중에 바라고, 불가능한 상황에서도 믿음으로 강하여져서 하나님께 영광을 돌렸다(4:18–22). 마지막으로 아브라함의 믿음의 원리는 지금 우리에게도 적용되고 있다(4:23–25).

그렇다면 "예수님을 믿기만 하면 앞으로 심판에서 우리를 건져 주실 것인가?" 이러한 고민에 바울은 담대하게 선포한다. 하나님과 관계가 회복된 사람은 죽음의 세력(5장), 죄의 세력(6장), 그리고 율법의 세력(7장)으로부터 자유함을 얻게 된다. 우리를 무력하게 만드는 율법의 권세에서 벗어나 성령의 능력 아래 살아야 한다(8장). 성령 안에는 새로운 삶과 미래를 새롭게 창조하는 소망이 있다!

내 능력을 뛰어넘는 성취감 _ 8장

로마서 8장에서는 7장의 무력감을 뛰어넘는 비결을 가르쳐 주고 있다. 그것은 바로 그리스도 안에 있는 영이 가능하게 해 주는 것이다. 성령은 우리가 무력감으로 좌절되고 주저앉은 마음을 일으켜 세워주는 힘을 가진다. 또한 소생시키는 능력을 가지고 있다. 우리는 성령의 도우심으로 성취감을 이룰 수 있다. 그분은 불타는 소원을 주시고 성취할 수 있는 능력도 주신다.

무력감으로 할 수 없었던 일을 어떻게 극복할 수 있는가? 간단하다. 운전대를 운전사에게 맡기면 된다. 그냥 함께 동행 하면 목적지에 이를 수 있게 될 것이다. 어떤 운전사를 만나느냐에 따라 우리의 인생이 달라질 수 있다. 내 마음의 욕심에 따라 포악한 마귀에게 운전대를 맡길 것인가 아니면 푸른 초장과 쉴만한 물가로 인도하는 주님께 맡길 것인가에 따라 결과는 천국과 지옥만큼 큰 차이가 난다.

그러므로 마음에 주님을 모시고 따라가라. 누구를 만나느냐에 따라 사람의 행복이 결정되기 마련이다. 주님의 생각을 따르면 평강이 온다. 그럼에도 불구하고 고정관념과 선입견에 사로잡히면 '하나님을 믿는다고 달라질 것은 없어. 하나님 없이도 잘 살았는데'라고 생각하게 될 수 있다. 세상적인 욕심에 따라 즐기는 것이 행복이라고 생각한다. 그러나 막상 인생의 문제 앞에 닥치면 무력감에 사로잡히게 되어 헤어 나오지 못한다. 자신의 현재 부족한 점을 하나님의 도우심을 구하여 한계를 뛰어넘는 계기로 삼아라. 현재의 부족한 점으로 인해 하나님의 능력을 경험하여 발전의 기회를 만들어야 하지 않겠는가?

내 마음을 새 창조하는 자신감 _ 12–16장

인간의 행복은 마음에 있다.

마음에 따라 행복이 결정된다. 링컨은 "인간은 자신이 어떻게 마음먹느냐에 따라 행복해진다"고 말했다. 참된 성공은 내적인 성장과 성숙에 달려있다. 스티븐 코비는 「성공하는 사람들의 7가지 습관」에서 가장 풍성하고 풍요로운 삶은 내적인 삶이라고 말하였다. 그렇기 때문에 '내면부터 변화를 시작하라'고 강조한다.

교회생활(12장)	사회생활(13장)	신앙생활(14-16장)
산제사로 드리는 영적 예배(1–3)	국가–권세자에게 복종하라	약자에게–비판을 삼가고 사랑으로 도와주라(14장)
믿음의 분량대로 지혜롭게 생각(4–13)	이웃–사랑하라. 사랑은 율법의 완성	믿음이 강한 자–약한 자의 연약함을 담당하라(15장)
핍박받는 자를 축복하고 기도(14–20)	경건–육체 도모 말고 그리스도로 옷 입어라	성도 교제–연보(구제) 중보기도, 문안(15–16장)

©성경맥관통학교

바울은 "너희는 이 세대를 본받지 말고 오직 마음을 새롭게 함으로써 변화를 받아 하나님의 선하시고 기뻐하시고 온전하신 뜻이 무엇인지 분별하도록 하라"고 권면한다(12:2). 마음이 새로워질 때 참된 행복이 온다. 환경이 바뀌고 관계가 회복된다. 이 세대의 사람들은 남들과 비교하여 열등의식, 피해 의식에 사로 잡혀 있다. 그 결과 절망감과 무력감으로 우울증에 시달리게 된다. 우리는 열등감, 패배감의 바이러스를 말씀 백신으로 제거해야 한다. 그리고 하나님이 우리를 향한 선하신 뜻을 찾아 재부팅해보라.

나눔의 축복_ 무기력을 이기고 살기 위한 하나님이 주신 것?

32. 세상을 이길 수 있는 힘 _ 고린도전·후서

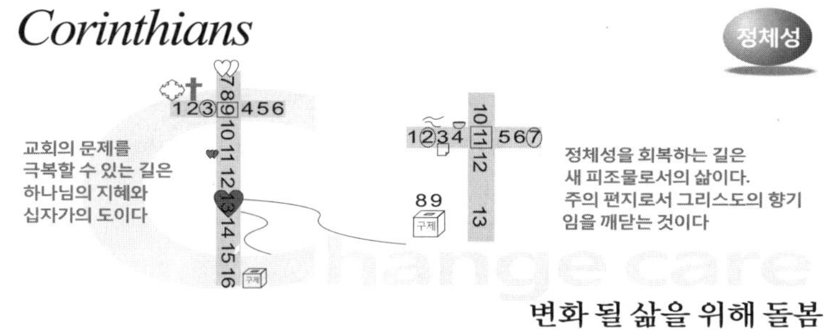

고린도 전서: 교회 문제

교회 발생한 문제(1-4)
- A 1 _ 분쟁(문제1)
- X **2 _ 하나님의 능력**
- A' 3 _ 사역자
- 4 _ 하나님의 비밀
- 5 _ 근친 상간(문제2)
- 6 _ 송사, 음행(문제3,4)

공력은 드러난다(3)
- A 일한대로 상 받음(6-8)
- B 우리는 하나님 동역자(9-10)
- X **공력이 나타날 것임(11-13)**
- B' 불 가운데서 구원 받음(14-15)
- A' 성령이 거하심(16-17)

교회 문제 답변(7-15)
- A 7 _ 혼인(답변1)
- B 8 _ 우상 재물(답변2)
- X **9 _ 사역자 권리**
- B' 10 _ 우상숭배 경고
- A' 11 _ 성찬(새 언약)
- A 12 _ 은사(답변3)
- X **13 _ 사랑**
- A' 14 _ 예언, 방언
- 15 _ 부활(답변4)
- 16 _ 연보

고린도 후서: 정체성

바울 사역 설명(1-7)
- A 1 _ 계획 변경
- X **2 _ 그리스도의 향기**
- A' 3 _ 영적 직분
- 4 _ 질 그릇
- A 5 _ 새 피조물
- B 6 _ 하나님의 성전
- X **7 _ 하나님 뜻(화해)**

성도 위한 연보(8-9)
- B' 8 _ 구제 헌금
- A' 9 _ 헌금(착한 일을 하게)

사도직 변호(10-13)
- A 10 _ 바울 답변
- X **11 _ 바울 변호**
- A' 12 _ 삼층천
- 13 _ 축도

죄와 문제투성이로 된 교회를 어떻게 해결해야 하는가?

당시 고린도는 항구 도시로 음란과 우상숭배, 그리고 범죄와 타락으로 가득한 도시였다. 바울이 2차 전도 여행 때 교회를 세웠다. 바울이 떠나자 교회는 타락한 도시 문화와 타협하여 도덕적이고 윤리적인 문제가 발생하였다. 바울은 성도들이 삶의 현장에서 부딪치는 문제를 해결하기 위한 답을 제시하기 위해 고린도전서를 썼다. 고린도후서는 전서가 교회에 도착하자 바울의 사도권과 가르침을 비난하였다. 이에 대하여 바울을 자신의 사도직을 변호한다.

기록 목적 _ 바울이 1년 6개월 동안 사역하면서 세운 교회에 발생한 문제들에 대하여 바른 길을 제시하기 위하여 썼다.

저자 _ 바울 **연대** _ 주후 55–57년(고전: 에베소, 고후:마게도니아)

주제 _ 죄악 된 행동을 버리고 십자가로 변화 된 삶을 살라.

교회 발생한 문제 책망 (고전 1-6장)		
1. 분쟁(1장)	세례로 인한 파당	하나님의 지혜로 해결
2. 근친상간(5장)	계모와 근친상간	회개할 때까지 추방
3. 신자간 소송(6장)	형제 속임. 재판함	법정보다 성도가 해결
4. 성적 부도덕(6장)	성적 관계 권리 주장	몸은 주의 성전이다

교회 문제에 대한 답변 (고전 7-15장)		
1. 결혼(7장)	독신과 이혼?	구원을 위해 이혼 말라
2. 우상 재물(8-10장)	우상 음식 먹음?	복음전도 위해 절제
3. 예배질서(11장)	예배시 수건, 성찬?	질서를 따라 경건하게
4. 은사문제(12-14장)	방언이 최고?	사랑을 따라 행하라
5. 육체의 부활(15장)	육체적 부활?	부활은 확실히 있다

고린도 전서는 교회가 당면한 어려운 문제들에 대해 바울의 조언을 구하고자 했던 교회 지도자들에게 답을 제공 해주었다. 고린도전서는 이전에 고린도 교인들이 부도덕한 자, 악한 자, 우상 숭배자들과 어울리지 말 '전에 쓴 편지'의 내용을 오해 한 것과 분파로 인한 분열, 성적인 근친상간이나 성적 부도덕의 문제를 지적한다. 고린도 교회 대표단이 가지고 온 질문들에 대한 답변과 예루살렘 교회를 위한 헌금 부탁(16장) 등에 대하여도 답변을 썼다.

우리는 "교회에서 왜 이토록 비윤리적이고 부도덕한 문제들이 발생할 수 있습니까?"라고 질문을 던진다. 이에 바울은 모든 문제의 근본적이고 핵심적인 원인은 "하나님의 지혜를 저버리고 세상 지혜를 받아들인 복음의 변질에 있다"라고 말한다. 여기서 세상의 지혜라는 것은 당시 세상을 주도한 헬라사상의 영향이다. 헬라 사상은 두 개의 철학학파로 나누어졌다. 에피쿠로스학파는 마음의 평화를 얻는 것을 진정한 삶의 목적으로 여기고 쾌락을 추구한 학파였고, 스토아학파는 이성을 추구하면서 인간은 한계를 가진 존재임을 인정하고 운명대로 포기하며 살아갈 것을 강조한 학파였다. 바울은 이런 고대 헬라 철학이 난무하는 가운데 그것은 '세상의 초등학문'으로 그리스도를 좇는 것과 무관하다고 하였다.

헬라인이 지혜를 사랑한다는 것은 인간의 철학적 지식을 사랑하는 것이지 하나님의 지혜를 사랑한 것이 아니기 때문에 바울은 이를 경계하였다. 바울은 고린도에 있는 성도들에게 이렇게 편지를 하면서 헬라인은 지혜를 추구하지만 우리의 문제 해결책은 '십자가의 도'라고 하였다(1:18–2:5).

왜 십자가의 도(길)가 해결책인가? 십자가는 사람들에게는 미련해 보이지만 하나님의 지혜이기 때문에 믿는 사람들에게는 능력이 되기 때문이다. 십자가의 길은 사람들에게 구원을 주는 능력으로 참 평안과 행복을 주는 길이도 하다.

과연 그리스도인이 가져야 할 능력과 지혜란 어떤 것인가? 여기에 대해 바울은 무엇보다도 기독교 선포의 핵심인 '십자가의 도'라고 강조한다. 십자가의 도는 능력이나 언변이 아닌 예수님의 삶을 따르는 것이다. 이전까지 세상적인 기준을 따랐던 고린도 교인들이 볼 때 십자가의 길을 따르는 것은 마치 어리석게 보였다. 이러한 비판에 대하여 바울은 "세상의 강함이 하나님의 약함과는 비교가 되지 않는다"라고 못 박으면서 하나님의 지혜는 사람의 눈에는 힘이 없어 보인다고 할지라도 로마를 변화시키는 능력과 지혜는 바로 복음이라고 말하였다.

사실 인간이 참 행복을 누리려면 참 행복이 무엇인지 알고(지혜) 그것을 소유할 힘(능력)이 있어야 한다. 그러나 타락한 인간은 이러한 지혜가 없으며 능력도 없다. 따라서 인간의 참다운 행복은 참 지혜와 능력을 통해 오며 그것은 바로 십자가의 도를 통해 온다.

이는 그리스도인의 정체성을 가지고 사는 자에게 다니엘과 같은 지혜와 요셉과 같은 능력을 주어서 세상을 놀라게 하겠다는 말씀이다. 열두 제자들의 신분을 한번 보라. 이들은 어부 출신이지만 세상을 변화시키는 용사가 되었다. 이것이 하나님의 지혜요 능력이다. 지혜와 능력은 세상의 힘과 철학에서 나오는 것이 아니다.

세상을 정복하는 것은 십자군 전쟁처럼 칼로 하는 것이 아니다. 그리고 식민주의적 선교를 한다고 하면서 왕처럼 군림자가 되는 것도 아니다. 오직 예수님처럼 사랑의 종이 되어 섬기며 살아야 하는 것이다. 그리스도인의 정체성은 십자가의 길을 따르는 것이며, 이것이 참 지혜요 능력이다. 이 지혜를 따를 때 교회와 세상에 평화와 사랑이 넘치게 되고, 하나님께 영광 돌리게 될 것이다.

세상의 지혜	하나님의 지혜
십자가 도를 미련하게 여김	십자가의 도-구원을 얻는 하나님의 능력
유대인-표적, 헬라인-지혜 추구	믿는 자-십자가에 못 박힌 그리스도
강한 것, 지혜로운 것을 자랑	약한 것으로 세상을 부끄럽게 함
능한 자, 문벌 좋은 자를 택함	미련한 자를 택하사 있는 자를 폐하심

방언의 은사 (12장)	사랑의 은사 (13장)	예언의 우월성 (14장)
개인의 유익	제일 좋은 길	교회의 유익
개인이 하나님과 교통	... 제일은 사랑이라	교회 덕을 세움

문제의 해결 열쇠는 사랑이다 _ 고전 12-14장

고린도 성도들은 현재 자신들이 받은 '방언 은사'에 큰 관심을 보이고 있었다. 왜냐하면 그들은 소유한 구원의 징표로 삼았기 때문이다. 그렇기 때문에 현저하게 겉으로 드러나는 것, 예를 들어 방언을 하는 것, 예언을 하는 것, 병을 고치는 일에만 관심을 집중하였다. 이런 은사들을 가지고 서로 과시하는 데 열중하였다. 그리하여 자연히 경쟁과 질시, 교만, 그리고 서로 무시하는 분위기 가운데 예배시간에는 겉으로 드러나는 은사를 서로 과시하였다. 이렇게 되면서 교회에는 큰 혼란이 일어났다.

바울은 이 문제를 바로 잡기 위하여 은사는 서로 어울려 그리스도의 몸을 세우는데 사용되어야 한다고 하였다(12장). 그리고 제일 좋은 길은 '사랑'이라고 하였다. 사랑은 은사가 아니라 그리스도인이라며 반드시 해야 할 의무로 이것은 은사를 구하는데 있어서 근본 동기를 말하는 것이다. 바울은 방언과 예언, 구제를 한다고 할지라도 사랑의 동기가 없으면 아무런 소용이 없다고 하였다.

바울은 사랑의 실천 방법에 대하여 15가지를 말한다. '사랑은 오래 참는다'로 시작 한다. 이것을 원어로 하면 '지붕이 되어 덮어준다'는 것을 의미하는 것으로서 사람과의 관계에서 출발점이다. 마지막으로 '사랑은 모든 것을 견딘다'는 것은 원어로 전쟁터의 보초병이 모든 것을 지켜준다는 의미를 뜻한다. 그러므로 사랑은 처음부터 끝까지 인내함이 있어야 열매를 맺게 된다는 것을 말해 준다. 바울은 결론적으로 사랑은 믿음과 소망을 연합하게 만들어 나아가게 만들기 때문에 그 중에 제일은 사랑이라고 말한다.

그리스도인의 정체성 _ 고린도후서 1-13장

바울이 고린도전서를 보낸 이후 고린도 교회는 바울을 반대하는 거짓 교사들에 의해 동요되었다. 그들은 바울의 고린도 교회 방문 계획의 변경을 "변덕스럽다"고 하고 "교만하기까지 하다"고 비난하며, 어눌한 말을 가진 것으로 보아서 예수 그리스도의 사도로서 자격을 갖추지 못했다고 주장했다. 이로 인하여 바울은 마음이 몹시 불편하였다. 본래 고린도 교회를 방문할 계획을 가지고 있었지만 잘못된 행동을 화를 내어 책망하는 것을 피하기 위하여 방문을 취소하고 말았다. 바울은 이러한 어려움을 해결하기 위하여 디도를 고린도로 보내었다. 디도가 가지고 간 바울의 '눈물로 쓴 편지'는 자신에게 근심과 염려를 제공한 사람에 대하여 자비를 베풀 것을 촉구한 것이었다(2장). 그런데 디도가 더디 왔을 뿐 아니라 에베소에 소동이 일어나게 되어 바울은 에베소를 떠나 드로아를 거쳐 마게도냐까지 갔다.

디도는 마게도냐에 와서 고린도 교회의 소식을 전해 주었다. 고린도 교인들이 바울의 편지를 받고 회개하였다는 것과 바울을 간절히 사모한다는 기쁜 소식이었다(7장). 그러나 거짓 교사들이 거짓 교리를 퍼뜨리면서 바울의 사도직과 가르침을 의심하는 사람들이 생겼다는 안타까운 소식 역시 듣게 되었다(11장). 그래서 바울은 자신에 대한 오해를 풀고 자신의 사도권과 전파한 복음의 정당성을 변증하기 위해 고린도후서를 써서 보냈다. 또한 고린도후서를 쓰게 된 까닭은 예루살렘 교회의 구제를 위한 연보의 중요성을 강조하기 위한 목적도 있었다(8-9장).

바울의 반대자들은 바울이 가르칠 추천서도 가지고 있지 않다고 공격하였다. 이에 바울은 자신은 추천서가 필요 없다고 했다. 그 이유는 그들 자신들이 바울의 사역의 결과의 열매로서의 추천서이기 때문이다(3장). 그리고 바울의 반대자들은 바울이 비겁자한 자여서 대면하여 말할 때는 약하고, 편지로 쓸 때는 우리와 같은 권위를 내세우며, 스스로 일하고 교회의 사례를 받지 않음으로 자신의 권위를 떨어뜨렸다고 비난했다(10–11장). 바울의 반대자들은 유대인이었는데 그리스도의 일꾼처럼 행세하며 성도를 그리스도에게서 떠나게 하여 자신의 소유로 삼으려는 자들이었다(11장).

바울은 자신이 그리스도에게 속한 진정한 사도임을 밝히면서 자신의 목적은 성도를 세우는 것이라고 하였다. 그에게 대적하는 자들이 그들의 업적을 자랑한 반면 바울은 자신의 연약함을 자랑하였다. 그의 대적자들이 바울은 영적으로 신비한 체험이 없는 자라고 공격하자, 바울은 어쩔 수 없이 셋째 하늘에 간 체험을 말한다(11장). 바울은 그들이 좋아하는 환상과 계시에 대해서는 말하기를 거부하고 연약함에 대한 자랑을 한 후 그리스도의 능력이 "약함 가운데 온전하게 된다"는 말을 하였다(12장).

바울이 삼층천을 체험하고 난 후 사단의 가시로 인한 고백 (고후 12장)
1. 영적인 축복들은 육신적인 축복보다 더 중요하다.
2. 기도가 응답되지 않는다고 하여 해결되지 않는 것이라고 볼 수 없다
3. 연약함이란 그리스도께서 함께 하시는 한 강함이 된다.
4. 그리스도의 은혜는 모든 것을 이길 힘이 된다.

나눔의 축복 _ 십자가의 도(길)이란 어떤 삶인가?

33. 자유함을 누리고 살라 _ 갈라디아서

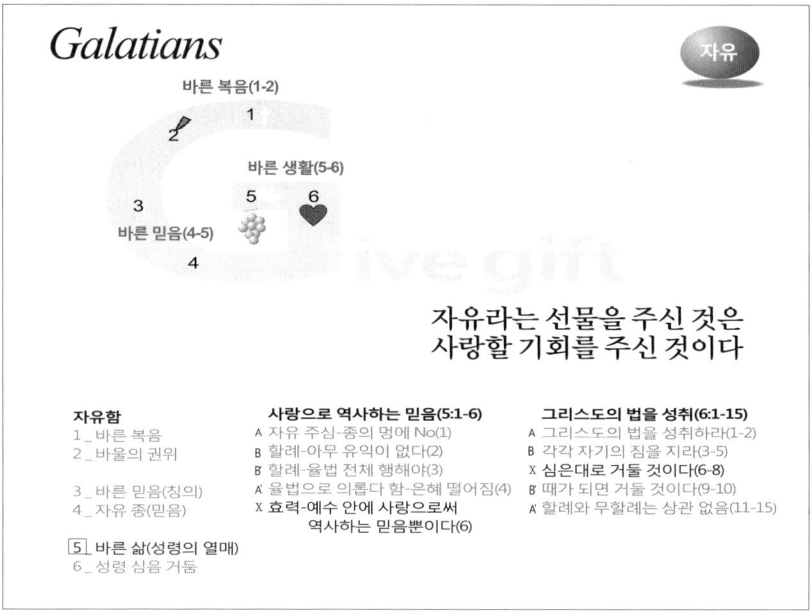

참 자유를 누리는 삶이란?

바울은 그리스도 안에서 소유할 수 있는 귀중한 자유를 포기하려는 사람들에게 예수 안에 자유함이 있다고 말한다. 유대주의적 선동자들은 갈라디아 교회에 침투하여 “기독교 복음은 초보이며 불완전하기 때문에 완전한 구원을 위해서는 할례를 받아야 한다”고 가르치며 예수 안에 있는 자유함을 빼앗아가고자 하였다. 교회 성도들은 “다른 복음”을 따르기 시작하여 “바른 복음”의 진리를 순종하지 않게 되었다. 바울은 ‘예수님을 믿음으로 의롭게 된다’는 복음을 강하게 전하면서 참 자유를 누리는 삶을 전한다. 갈라디아서는 '자유대헌장'으로 그리스도인의 자유를 누리는 비결에 대하여 바울을 말해 준다.

저자 _ 사도 바울　　**기록연대** _ 주후 53-56년(혹은 49년)

주제 _ 믿는 자에게는 율법과 죄의 속박에서 자유롭게 된다

성경관통 _ 어떻게 자유함을 누릴 것인가?

인간은 자유가 필요하다.

우리는 시간만 있으면 마음껏 여가를 즐기고 돈이 있으면 섹스나 권력을 즐기는 자유로운 삶을 꿈꾼다. 그러나 안타깝게도 현실에서 그러한 자유를 거의 경험하지 못한다. 왜냐하면 인간은 한계를 가진 존재이기 때문이다. 하나님은 인간에게 자유의지라는 멋진 선물을 주셨다. 그러나 인간은 선물 포장지를 풀고 제대로 사용해보기도 전에 사단의 유혹에 넘어가 스스로 선악과를 선택하고 말았다. 그 결과 자유를 누리지 못할 뿐만 아니라 속박을 받으면서 사는 처지가 되었다.

바울은 큰 소리로 외친다. "우리는 이제 그리스도 안에서 모든 것에 대하여 자유롭게 되었습니다!" "당신에게 행복을 누릴 자유가 주어졌습니다." 우리가 자유를 찾기 위해 노력하기도 전에 주님께서 우리에게 자유를 주시기를 위한 행동이 있었다. 자유는 하나님이 주도하신 것으로 예수님의 부활로 말미암아 주어진 선물이다. 예수님의 부활은 우리에게 자유를 주신다는 보증 수표이다.

자유를 누리는 것은 구속으로부터 출발한다. 그리스도의 죽음과 부활로 말미암아 우리는 건짐을 받았다. 죄로부터 구속함이 없으면 참 안식과 평안을 누릴 수 없는 것이다. '평강과 안식' 이것은 우리가 근본적으로 살아갈 자유를 얻었음을 보여 주는 증거이다. 우리가 그리스도 안에 있다면 어느 누구도 빼앗을 수 없는 축복을 받았다. 그리스도인은 이제 풍성한 자유를 받고 자유로운 삶의 개척자가 되는 특권과 책임도 부여 받게 된 것이다.

1. 바른 복음 _ 1-2장 ↔ 거짓 복음

바울 자신이 얻은 구원은 로마 시민권을 소유 했거나 이스라엘 선민이기에 얻은 것이 아니라 오직 예수 그리스도로 말미암아 하나님의 은혜로 구속받은 것이라고 말한다. 바울은 갈라디아 교회에 자신이 전한 복음과는 "다른 복음"을 전하는 이들에게 성도들이 너무 쉽게 받아들이고 하나님을 떠난 것에 대해 매우 화가 났다. 바울은 하나님에 대한 잘못된 거짓말을 믿게 하는 '다른 복음'에 대해 "복음 이외에 다른 복음은 없다"는 것을 큰 소리로 외치며, 다른 것을 전하는 사람은 저주가 있을 것이라고 단호하게 외쳤다. 바울은 자신이 전한 복음은 하나님의 계시를 통하여 왔으며 유대교나 사도들로부터 오지 않았다고 주장했다.

14년 후, 바울은 다시 예루살렘을 방문해서 예루살렘 사도들과 회의를 갖고 이방인을 향해 독자적으로 선교하는 것을 인정받았다. 어느 날 베드로는 야고보가 보낸 자들을 보고 두려워하였다. 그는 이방인과 함께 식사하는 것이 책잡힐 것을 두려워하여 피해서 아무것도 모르는 바나바까지도 외식적인 행동에 유혹을 받았다. 이에 바울은 베드로와 얼굴을 대면하고 공개적으로 "복음의 진리"를 따라 행하지 않았음을 책망하였다. 바울은 복음의 진리를 분명하게 밝히기 위하여 베드로와도 싸운 것이다. 이것은 바울이 베드로보다 뒤지지 않는 독자적인 사도의 권위를 가지고 있었음을 보여 주는 것이다.

베드로를 책망한 것을 근거로 자기가 선포한 복음은 그리스도의 직접적인 계시에 의한 것임을 제시한다. 첫째, 바울은 복음의 핵심인 "예수 그리스도를 믿음으로 의롭게 된다"는 이신칭의를 강조한다. 둘째, 내주하시는 그리스도는 우리가 새로운 의를 삶으로 살아낼 수 있도록 하시는 분이시다(20절). 그렇지 않다면 그리스도의 죽음은 무의미하다.

2. 바른 믿음 _ 3-4장 ↔ 율법을 행함으로

바울은 너무 쉽게 "다른 복음"으로 넘어간 갈라디아 성도들에게 질문을 던지며 책망한다. "내가 너희에게 다만 이것을 알려 하노니 너희가 성령을 받은 것은 율법의 행위로냐? 듣고 믿음으로냐?" 바울은 율법의 행위가 아닌 믿음으로 인해 의롭게 되었다고 강조하였다. 율법은 우리를 그리스도께 나아가게 하는 가장 빠르고 경제적인 길을 가르쳐 주는 '표지판'일 뿐이기 때문이다.

예수님을 믿음으로 의롭게 됨 (이신칭의)	
1. 믿음에 의한 것이지 율법의 행위로는 불가능	아브라함- 믿음으로 의로움
2. 의롭다함을 받는 것은 율법을 행함이 아니다	율법-일시적 관리자일 뿐
3. 신자는 더 이상 율법에 매여 있지 않다	하나님의 아들로 입양됨
4. 율법에 해방된 자는 율법의 종이 되지 말라	자유인의 아들답게 살라
→ 종의 멍에를 매는 자는 은혜에서 떨어지므로 바른 신앙을 가지라	

복음은 하나님의 축복과 구원을 공급 받는 통로이다. 하나님께서 우리에게 엄청난 축복을 풍요롭게 공급하시는 저장소이다. 우리가 하나님과 믿음으로 연결되어 있으면 풍요로운 삶을 누리게 될 것이다. 그런데 왜 오늘날 사람들이 물질적으로 풍족해지고 있음에도 불구하고 자유로움과 풍요로움을 누리지 못하고 있는가?

이에 대한 이유 가운데 하나는 사람들이 세상의 풍족함을 채우는 일에만 바빠서 하나님의 풍요로움을 받아들이는 일에 게을리 하기 때문이다. 너무 바쁘다는 핑계로 참 풍요함을 주는 복음, 자유를 주는 복음을 소홀히 하고 있는 것이다.

3. 바른 생활 _ 5-6장 ↔ 거짓 생활

만약 호랑이가 동물원에서 나와 자유롭게 돌아다닌다면 호랑이는 자유롭지만 사람들은 불안에 떨 수밖에 없다. 자유는 좋은 것이다. 그러나 자유를 가지고 약탈하고 훔치는데 사용하면 저주가 된다. 그래서 바울은 "그 자유로 육체의 기회를 삼지 말고, 오직 사랑으로 서로 종노릇하라"고 말한다. 자유를 어떠한 기회로 사용할 것인가는 중요하다. 자유를 방탕한 욕정에 빠질 것인가 아니면 선한 기회로 사용할 것인가는 당신의 선택에 달려 있다.

이 자유를 가장 멋지게 사용할 수 있는 방법은 없을까? 그것은 바로 '사랑하는 것'이다. 유진 피터슨은 「자유」에서 "결국 자유의 삶을 표현하는 가장 좋은 길, 유일한 길은 사랑의 행동에 있다"고 말하였다. 사랑만이 자유를 가장 멋지게 활용할 수 있는 표현 방법인 것이다. 일반인들은 사랑의 자유를 표현하는 방법을 물질을 사랑하거나 자신이 가지고 싶은 물건을 소유하는 것으로 표현한다. 사사기에서 사랑이 없는 자유는 "사람이 각기 자신의 소견에 옳은 대로 행하였더라"고 한 것처럼 평안과 안식 그리고 풍요를 잃게 될 것이다. 자유는 육신의 음행이나 당 짓고 방탕함에 사용하는 것이 아니다. 이러한 정욕을 좇는 것들은 사랑과 자유를 파괴하는 결과는 만든다. 사랑은 최고의 자유를 드러내는 행위이다. 진짜 사랑하는 것을 택했는가를 알 수 있는 방법은 간단하다. 우리가 성령의 충동에 따라 사랑을 실천할 때 정욕의 충동에 따르지 않게 되는 것이다.

자유를 얻은 우리는 성령께서 주신 재료들을 자유롭게 사용함으로써 풍성한 열매를 맺을 수 있다. 하나님은 우리를 그분의 형상대로 창조하신 것처럼 계속해서 우리 안에서 창조적인 일을 하기를 원하신다. 9가지의 재료를 가지고 멋진 창조 작품을 만들어 내기를 원하신다. 인간의 창의적인 사역은 하나님의 형상과 모양을 나타내는 것이다. 다시 말해 사람은 창조적인 열매를 맺음으로 하나님께 영광이요 자신에게는 기쁨을 누리게 된다.

현대 대중문화는 방송국이란 공장에서 대량 생산된 감상주의로 표현한다. 창조성이란 스타처럼 그들을 따라 사는 삶이 아니라 정체성을 가지고 사는 것이다. 우리의 정체성은 대중적인 유행이 아닌 하나님이 주신 재료로 최상의 작품을 만들어 가는 것이다. 우리는 하나님의 형상대로 지어진 창조자임을 자각하고 부르심을 받은 대로 나 만의 창조적인 일을 계속해 나아가야 한다. 성령이 창조적인 부활 에너지를 제공함으로써 남들이 도저히 모방할 수 없는 창조적인 자유세계를 누리게 된다. 하나님이 우리에게 주신 자유의 재료는 사랑할 자유, 나누어 줄 자유, 남들이 도저히 모방할 수 없는 창조의 자유이다. 이 재료는 바로 당신 마음에 성령님이 충만하게 부어 주셨다. 이제 그것을 사용하기만 하면 된다.

성령의 열매는 오직 사랑뿐이다! 사랑이 9가지 모습으로 나타난다		
하나님과 관계	**사람들과 관계**	**자신과의 관계**
사랑–무조건 희생적 사랑	오래 참음–인내하는 사랑	충성–신실한 사랑
희락–기뻐하는 사랑	자비–선한 행위의 사랑	온유–능력을 겸비한 사랑
화평–화목케 하는 사랑	양선–선을 베푸는 사랑	절제–참고 인내하는 사랑

나눔의 축복 _ 하나님이 나에게 주신 자유? 내게 필요한 열매는?

33-1 영적 부자답게 살라 _ 에베소서

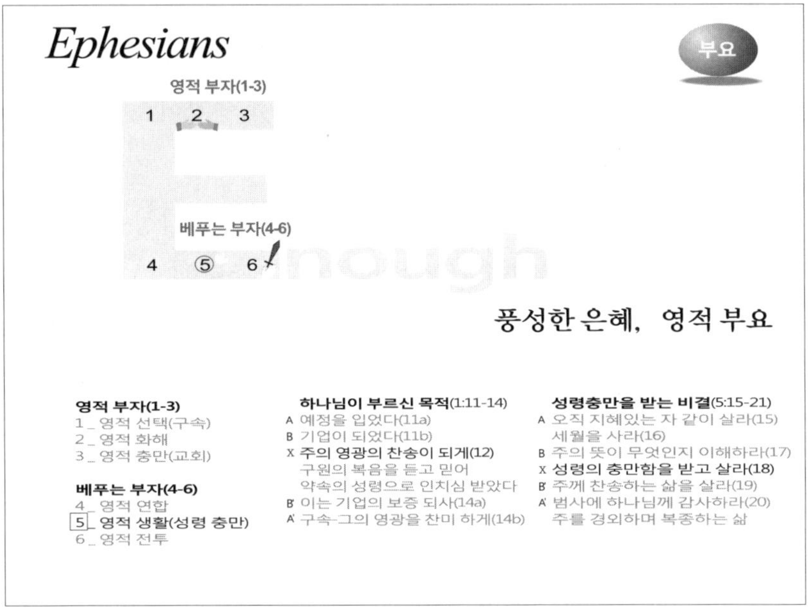

구원받은 사람과 교회는 어떻게 살아가야 하는가?

에베소서는 '영적 사람, 영적 교회, 영적 생활'로 구분할 수 있다. 신자는 삼위 하나님의 놀라운 은혜로 '영적 사람'이 되었다(1–2장). 그러므로 인간의 궁극적인 삶의 목적은 '하나님의 형상을 회복' 위해 교회를 도와야 한다(3–4장). 성도들은 교회에서 말씀과 성도의 교제를 통해 신앙을 더욱 성숙시킬 수 있다. '영적 생활'은 성령 충만한 삶으로 연결되어야 한다(5–6장).

기록 목적 _ 바울은 감옥에서 어려움에 처해있는 교회들을 격려하고, 교회가 예수님 안에서 성숙해가도록 지침을 제시하였다.

저자 _ 바울 **기록연대** _ 주후 60–61년경(로마 감옥에서)

주제 _ 영적 부자답게 성숙한 삶(성령 충만)을 살라.

당신은 영적 부자이다 _ 1-3장

당신은 영적인 부자가 되었다.

작은 기대를 가진 사람은 작은 복을 받는다. 하나님의 풍성한 축복을 누리기 원한다면 먼저 그에 합당한 높은 기대를 가져야 한다. 당신은 혹시 풍성함을 알지 못하여 허덕이고 있지는 않은가? 하나님의 축복하심을 내 좁은 생각으로 측량하지 말라. 하나님은 창세전부터 당신을 예정하시고 복을 주시고자 하시는 분이다. 예수님은 그의 피를 흘리기까지 하시면서 우리를 구원해주셨다. 성령님은 우리에게 풍성한 기업을 주시는 분이시다. 하나님이 지금도 우리를 위한 선물을 창고에 가득 쌓아 놓고 주시려 하심을 믿으라. 하나님이 우리를 향한 축복을 보게 되면 아마 기절할 정도이다. 우물 안의 개구리처럼 현실에 만족하며 살지 말라. 하나님께서 우리를 위해 준비하신 선물을 창고에 가득차 있음을 믿으라.

삼위 하나님으로부터 온 축복 (1장)		
성부	우리를 택하심, 양자 삼으심, 우리를 용납하심	하나님의 자녀됨
성자	구속하심, 하나님의 뜻을 계시, 상속자로 만드심	하나님의 은혜
성령	기업으로 인치심, 보증하심(상속 재산, 유산)	하나님의 소유

하나님은 우리를 위해 좋은 선물을 준비하시고 창고에 쌓아두고 계신다. "하나님은 모든 신령한 복으로 우리에게 복 주셨다"(1:3)라고 말씀하신다. 잘 보면 이 구절은 과거 시제로 되어 있다. 하나님이 이미 복을 주셨다는 말이다. 조엘 오스틴은 「긍정의 힘」에서 "하나님이 이미 성공에 필요한 모든 것을 우리 안에 넣어 두셨다. 이미 소유한 것을 어

떻게 활용하는지는 우리 몫이다"고 하였다. 지금 당장 비좁은 생각의 틀을 벗어버리고, 하나님이 주시는 큰 복을 생각 해 보라. 우리가 해야 할 일은 복 받은 줄 믿고, 복 받은 자처럼 행동하면 되는 것이다. 그럴 때 약속은 현실로 나타난다. 우리는 상상조차 하기 어려운 수준의 영적인 복을 받았다. 하나님의 놀라우신 복이 무엇인지 알기 위해서는 지혜를 구하여야 한다.

막힌 담이 있다고 주저하지 말라. 예수님께서 막힌 담을 허셨다(2장). 혹시 복을 받지 못할까라는 생각을 버리라. 다시 마음의 장벽을 쌓지 말라. 화목하도록 길을 내어 주신 것에 감사하라. 바울은 자신이 유대인과 이방인을 구원하여 하나의 교회를 이루는 화해의 복음을 전파하도록 하나님께서 특별히 부르신 것에 감격하며 사역하였다(3장). 우리는 복음으로 '함께 상속자가 되고 함께 지체가 되고 함께 약속에 참여하는 자'가 되었다(3:6).

인생을 바라보는 관점을 살짝만 바꾸어도 행복이 보인다. 자신 스스로가 소중히 여김을 받고 있다는 믿음을 가지면 행복해지는 것이다. 하나님이 나를 소중히 여긴 것처럼 나 자신과 상대방을 소중하게 여기는 것이다. 나의 인생을 소중히 여기고 하나님이 주신 놀라운 축복을 누리는 방법이 있다. 하나님이 나에게 주신 소중한 것을 나눠 주는 것이 자신을 행복하게 하는 방법이다. 하나님의 창고에 쌓여 있는 놀라운 축복을 나누어 주면 기분이 좋아진다. 하나님의 창고는 무한정 쌓여 있음을 믿으라. 인간의 자원은 한계가 있지만 영적인 풍성함은 끝이 없다. 하나님의 것은 너무나 풍성하다 따라서 힘껏 나누어 주는 것을 주저하지 말라.

남을 배려하는 자가 성령 충만한 사람이다 _ 4-6장

하나님이 주신 풍성함을 누리며 살기를 원하는가? 하나님은 모든 성도들에게 다양한 은사를 주셨다. 그 은사를 가지고 하나님의 나라를 세우는데 사용하라. 그러면 하나님은 창고 문을 여시고 은혜를 부어주실 것이다(4장).

구원을 받은 자로서 어떻게 새 사람의 삶을 살 것인가? 새 사람의 삶은 사랑의 삶을 사는 자이며, 성령 충만한 삶을 사는 자이다. 남을 배려하며 사는 삶이 곧 성령 충만한 삶이다(5-6장).
존경을 받고 싶은가? 먼저 다른 사람을 존경해보라. 물질이 필요한가? 먼저 물질을 베풀어 보라. 남의 꿈이 이루어지도록 도우면 자신의 꿈도 이룰 수 있다. 남의 필요를 채워주면 하나님이 반드시 우리의 필요를 채워주심을 잊지 말라.

아내들이여! 남편을 왕으로 인정하면 당신은 왕비가 된다. 남자는 인정을 받고 사는 존재이다. 남편은 아내의 칭찬과 격려의 보약을 먹고 사는 존재임을 잊지 말라. 남자가 꿈과 비전에 목숨을 걸도록 격려하며 동기부여 해 주라. 그러면 당신이 행복한 왕비임을 알게 될 것이다(5장). 남편들이여! 여자는 외로움을 견디지 못하는 존재임을 알라. 사랑받지 못하면 살지 못하기 때문에 사랑의 말, 사랑스러운 접촉으로 표현하라. 여자들은 감성적이므로 따뜻하고 재미있는 친구 같은 남편이 되라. 그러면 당신은 왕 같은 대접을 받음으로 행복을 누리게 될 것이다.
성령 충만은 가정의 행복에 머물러 있지 않고 흘러 흘러서 사회와 이웃에게로 보내질 때 더욱 풍성해진다. "저는 알고는 있지만 현재 당면한 문제가 너무나 크기 때문에 힘듭니다"라고 말 할 수 있다. 만약 그렇다고 할지라도 밖으로 눈을 돌려 보라. 더 아픈 사람이 많이 있을 것이다. 그들의 아픔을 같이하면 자신이 치료가 되고 회복되어 진다.

새사람의 삶에는 영적인 싸움이 있다(6장). 영적인 싸움을 일으키는 악한 영은 악한 문화와 종교를 통해 공격한다. 로렌 커닝햄은 "오늘날 탐욕, 부정부패, 불의라는 악의 삼위일체"에 사로잡힌 나라는 가난해 진다고 하였다. 북한은 주님의 진리를 등지므로 악에 사로잡혀 가난해 졌다. 한국은 하나님의 진리를 따라 살 때, 이전에 상상도 못했던 자유와 풍요를 누렸다. 만약 서구 유럽과 미국이 진리를 등지고 돈, 섹스, 권력을 따르면 가난해 질 것이다.

영적 전쟁은 말씀과 관련된 진리와의 싸움이다. 예수님이 말씀으로 마귀의 유혹을 이긴 것처럼 우리도 말씀으로 승리할 수 있다. 절대 진리인 하나님의 말씀대로 살면 자유와 풍요로움을 누리게 된다. 말씀으로 성령이 충만할 때 영적 승리와 부흥은 일어난다. 말씀 회복을 통해 도덕적 회복과 사회적 회복이 일어나게 되고 풍요를 누리게 되는 것이다. 악한의 영에 맞서 이기는 길은 당신 마음에서부터 시작 된다. 모든 무기는 말씀과 관련되어져 있다. 그리고 중보기도가 강력한 무기임을 기억하라. 진리로 당신의 마음부터 정복하라!

<table>
<tr><th colspan="2">하나님의 전신갑주- 진리로 자유와 풍요를 누리는 비결 (6장)</th></tr>
<tr><td>진리–허리띠(말씀으로 채움)</td><td>믿음–방패(불의, 부정을 막음)</td></tr>
<tr><td>의–흉배(의로운 자됨에 대한 확신)</td><td>구원–투구(구원의 확신을 가짐)</td></tr>
<tr><td>평안의 복음–신발(복음전도의 열정)</td><td>성령의 검–말씀(말씀으로 정복함)</td></tr>
<tr><td colspan="2">중보기도–항상 무시로 성령 안에서 깨어 기도해야 승리할 수 있다</td></tr>
</table>

나눔의 축복 _ 영광스러운 교회 공동체를 이루기 위해 할 일은?

34. 환경을 초월하여 기뻐하라 _ 빌립보서

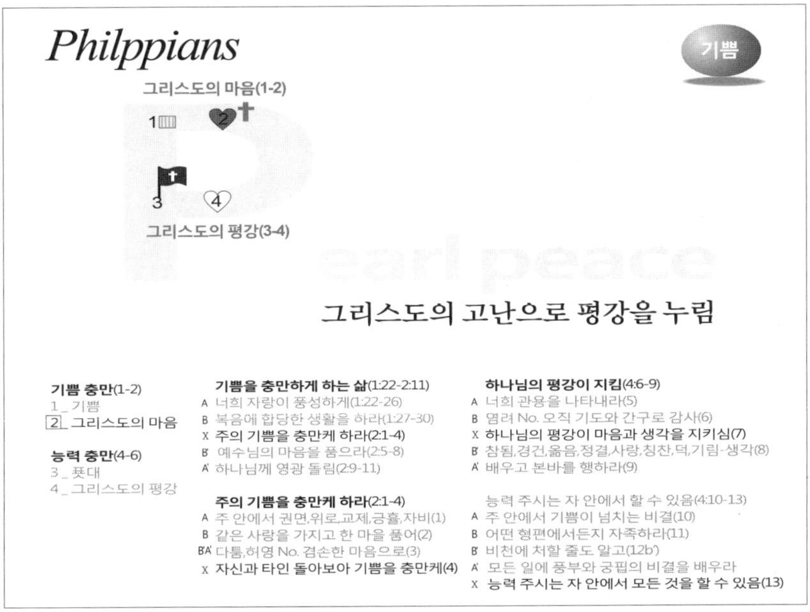

어떻게 환경을 초월하여 기뻐하는 삶을 살 수 있는가?

이를 위해서 그리스도 중심의 인생관을 가졌질 때 가능하다. 또한 그리스도께서 주시는 은혜를 끊임없이 경험하며 살아갈 때에 우리는 기쁨이 충만한 삶을 살 수 있다. 바울이 고난 가운데서도 오직 그리스도를 높이고자 했을 때(1장)와 "모든 것을 해로 여김은 내 주 그리스도 예수를 아는 지식이 가장 고상함을 인함이라"고 하며 그리스도를 목표로 삼고 달음질 할 때 기쁨을 누리게 되었다(3장). 하나님의 은혜를 아는 사람은 겸손한 그리스도의 마음(2장)과 그리스도의 평강(4장)으로 주 안에서 기쁨을 누리게 된다. 환경을 초월한 기쁨의 비결은 풍성한 교제에 있다.

저자 _ 사도 바울 **기록연대** _ 주후 62년경(로마 감옥에서)

주제 _ 그리스도 안에서 누리는 기쁨을 빼앗을 수 없다.

생각을 바꾸면 환경을 초월하게 된다 _ 1-2장

절망의 감옥에 갇혀 살 필요가 없다!

그러나 바울 당시 빌립보 성도들은 핍박으로 인하여 그들 스스로 절망이라는 감옥에 갇혀 있었다. '상황이 이렇게 나쁜데 우리가 무엇을 할 수 있겠어? 차라리 조용히 지내는 것이 좋아'라고 생각했다. 이때 바울은 외친다. "아니다. 너희 가운데 착한 일을 시작하신 하나님이 일을 이룰 것이다. 기뻐하라." 감옥에 있는 바울은 '바깥에' 있는 그들에게 "좋은 날을 기대하고 하나님이 주신 멋진 미래를 믿고 푯대를 향해 달려가라"고 권면한다.

우리는 '믿음의 눈'으로 건강하고 온전한 자신의 모습을 보고 기뻐하며 살아야 한다. 비록 미래가 암울하고 낙담되고 절망적인 상황일지라도 소망의 하나님께 기도함으로써 힘을 얻을 수 있다. "아무것도 염려하지 말고 오직 모든 일에 기도와 간구로 너희 구할 것을 감사함으로 하나님께 아뢰라 그리하면 평강의 하나님이 너희가 쓸 모든 것을 채우시리라"(4:6-7). 우리는 아무것도 염려하지 말아야 한다. "하나님이 다스리심으로 비록 불가능한 일이 있을지라도 상황이 바뀔 줄 믿고 감사합니다." "사업이 망했지만 주님의 도우심으로 제 사업이 번창할 것입니다. 주님의 기적을 보여 주실 줄 믿습니다."라고 기도해보라. 희망을 가지고 기대하라.

"내가 아무리 힘을 써보아도 무엇이 되겠어. 남들 따라하면 되겠지." 라고 생각하지 말라. 당신은 남들 꽁무니만 따라 다니는 강아지가 아니다. '나는 저 연예인과 같이 되고 싶다'는 생각을 하며 연예인 흉내를 내며 사는 청년들이 있다. 남들에게 보이기 위해 옷이나 행동을 따라 하지만 진짜 자신의 모습은 아니다. 자신을 있는 그대로 보일 수 있는 당당함이 있어야 한다. 다른 사람들에게 인기를 얻으려고 생애를 걸지 말라. 다만 당신 자신의 마음을 바꿀 시간을 만들라. 당신이 변화되고 성숙해지면 조용한 혁명이 일어난다. 간디는 "당신이 이 세상에서 변화시키고 싶은 대상은 당신 자신이 되어야 한다"고 말했다. 다른 사람을 변화시키는 일은 쉬운 일이 아니다. 우리가 할 일은 자신의 변화와 성숙에 집중해야 하는 것이다.

그리스도의 낮아짐	그리스도의 높아짐
A　동등 됨을 취하지 아니함	모든 이름 위에 뛰어난 이름
B　자신을 비어 종의 형체	모든 무릎을 꿇게 하시고
C　십자가에 죽으심	모든 입으로 예수를 주라 시인

다만 영적 성장을 위해 우리가 가장 우선적으로 바꾸어야 할 것은 생각하는 방법이다. 생각을 바꾸면 인생이 바뀐다. 그리스도와 같이 되기 위해서는 그리스도적 사고를 가져야 한다. 회개란 원어로는 '생각을 바꾸는 것'이다. 예수님의 태도와 관심을 가지는 것이다. 우리는 "예수 그리스도와 같은 방법으로 생각하라"(2:5)는 명령을 받았다. 생각을 바꾸면 결국 그리스도처럼 승리할 수 있다. 예수님의 생각은 긍정적이고 적극적이셨다. 그분은 십자가 넘어 영광을 바라보셨기 때문이다. 우리가 그리스도와 함께 고난을 이기면 하나님이 높여주신다. 걱정하지 말라. 생각을 바꾸면 인생이 달라질 것이다. 무슨 일이 있더라도 절망적인 생각은 하지 말라. 항상 희망을 가지고 승리의 날이 올 것을 기대하며 살라.

푯대를 향해 달리라 _ 3-4장

인생 경기에서 행복을 누린 사람들의 공통점은 '자신의 일을 사랑하고 즐긴다'는 것이다. 과정이 힘들고 어려워도 그 일을 좋아하면 행복한 마음으로 할 수 있다. 하나님이 주신 비전을 가지고 즐겁게 달리다 보면 어느 날 성공한 인생으로 살게 될 것이다.

우리가 비전을 성취하기 위해 나아갈 때 어떤 시각을 가지고 목표를 향해 달려가느냐가 중요하다. 바라보는 시각에 따라 행동이 달라지게 된다. 바울은 "모든 것을 배설물로 여기고 푯대이신 주님을 향해 달려간다"고 하였다. 바울은 무엇을 바라보았기 때문에 부유한 가문의 재물과 유대의 최고 학위를 버린 것일까? 예수님 안에 풍부함을 보았기 때문이다. 예수님은 부유하신 분이시다.

고린도후서 8장 9절을 보면 "우리 주 예수 그리스도의 은혜를 너희가 알거니와 부요하신 자로서 너희를 위하여 가난하게 되심은 그의 가난함을 인하여 너희로 부요케 하려 하심이니라"고 하셨다. 예수님이 부요한 자로서 가난하게 되심은 가난한 자들과 자신을 동일시하셨기 때문이다. 예수님 안에는 풍성함이 넘친다. 그러나 우리에게는 결핍이 있고 부족함이 항상 있다. 사람들이 결핍의식으로 살면 자신은 다른 사람보다 가진 것이 없다고 생각한다. 상대적으로 부족하다고 여긴다. 항상 눈에 보이는 것으로 판단하기 때문이다. 눈에 보이지 않는 세계의 무한한 가능성을 보지 못하여 자신 안에 있는 풍성함은 보지 못하고 남에게 있는 것만 크게 본다. 그리하여 "나는 왜 이렇게 못났는가?" "다른 사람들은 잘하는데 나는 잘하는 것이 없어"라고 푸념한다. 자신의 부족함과 다른 사람의 풍부를 비교하며 이중으로 고통을 받는다. 결핍의식, 부족의식을 가지게 하는 것은 사탄의 전략이다. 사탄은 우리가 가진 충만한 것을 보지 못하게 하고 비교함으로 속인다. 비교의식은 경쟁의식을 불러오고, 경쟁의식은 패배의식을 가져다 준다.

어떻게 패배와 좌절감에서 벗어날 수 있는가? 하나님이 주시는 풍부의식과 충만 의식으로 바꾸라. 하나님께서 그 영광 가운데 풍부히 채워주실 것을 믿고 나아가라(4:19). 우리가 할 일은 나에게 주어진 푯대를 향해 달려가는 것이다. 푯대에 도달하면 풍부함과 부요함을 누리게 될 것이다. 지금 당장 다른 사람과 비교의식을 버리고 하나님이 나에게 주신 부름을 찾아보라. 그 부르심에 순종하여 나아갈 때 하나님은 풍성함으로 채워질 것이다. 자신에게 주어진 재능과 은사를 가지고 사명을 이루는 삶을 살아가라.

우리가 푯대를 향해 달려 가야할 길에서 얼굴을 찡그리지 말자. 바울처럼 감옥 같은 환경에 처하였을지라도 우리가 웃으며 갈 수 있는 것은 하나님이 그 영광 가운데 모든 필요한 것을 채워주실 것이기 때문이다. 바울은 어떤 주님 안에서 항상 기뻐하라고 권면한다. "걱정하지 말고 필요한 것을 하나님께 구하고 아뢰십시오. 감사하는 마음으로 하나님께 말씀드리십시오. 그러면 우리 주 예수 그리스도 안에서 그 어느 누구도 측량할 수 없는 평안이 여러분의 마음과 생각 가운데 풍성히 임하실 것입니다"(4:7).

우리의 기쁨이 되시는 그리스도(3장)	
구원-과거(1-11절)	종교가 아닌 믿음으로 영광스러운 부활에 참여
성화-현재(12-16)	상을 향하여 땀 흘리며 달려가는 선수같이
영화-미래(17-21)	우리의 시민권은 하늘에 있으므로 푯대를 행하여

나눔의 축복 _ 환경을 뛰어넘어 내가 달려가야 할 목표는?

34-1 탁월하게 살라 _ 골로새서

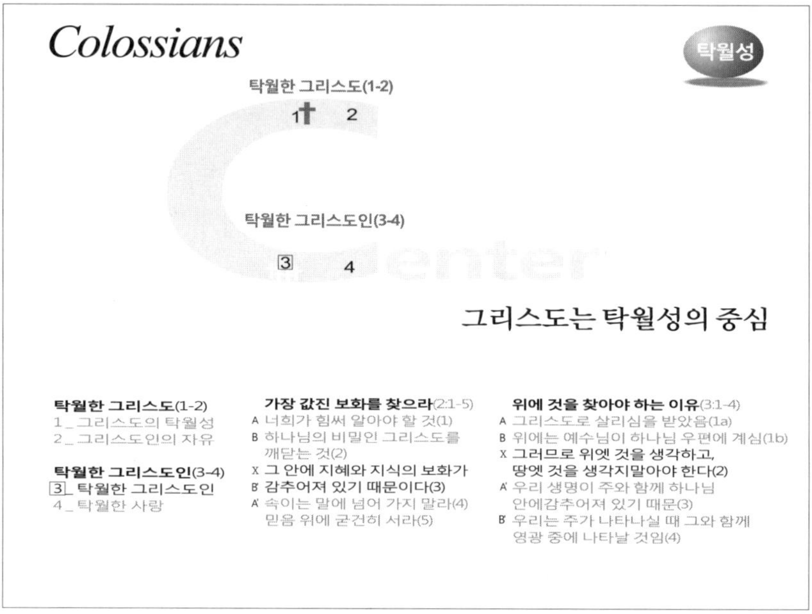

왜 사람들은 잘못된 가르침에 쉽게 빠지는가?

오늘날 사람들은 예수님을 위대한 부처나 소크라테스 같은 역사적 인물들의 반열에 올려놓는 것을 좋아한다. 예수님을 좋은 분으로 여기지만 다른 이들에 비해 탁월하다고 생각하지는 않는다. 골로새의 교인들도 역시 이런 생각을 하고 있었던 것 같다. 바울은 예수님을 다시 삶의 중심에 모시게 하고자 골로새서를 썼다.

교회가 처했던 문제는 성도들이 무엇보다도 문화라는 이름으로 침투한 거짓 가르침에 현혹된 것이다. 바울은 문화 혼합주의로부터 복음을 지키기 위해 다시 한 번 예수 그리스도의 유일성과 탁월성을 강조함으로써 골로새 교인들에게 복음을 공고히 했다.

저자 _ 사도 바울 **기록연대** _ 주후 62년(로마 감옥에서)

주제 _ 탁월하신 예수님을 믿는 신자는 탁월한 삶을 살아야 한다.

그리스도의 탁월함으로 모든 문제는 해결된다 _ 1-2장

교회에 원수가 몰래 침입해 왔다. 원수의 계략은 유대의 종교와 이방의 철학을 혼합시켜 교회 안으로 보내서 그 혼합된 문화로 교회를 물들게 하려는 것이었다. 인간적인 관점에서 보면 철학과 문화는 매우 좋아 보이는 것들이었다. 그러나 그 문화를 가지고 교회 안으로 들어오려는 사탄의 계략은 가장 발달 된 문화의 양상으로 그리스도를 대체하려는 것임을 우리는 알아야 한다.

골로새 교회에 침투한 문화는 4가지로 절기와 할례를 지켜야 한다는 율법적 의식주의, 체험에 근거한 영적 지식을 추구함으로 구원을 받을 수 있다는 영지주의, 육신의 욕망을 억누르고 살아야 한다고 주장한 금욕주의, 천사들을 숭배함으로써 천사들과 직접 교통할 수 있다는 주장들이었다(2장).

그리스도의 탁월성 (1장)	
십자가에 나타난 탁월성	구속 곧 죄 사함을 얻게 하신 분
창조에 나타난 탁월성	모든 피조물 중에 가장 높으신 분
교회에 나타난 탁월성	교회는 그의 몸, 그리스도는 그 몸의 머리

위협을 느낀 바울은 그들이 주장하는 것은 모두 그리스도를 좇지 않고 헛된 것이며 미혹하는 것이므로 빠지지 말 것을 부탁했다. 그러면서 그리스도께서 이미 모든 문제를 해결해 주셨으며, 우리가 붙잡고 좇아야 할 분은 예수님이라고 하였다. 바울은 그 어떤 것과도 비교될 수 없는 그리스도의 탁월성을 말하면서 그리스도 안에서 흔들리지 말 것을 당부 하였다.

그리스도인은 탁월함으로 살아야 한다 _ 3-4장

그리스도가 탁월성을 가지고 있다면 우리는 어떻게 탁월한 삶을 살아야 하는가? 바울은 "위엣 것을 생각하고 땅에 것을 좇아가는 삶을 살아서는 안 된다"고 제시하였다. 그 이유는 그리스도께서 나타나실 때, 우리는 그 분과 함께 영광중에 나타날 것이기 때문이다(3장). 하나님의 형상을 받은 우리는 음란과 탐심을 버리고, 변화를 받아 하나님의 형상을 반영하는 삶을 살아야 한다. 그리스도께서 문화와 종교 그리고 인종적 장벽을 제거하셨던 것처럼 우리도 그리스도의 문화를 이루어 가야 한다.

신자는 그리스도의 사랑에 힘입어 긍휼과 자비와 겸손과 온유와 오래 참음을 옷 입고 용서하며 사랑을 해야 한다. 그리스도의 평강과 말씀으로 무장하여 범사에 감사하는 자가 되어야 한다.

탁월한 삶 (3장)	
인격에서	옛 사람의 죄를 벗고 거룩함의 새 생활의 옷 입으라
교제에서	그리스도의 이름으로 모든 일을 하라. 말씀 충만으로!
가정에서	서로 사랑하고 존경하라
직장에서	마음을 다하여 주께 하듯 섬기라

그리스도인의 삶은 변화됨으로써 사랑의 문화로 변화시키는 삶을 살아야 한다. 인간관계에서는 가정에서, 직장에서에서도 탁월한 그리스도인의 삶을 드러내야 한다. 그렇게 하기 위해 기도를 항상 힘쓰고, 기도에 감사함으로 깨어 있어 전도의 문이 열리도록 하여 그리스도의 비밀을 말할 수 있도록 준비해야 한다(4장).

성경관통 _ 어떻게 탁월한 삶을 살 수 있는가?

"나는 잘하는 것이 없는 것 같다." "하나님, 저는 재능이나 탁월한 것이 없는 것 같아요"라고 말하지 말라. 자신이 잘 할 수 있는 탁월함을 다른 사람과 비교해서 문제가 생긴 것이다. 땅에만 바라 보면 해답이 없다. 이러한 문제에 대해 성경은 "위엣 것을 생각하라"고 말한다. 하나님이 누구에게든지 재능을 하나 이상씩 주셨음을 믿으라.

우리가 항상 높은 곳에 마음을 두고 살아야 하는 이유는 그곳에 하나님의 신령한 복이 충만하기 때문이다. 이러한 복을 누리기 위해 긍정적인 자세로 하나님의 비전과 뜻에 일치하는 삶을 살아야 한다. 높은 곳에 마음을 두기로 작정하고 결단해보라. 땅에 있는 것에 마음을 두면 부정적인 생각으로 불가능과 문제점만 바라보고 살아가게 된다. 초자연적인 복을 누릴 방법은 간단하다. 마음의 채널을 돌리기만 하면 된다. 자신이 좋아 하지 않는 내용을 계속 보고 있을 필요가 없다. 채널을 바꾸라. 인생의 성공과 실패는 우리 생각에 따라 결정된다. '하나님이 저를 위한 계획이 있음을 믿습니다. 하나님이 저에게 주신 재능을 찾게 하여 주십시오. 재능에 탁월할 수 있도록 도와 주십시오'라고 기도하라.

인생에서 행복을 누리기 위해서는 자신감 넘치는 생각만으로는 부족하다. 한걸음 더 나아가야 한다. 내게 꼭 필요한 것이 무엇이며, 그것을 이루기 위한 탁월한 능력이 얼마나 되는지 알아야 한다. 이것을 알게 되면 그 능력을 키우기 위해 지금 당장 해야 할 것이 무엇인지를 알게 된다. 탁월함은 항상 높은 의지와 신실한 노력을 가지고 실천할 때에 얻을 수 있는 결과이다. 잠재력을 개발할 수 있는 일을 선택하라.

나눔의 축복 _ 하나님이 주신 재능은? 탁월함을 위해 할 것은?

35. 삶의 목표를 두고 살라 _ 데살로니가서

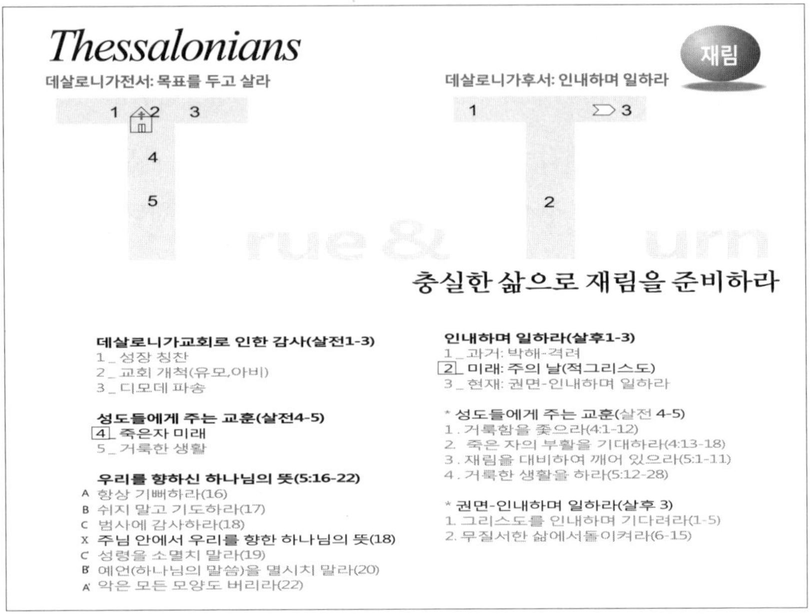

예수님의 재림을 어떻게 준비하고 살아야 할까?

데살로니가전후서는 바울의 2차 선교 여행 기간 중 고린도에서 기록한 신약의 가장 초기 서신이다. 바울은 핍박 때문에 갓 태어난 데살로니가 교인들에게 장차 험난한 고난을 이겨낼 신앙의 준비를 충분히 갖추도록 가르쳐 주지 못하고 떠나는 것을 안타까워했다. 그리하여 바울은 아덴에서 방문하기를 원했지만 좌절되자 디모데를 보내 신앙의 성장함에 대하여 칭찬을 하며 재림 신앙으로 깨어 있을 것을 권면하였다. 바울은 그들의 믿음이 더욱 탁월해지고 주님 오심을 사모하여 "목표를 두고 살라"고 권면한다.

저자 _ 사도 바울 **기록연대** _ 주후 50–51년(고린도에서)

주제 _ 주의 재림 신앙은 삶의 목표를 두고 살게 한다

수확하라

성경관통 _ 행복은 비전을 가지느냐에 달려 있다.

행복은 미래에 대해 어떻게 그리고 있느냐에 따라 결정된다. 미래에 대한 비전이 분명하지 않은 사람은 현재의 삶에 활력이 없다. 왜 자살을 하려고 하는가? 자신에게 미래가 없다고 생각하기 때문이다. 어떤 비전이 있느냐에 따라 현재의 행복이 결정된다.

한 연구에서 신자들이 보통 사람들보다 행복한 이유는 다른 사람들보다 '소망적인 미래관'을 가지고 있기 때문이라고 한다. 기독교 신앙의 중요한 특징은 예수님이 재림함으로써 새로운 세계가 임한다는 믿음에 있다. 그래서 예수님이 하늘로 올라가신 날부터 그분이 다시 돌아오시기를 기대하며 살고 있다. 그리스도인들이 미래에 대해 알아야 하고 믿어야 하는 가장 중요한 것이 바로 예수님의 재림이다. 유진 피터슨은 "이 믿음의 실제적인 영향으로 인해 현재의 모든 순간들이 소망으로 충만해진다. 이 믿음은 우리가 살아가는 삶 속에서 혼란을 없애준다"고 하였다.

그러나 우리들 중에 "예수님이 곧 재림하실 것인데..."라며 현실을 외면하는 사람이 있다면 그는 게으름에 빠질 수 있다. 바울은 이 세상의 종말이 내일 온다고 할지라도 주어진 사명에 최선을 다하는 삶을 살아야 한다고 말한다. 어떤 분들은 예수님이 재림하실 것이므로 전도만을 강조한다. 그분들은 정치, 예술, 교육 등의 영향력을 포기함으로 인해 세상 문화는 더욱 악해져 간다. 그럼에도 "세상은 더욱 악해지므로 세상에 깊이 관여하지 말라"고 가르침으로써 복음 전파가 더욱 힘들어 질 수 있다. 예수님은 우리가 사회의 모든 영역에서 열심히 활동하는 모습을 간절히 바라신다.

데살로니가전서에서 바울은 데살로니가 교인들을 위해 온 몸을 다해 수고하였지만 비난자들은 그를 종교적 사기꾼이라고 하였다. 이에 바울은 그들을 위해 "유모와 같은" 애정을 쏟았으며, "아비같이" 훈계 하였던 것을 생각해보라고 말한다(2장).

모범된 종(2장)	
충성된 청지기	신자는 복음과 하나님 말씀의 청지기이다
유순한 어머니	사랑으로 돌보는 영적인 부모로서 자녀를 말씀으로 돌봄
염려하는 아버지	자기의 가족을 돌보듯이 희생하는 영적 아버지의 모범

바울은 데살로니가로 돌아갈 수 없게 되자 디모데를 보내어 그들의 믿음과 사랑이 굳게 서도록 4가지를 권면하였다(4–5장). 첫째, 그 당시 로마인들은 혼외정사를 부도덕 한 것으로 여기지 않는 문화였다. 바울은 온갖 성적인 음란 속에서 성적인 부도덕을 버리고 정결한 성생활을 통해 주님이 다시 오시는 날에 부끄러움이 없는 성도가 될 것을 부탁하였다. 둘째, 성도들이 박해 때문에 죽었고, 죽은 그리스도인들이 어떻게 되는지 알 수 없어 불안해하였다. 이에 대해 바울은 죽은 자들은 부활할 것이며 살아 있는 자들은 그리스도의 재림 때 그리스도 앞으로 들려 올라갈 것을 확신시킴으로써 위로하였다(4장). 셋째, 바울은 다가올 주님의 오실 날을 전하면서 성도들을 격려하기를 이날은 성도들에게 진노의 날이 아니라 구원받도록 예정된 날이기 때문에 '빛의 자녀들'같이 '깨어 근신'할 것을 권면하였다(5장). 마지막으로 바울은 계속해서 지도자를 공경할 것과 공동체를 유지하는 것과 경건 생활을 위해 기도에 힘쓸 것을 부탁하였다.

바울의 첫 번째 편지를 보낸 이후, 잘못된 가르침으로 성도들의 신앙이 흔들렸기 때문에 데살로니가후서를 쓴다. 교회는 "주의 날이 이르렀다" (2:2)고 한 거짓 선생에 의해 혼란에 빠졌다. 그리고 재림이 가까웠다는 핑계로 자신의 손으로는 일을 하지 않고 형제들에게 폐를 끼치고 교회에 분란을 일으키는 자들이 생겼다. 그래서 바울은 예수님의 재림 전에 반드시 적그리스도의 출현이 있을 것이기 때문에 주의 날이 이르렀다는 주장에 현혹되거나 동요하지 말아야 한다. 또한 성도들은 예수님의 재림 때까지 환난을 당하지만, 반드시 적그리스도는 주의 재림 때 멸망을 받게 될 것이다. 따라서 성도들은 나태하여 체념할 것이 아니라 복음을 위해 힘쓰는 것이 올바른 태도라고 말했다(2장). 마지막으로 바울은 재림이 가까웠다고 일을 하지 않는 자를 책망하며 내일 종말이 온다고 할지라도 주어진 일을 열심히 해야 한다고 말하였다(3장). 바울은 "누구든지 일하기 싫어하거든 먹지도 말라"고 했다.

고난당하는 자에게 주는 위로 (살후 1장) - 과거	
1. 고난은 우리가 성장하도록 돕는다	믿음: 인내를 통해 성장
2. 고난은 영광을 위한 준비이다	소망: 고난은 영광의 면류관
3. 고난은 그리스도를 영화롭게 한다	사랑: 주를 더욱 사랑하는 삶

재림 전에 일어난 징조 (살후 2장) - 미래	
1. 기근, 지진, 전쟁	재난의 시작, 세계 전쟁, 땅 끝까지 복음 전파
2. 대규모 영적 미혹	기독교 신앙으로부터의 이탈, 종교 통합
3. 멸망의 아들 등장	성전에 앉음, 적그스도가 큰 반란을 일으킴
4. 그리스도의 재림	적그리스도 심판

성경관통 _ 삶의 목표 가지고 사는 비결 (살전 5장)

첫째, 항상 기뻐하라. 하버드 의과대학 연구에 따르면 기뻐하면 암 세포를 없애는 자연 살해 세포의 활동을 촉진시켜 암 치료와 예방에 도움을 준다고 한다. 건강을 위해 가장 좋은 습관 중 하나는 자주 미소를 지으며 웃는 것이다. 스트레스가 많으면 우리 몸에는 해로운 활성 산소가 생산되고, 암세포로 변질 된다. 그러므로 즐겁고 기쁜 마음을 가져야 건강해 지는 것이다. 하나님께 범사에 감사하고 만족하며 살라. 사탄이 우리를 공격하는 것은 바로 우리의 기쁨이다. 기쁨은 하나님이 주신 선물로 절망을 이길 수 있는 힘이다. 기뻐하고 웃으며 사는 것은 만병통치약이다.

둘째, 범사에 감사하라. 감사는 받은 것을 받았다고 말할 뿐만 아니라 앞으로 받을 것을 말하는 것이다. 현재가 바로 최고의 순간이다. 어떤 고난이 와도 오늘 하루를 건강하게 보낼 수 있게 하신 하나님께 감사하라. 작은 문제 때문에 불평하며 감사를 포기하지 않기로 결심하라. 어떤 상황이든지 행복하기를 선택하라. 행복한 날을 맞이하기 위해 기도하는 것 보다 더 좋은 것은 없다.

셋째, 쉬지 말고 기도하라. 쉬지 않고 기도한다는 것은 순간순간 하나님께 문제를 맡기고 예수님의 도우심을 구한다는 것이다. 다른 사람을 위해 기도하는 것은 또 하나의 열매를 거두는 일이다. 기도하면 환경이 변하고, 주위의 사람이 변화된다. 가장 놀라운 것은 자신에게 변화가 일어난다는 것이다.

나눔의 축복 _ 내가 삶의 목표를 두고 있는 것은 무엇인가?

36. 다음 세대를 세우라 _ 목회서신

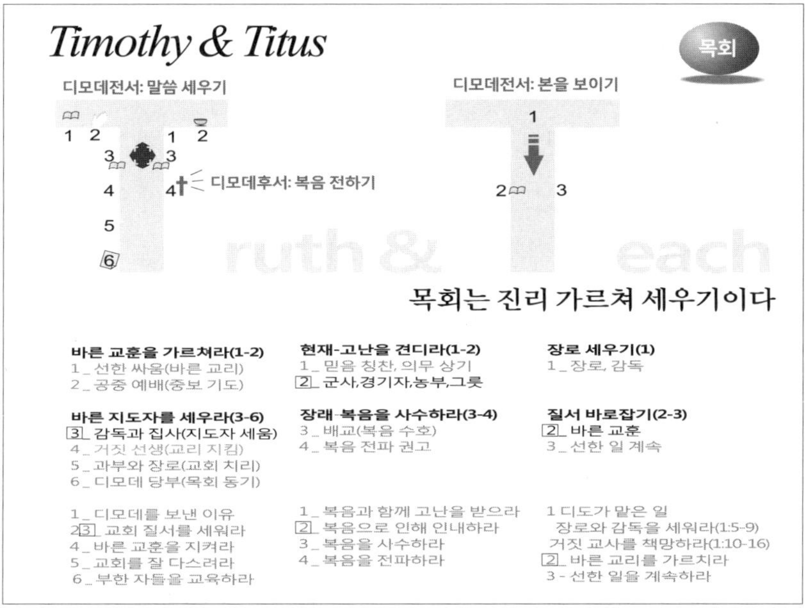

포드 자동차를 만든 헨리 포드는 놀라운 꿈을 성취했지만 다음세대를 이끌어갈 리더를 갖지 못했다. 그는 모든 것을 통제했고 자신의 사고방식과 다른 생각을 용납하지 못했다. 오히려 지도자 자질을 보이는 사람이 나타나면 가차 없이 짓밟아 버렸다. 그 결과 탁월한 두뇌와 전략을 갖고 있었음에도 불구하고 결국 포드는 GM에게 추월당했고 1970년대에 일본과 유럽의 차들에게도 뒤처지고 말았다.

도요타 자동차가 성공할 수 있었던 비결은 인재 경영에 있다. "사람을 키우면 불가능도 가능해진다." 세계 최강의 자동차 회사가 된 것은 사람을 키우는 일을 우선하였기 때문이다.

바울은 젊은 디모데와 디도에게 "바른 교훈"으로 다른 교훈과 싸우고, 다음 세대를 위해 좋은 지도자를 세우라고 권면한다.

저자 _ 바울 **기록 연대** _ 주후 63-67년 사람을 남기는 것이 최고의 열매이다.

사람을 키우는 일을 계속해야 많은 열매를 맺을 수 있다. 예수님은 이 세상에 단 한 권의 책도 쓰지 않으셨다. 교회 건축도 하지 않으셨다. 군대도 모집하지 않으셨다. 병원도 세우지 않으셨다. 오직 열두 명의 제자를 남겨두셨다. 이 제자들이 세계를 변화시켰다. 바울도 사람에게 관심을 두었다. 바울은 자신 스스로 열매를 맺는 삶을 살았을 뿐만 아니라 다른 사람을 제자로 세우는 일을 위해서 살았다. 열매 맺는 것은 한그루의 나무에 많은 열매를 맺게 하는 것이 아니라 또 다른 나무를 심고 그곳에도 많은 열매를 맺게 하는 것이다. 이것을 우리는 '재생산의 열매'라고 한다.

우리가 제자 삼는 삶을 산다는 것은 다른 사람들이 풍성한 인생을 살 수 있도록 도와주는 것이다. 다른 사람들이 풍성한 열매를 맺고 살도록 할 때 우리는 더욱 풍성한 삶을 살게 된다. 우리는 아이를 낳아 키우면서 우리 자신이 성숙해지는 것을 경험한다. 이와 같이 한 영혼을 예수님의 제자 된 삶을 살도록 양육을 하면 우리는 더욱 풍성한 삶을 살게 된다. "나는 아무것도 잘하는 것이 없어. 나는 리더의 자질이 없어"라고 말하는 사람이 있을 것이다. 절대로 그렇지 않다. 하나님은 누구에게든지 재능과 능력을 주셨다. 그렇기 때문에 우리는 우리의 영적 은사를 발견하고 발전시켜야 한다. 하나님은 우리가 당신께 받은 재능을 극대화시키길 원하신다. 그렇게 하기 위해 우리가 살아있는 하나님의 말씀으로 무장해야 한다고 바울은 말한다(딤후 4:12).

하나님의 말씀은 사람을 변화시키고 인생을 변화시키는 능력이 있다. “하나님의 말씀은 살았고 운동력이 있어 좌우에 날선 어떤 검보다도 예리하여 혼과 영과 및 관절과 골수를 찔러 쪼개기까지 하며 또 마음의 생각과 뜻을 감찰하나니”라고 말씀한다(딤후 4:12). 운동력이 있다는 것은 힘이 있다는 것이다. 하나님의 말씀이 불안한 자에게 임하면 불안을 내쫓는다. 절망하고 좌절한 사람에게는 소망을 일으키는 힘이 있다. 말씀은 강력한 능력이 있어 우리의 영혼뿐 아니라 육신까지 치유하고 회복하는 힘이 있다. 하나님의 말씀은 인간의 한계와 자연의 모든 법칙을 초월하는 능력이 있다. 미래의 씨앗을 심기 위해 창조의 재료인 말씀을 붙들라.

“또 그 설교 하시네.” “이것은 내가 전에 읽은 것이야”라고 반응을 하면 기적은 일어나지 않는다. 그 말씀이 지금 바로 나에게 주시는 말씀이라고 받아들여야 한다. 기적은 말씀을 읽고, 믿고, 붙잡고 그리고 기도해야 그 말씀이 역사한다. 나아만 장군이 요단강에 일곱 번 씻으라는 명령을 붙잡고 순종할 때 기적은 일어났다.

말씀을 버리는 것은 미래를 버리는 것이다. 말씀은 씨앗이다. 씨앗을 심지 않으면 미래의 열매는 없다. 다윗이 말씀을 붙잡았기 때문에 그의 후손들은 대대로 왕위를 차지하게 되었다. 인생의 축복은 말씀을 믿음으로 심을 때 반드시 열매를 거두게 된다.

하나님의 말씀을 기준으로 나아간다면 나와 세상을 바꿀 수 있다. 우리의 강점인 말씀을 가지고 가르쳐 다음 세대에 열매를 맺어 맛보는 것이 우리의 최고의 행복이다. 우리 가정에, 자녀들에게, 우리 민족에게 말씀을 심어야 한다. 이 일은 결코 어려운 일이 아니다. 먼저 당신 자신에게 말씀을 심는 일부터 하면 된다.

선한 싸움을 싸우라 _ 디모데전서 (65년 경)

어떤 사람들이 나타나 "다른 교훈"을 가르쳤다. 디모데는 이들에게 "다른 복음"을 가르치지 못하도록 해야만 했다. 바울은 디모데에게 "선한 싸움을 싸우라"고 명령한다(1장).

교회의 일꾼으로 부르심 (딤전 1장)	
1. 청지기-하나님의 사역을 맡음	사역을 맡기신 하나님께 충성하라
2. 종-맡은 일에 감당할 능력을 주심	은혜를 통하여 사랑으로 봉사하라
3. 군사-전쟁을 위하여 부르심	진리로 선한 싸움을 싸우라

교회의 질서를 세우기 위해 지도자 세워야 한다(2-3장). 그리고 높은 지위에 있는 지도자들을 위해 기도해야 한다. 왜냐하면 "모든 경건과 단정함으로 고요하고 평안한 생활"을 하기 위해서이다. 또한 모든 사람을 위해 기도해야 하는 이유는, 하나님이 모든 사람을 구원하시고자 하시기 때문이다. 교회가 "이 집은 살아계신 하나님의 교회요 진리의 기둥과 터"가 되도록 교회 지도자들은 경건한 삶으로 힘써야 한다(3장). 바울은 "예수의 선한 일꾼"으로 무엇보다 경건의 훈련에 전력하는 것이 중요하다고 했다(4장).

나이 젊은 목회자들이 겪는 가장 힘든 사역 부분 중 하나는 교회 안에서 처리하는 일이다. 바울은 문제를 일으킨 젊은 과부들과 장로들에 대한 교훈을 하였다(5장). 부자 성도들은 재물에 소망을 두는 어리석음을 버리고 오직 하나님께만 소망을 두어 어려운 사람들에게 베풀어야 한다(6장). 디모데전서는 하나님의 백성들을 위한 올바른 지도자를 세우는 것이 거짓 가르침을 이기고 성장하는 비결이라고 말한다.

힘들어도 복음을 사수하라 _ 디모데후서

디모데후서는 영적 아들인 디모데를 격려하는 바울의 마지막 유언이다. 바울은 디모데에게 때를 얻든지 못 얻든지 복음을 전파하는 일에 충성을 다 하라고 하였다. 거짓 교사들에 대비해야 할 것은 오로지 하나님의 말씀인 것이다. 그러므로 신실하게 계속해서 복음을 전파하기 위해서는 하나님의 말씀으로 무장해야 한다.

복음의 일꾼 (딤후 2장)	
1. 하나님의 군대	다른 사람에게 가르쳐 충성스러운 자에게 위임
2. 하나님의 팀	하나님이 세워 놓으신 목표를 향해 경주하라
3. 농부(일꾼)	충성된 농부와 같이 인내와 수고를 하라

바울은 복음을 위하여 고난을 받는 자신을 부끄럽게 하는 신실하지 못한 자가 되지 말고, 오네시보로 같이 충성된 일꾼이 되라고 하였다(1장). 디모데에게는 많은 증인들 앞에서 자신에게 배운 것을 다른 사람에게 가르치며 사명을 완수하라고 하였다(2장).

바울은 디모데에게 부끄러움이 없는 하나님의 일꾼이 되기 위해서는 먼저 "진리의 말씀을 옳게 분별"할 수 있어야 한다고 말하였다(2장). 왜냐하면 말세의 현상으로 사람들이 배교하고 악한 행위를 좋아하며, 헛된 종교 의식이나 거짓된 가르침에 점점 휩쓸려 갈 것이기 때문이다. 이것을 극복하기 위해서는 하나님의 말씀을 배운 것에 확신하고 거해야 한다(3장). 많은 이들이 진리를 떠나 변절한 할 것이기 때문에 거짓 교훈을 조심하며 세상에 복음을 전파할 사명을 다해야 한다고 격려하였다(4장).

믿음의 본을 보여 주어야 한다 _ 디도서

젊은 사역자 디도에게 바울은 이제 믿기 시작하였지만 괴팍한 그레데 성도들을 교회로 조직해야 하는 임무를 맡겼다. 디도는 새 교회를 조직하기 위하여 지도자들을 세워 복음에 합당한 생활을 하도록 하고, 바른 교훈으로 세우기 위해 거짓 교훈을 물리쳐야 했다. 무엇보다 하나님의 교회를 굳건히 세우기 위해 교회 조직을 정비하는 일이 중요하였다(1장). 조직을 세운 후에 목회자의 올바른 권위 행사로 교회의 질서를 잡고 성도들을 바르게 양육하는 것이 매우 중요하다(2장). 양육은 하나님의 은혜로 구원받은 자가 "선한 일에 열심 하는" 하나님의 백성들이 되게 하는데 목적을 두어야 한다(2:14)

우리가 세상 사람들에게 "선을 행하는 것"은 모범이 되기 위한 것이다. 우리도 한 때 경건하지 못한 세상 속에 살았기 때문에 불경건한 세상을 위하여 경건한 삶을 보여 주어야 한다(3장). 우리가 경건한 삶을 살아야 하는 이유는 하나님의 은혜로 구원받아 성령의 새롭게 하심을 입었기 때문에 가능하다. 우리는 은혜를 받았음으로 하나님의 자비와 사랑을 보여 주는 것이 마땅하다.

복음에 합당한 교회 세우기 (디도서)	
1장 지도자를 세우라	장로를 세우고, 거짓 교사를 대적
2장 바른 교리를 가르치라	바른 교훈으로 거짓 교훈을 물리침
3장 선한 일을 계속하라	목적-선한 일에 열심하는 백성 세움

나눔의 축복 _ 다음 세대 세우기와 말씀으로 무장하기 위한 전략?

36-1 노예 해방을 일으킨 힘 _ 빌레몬서

이 편지는 노예를 어떻게 사랑으로 대할 것인가를 다룬 책으로 링컨은 이 책을 읽고 노예해방에 힘을 얻고 추진하게 되었다. 빌레몬의 종이었던 오네시모는 그의 주인으로부터 무엇인가를 훔쳐 로마를 도망쳤다. 로마에서 가택 연금된 바울을 만났고 복음을 듣고 예수님을 영접한 후, 바울은 빌레몬에게 다시 오네시모를 보내면서 용서하라고 강권하는 이 편지와 함께 돌려보낸다. 나중에 오네시모는 초대교회의 훌륭한 지도자가 되었다고 한다.

과거에는 도망자요, 도둑이며 전혀 "유익한"(오네시모 이름의 뜻)한 사람이 되지 못한 그가 "유익한" 일꾼으로 변화되어 동역자인 빌레몬에게 돌려보내진다. 사실 바울은 오네시모를 굳이 돌려보내지 않고 빌레몬에게 지시를 할 수 있는 위치였지만 그렇게 하지 않았다. 바울은 빌레몬에게 오네시모를 마치 바울 자신같이 맞이해줄 것과 오네시모에게 빚진 것이 있으면 무엇이든지 친히 갚겠다는 약속을 하였다. 이것은 어느 곳에서도 찾아 볼 수 없는 노예를 형제같이 대우하는 그리스도 사랑의 극치를 보여준다.

기록 목적 _ 오네시모는 억압된 노예에서 도망쳐 나왔지만 이제는 주 안에서 주님의 노예로 되돌아가게 된 것이었다. 바울은 "내게 하듯 저를 영접하라"고 빌레몬에게 부탁한 편지를 쓰게 되었다

저자 _ 사도 바울　　　　**기록연대** _ 주후 60－61년(로마 감옥에서)

주제 _ 형제같이 사랑하라

37. 더 좋은 것을 선택하라 _ 히브리서

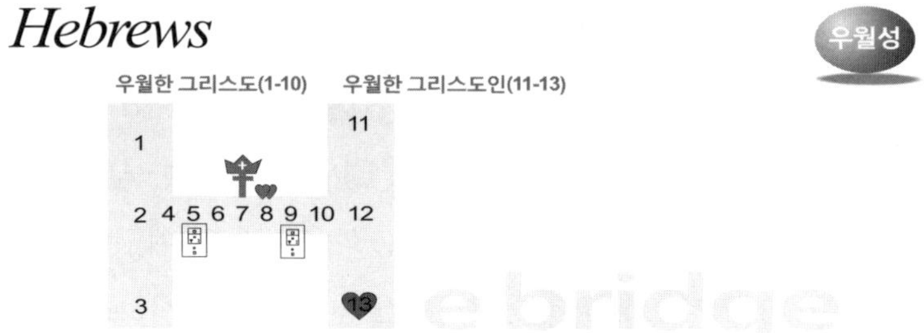

예수님은 하나님과의 다리

우월하신 그리스도(1-3)
1 _ 선지자보다 우월
2 _ 천사보다 우월
3 _ 모세보다 우월

우월하신 그리스도 사역(4-10)
4 _ 대제사장(안식 사역)
5 _ 대제사장(아론보다 우월)
6 _ 성숙 권면
7 _ 제사장직(멜기세덱)
8 _ 그리스도 언약 우월성
9 _ 그리스도 성소,제사 우월성
10 _ 믿음 확신 권면

우월한 그리스도인(11-13)
11 _ 믿음의 능력
12 _ 소망의 능력
13 _ 사랑의 능력

하나님 말씀의 힘(4:12-13)
A 말씀은 살았고 운동력이 있다(12a)
B 예리하여 온 몸을 치료한다(12b)
X **마음의 생각과 뜻을 감찰하신다(12c)**
B' 그 앞에 나타나지 않은 것이 없다(13a)
A' 만물이 드러나게 될 것이다(13b)

믿음은 하나님께 인정을 받는 삶을 사는 것(11:1-6)
A 믿음은 바라는 것들의 실상,
보지 못하는 것들의 증거이다(1)
B 모든 세계가 말씀으로 지어진 줄을 알라(3)
X **믿음은 예배의 삶을 살아감으로써 하나님께**
인정 받는 삶을 사는 것이다(4) (예)아벨
B' 믿음은 하나님을 기쁘시게 하는 자라 하는
증거를 받는 삶을 사는 것이다(5) (예)에녹
A' 믿음 없이 나아가는 것은 하나님께 기쁘시게 못한다
하나님이 계신 것과 상 주시는 이심을 믿어야 한다(6)

과연 예수님이 구약의 탁월한 인물이나 제사장보다 탁월한가?

기독교로 개종한 유대인들은 고난으로 인하여 유대교에 복귀하려는 유혹을 받고 심히 낙담하였다. 그리고 예수님에 대해 의심을 하고 있었다. 저자는 이들에게 구약의 탁월한 인물들보다도 그리스도가 절대적으로 우월한 분이심을 보여 주고자 했다. 그리고 그리스도 안에서 성숙한 단계로 '정진해 나가도록' 권고한다. 예수님의 인격과 사역의 우월성, 지도자로서의 삶의 우월성을 통해 볼 때 우리가 따라야 할 진정한 지도자는 예수님이심이 분명하다.

기록 목적 _ 유대교 신자들에게 기독교 신앙의 절대적 우월성과 필요성을 일깨워 주려 했다.

저자 _ 바울? **기록연대** _ 대략 주후 64–68년경

주제 _ 그리스도 안에서 성숙한 믿음 생활의 단계로 나아가라.

우월한 그리스도 사역과 직분 (1-10장)	
1. 선지자들보다 우월(1장)	아들은 하나님의 본체의 형상 죄를 정결케 하심, 하나님 우편에 계심
2. 천사들보다 우월(2장)	천사의 경배를 받으시는 분 천사는 하나님의 자녀 섬기는 영들
3. 모세보다 우월(3-4장)	모세- 사환의 충성, 예수-아들로 충성 여호수아-안식, 예수-안식에서 우월
4. 대제사장으로(5-10장)	아론의 제사장직보다 우월 구약 제사보다 우월- 영원히 완전한 연약함을 담당하신 대제사장

우월한 그리스도인의 삶 (11-13장)	
1. 믿음에서 우월(11장)	약속을 믿고 하나님을 의지하며 살라
2. 소망에서 우월(12장)	믿음의 주 온전케 하시는 이를 바라보라
3. 사랑에서 우월(13장)	그리스도 안에서 형제 사랑, 선을 행하라

히브리서는 고난과 배교의 유혹 가운데 살고 있는 유대인 기독교 신자들에게 우월하신 예수 그리스도는 우리의 영원한 구원자로 천사, 모세(1-4:13), 아론의 대제사장(4:14-7:28), 구약의 희생제사(8-10:18)보다 뛰어나신 분이시라는 것을 말한다. 그리고 예수님은 완전한 순종과 고난과 희생을 통하여 대제사장의 직무를 감당하셨다(4:14-10:18). 따라서 예수 그리스도를 믿음의 대상과 구원자로 믿는 신자들은 어떠한 고난과 박해와 배교의 위험 가운데서도 그리스도에 대한 믿음을 지키고 보존해야 한다. 히브리서 기자는 예수 그리스도가 구약의 어떤 존재의 사역보다 우월함을 알았다면 신약 시대에 사는 성도들은 구약 시대보다 성화된 삶을 보여야 한다. 믿었으면 행동하라! 히브리서 11장은 '믿음장'이면서, 동시에 '행동장'이다.

낙심하지 말라 더 좋은 것이 준비되어 있다 _ 1-10장

인생에서 중요한 것은 '높은 기대'를 가지고 사는 것이다.
기대를 상실하면 우리는 모든 것을 잃어버리게 된다. 행복한 삶을 살고자 하는 사람에게 가장 무서운 적은 '낙심'이다. 낙심은 기대하던 것이 날아 가버린 상태이다.

"저는 그리스도인이지만, 직원들이 저를 별난 사람으로 보기 때문에 어쩔 수 없어요." "저는 어릴 때는 신실한 그리스도인이었지만 지금은 친구들과 어울려 지내는 것이 더 좋아요."고 말하며 주변 사람으로 인하여 믿음을 포기하는 사람이 많이 있다. 이러한 낙심은 오늘날의 문제뿐만 아니라 초대교회부터 있었던 문제이다.

초대교회 당시 예수를 믿고 소망을 가진 유대인들은 동료 유대인의 핍박을 견딜 수가 없었다. 그들은 하나님이 주신 꿈을 성취하는 일을 시도하다가 쉽게 포기하고 말았다. 노력하던 일에서 뒤로 물러가며 도망가는 그들에게 히브리서 기자는 외친다. "기쁜 소식이 있다! 낙심을 해결할 수 있는 길은 있다."

예수님도 시험을 당하셨기 때문에 우리의 아픔을 너무나 잘 알고 계신다. "우리에게 있는 대제사장은 우리 연약함을 체휼하지 아니하신 자가 아니요 모든 일에 우리와 한결같이 시험을 받은 자로되 죄가 없으시니라"(4:15). 하나님이 우리가 시험을 이기도록 도우신다면 왜 우리를 그분의 도움을 거절 하겠는가? 그분의 도움을 요청하라. 그러면 놀라운 일이 일어날 것이다. 다이얼 333으로 전화를 걸어보라. "너는 내게 부르짖으라. 내가 응답하겠고 네가 알지 못하는 크고 비밀한 일을 보여주리라"(렘 33:3). 시험이 닥칠 때 부르짖으면 하나님은 반드시 응답해 주신다. "그러므로 우리가 긍휼하심을 받고 때를 따라 돕는 은혜를 얻기 위하여 은혜의 보좌 앞에 담대히 나아갈 것이니라"(4:16). 낙심하지 말고 담대히 나아가라. 하나님께서 은혜주실 것을 기대하고 주저하지 말라. 그런데 왜 사람들은 낙심을 하는가?

우리가 누구인지 정체성을 잃어버릴 때 낙심하게 된다. 말씀으로 정체성을 찾으라. 말씀을 통해 우리는 샘솟는 용기를 가질 수 있다. 주의 말씀이 당신을 살릴 수 있음을 신뢰하라. 사람에게 너무 높은 기대를 하면 낙심하게 될 때도 있다. 하지만 하나님을 신뢰하면 절대 낙심하는 일은 없을 것이다. 선을 행하되 낙심하지 말라. 그 이유는 때가 되면 거두게 되리라는 약속이 있기 때문이다. 피곤하고 힘들 때마다 예수님을 생각하고 소망의 씨앗을 심으라.

믿음은 가장 좋은 것을 붙드는 것이다 _ 11-13장

믿음이 능력이다. 믿음에는 자연적인 믿음과 초자연적인 믿음이 있다. 자연적인 믿음은 신념이다. 신념도 큰일을 할 수 있지만, 초자연적인 하나님의 능력이 임하면 비교할 수 없는 능력을 가질 수 있다. 하나님의 능력에 접촉하는 지점에서 믿음이 생성된다. 전능한 하나님의 능력이 믿음을 타고 당신 안에 들어올 것이다.

믿음은 바라는 것들의 실상이다(11:1). 믿음은 구체적으로 바라보는 것이다. 믿음은 하나님을 바라보는 것이다. 하나님을 바라보는 크기만큼 믿음이 커져가는 것이다. 소망이 없는 믿음은 없다. 조엘 오스틴은 「긍정의 힘」 에서 "소망의 또 다른 이름은 높은 기대다"라고 하였다. 우리는 높은 기대를 가지고 살아야 한다. 모세는 "그가 상 주심을 바라보았기 때문에"(11:26) 고통을 이길 수 있었다. 바울이 고난을 이길 수 있는 것도 "우리의 잠시 받는 환난의 경한 것이 지극히 크고 영원한 영광의 중한 것을 우리에게 이루게 함이니"(고후 4:17) 라고 하였다. "우리가 그와 함께 영광을 받기 위하여 고난도 함께 받아야 될 것 이니라 생각건대 현재의 고난은 장차 우리에게 나타날 영광과 족히 비교할 수 없도다"(롬 8:17-18). 믿음은 더 좋은 것을 선택하는 것이다. 더 좋은 것을 주실 것을 기대하고 사는 삶을 선택하라. 높은 기대를 하고 믿음으로 살면 새로운 문이 열릴 것이다. 하나님의 은혜를 기대하라. 사회적 성공과 풍성한 축복으로 채워주실 것을 기대하라. 더 멋진 미래가 밖에 기다리고 있다는 것을 알라. 좋은 일은 기다리고 있다. '믿음의 눈'으로 바라보는 순간 보지 못했던 새로운 영역이 보일 것이다. 우리가 해야 할 것은 소망의 하나님께 기도함으로 나아가는 것이다.

우리는 '뒤로 물러가 침륜에 빠질 자'(10:39)가 아니다.좌절된 순간이 찾아 올 수도 있다. 역경을 당하고 당장에 약속된 미래가 보장 되지 않을 지라도 믿음을 지켜야 한다. 우리에게는 영광스러운 미래가 기다리고 있기 때문이다. 고난 가운데 있는가 예수님을 다시 한 번 바라보라. "믿음의 주요 또 온전케 하시는 이인 예수를 바라보자 저는 그 앞에 있는 즐거움을 위하여 십자가를 참으사 부끄러움을 개의치 아니하시더니 하나님 보좌 우편에 앉으셨느니라"(12:2). 예수님은 우리에게 무한한 축복을 주시기 위해 십자가의 고통을 참으셨다. 믿음은 편안한 삶을 포기하고 모험을 선택하는 것이다. 십자가 넘어 부활을 바라보고 희망을 선택하는 것이다. 믿음의 사람은 소망을 성취하기까지 포기하지 않는다.

나눔의 축복 _ 낙심케 하는 것은? 믿음으로 나아가야 할 것은?

38. 참 믿음은 행함으로 증명된다 _ 야고보서

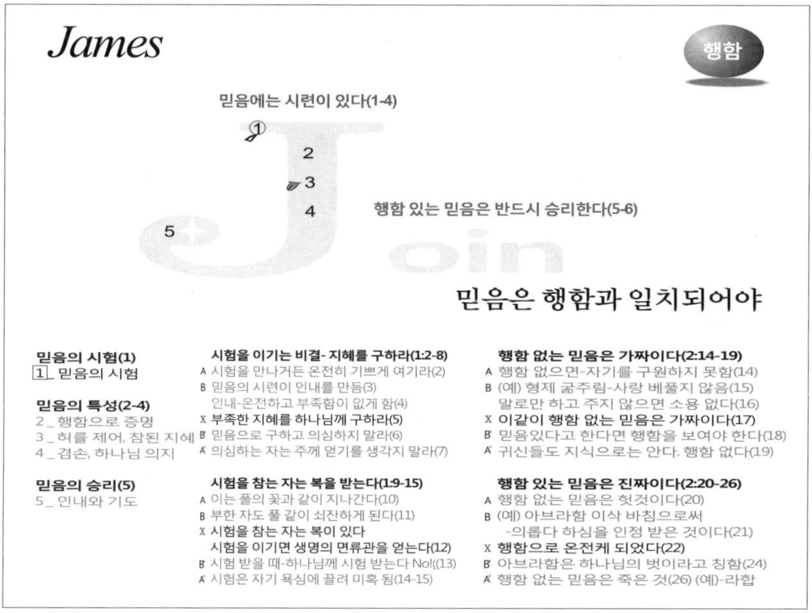

믿음과 행함은 어떤 관계가 있는가?

부자들이 점점 더 교회에 많이 들어오면서 다양한 계층 간에 긴장과 충돌이 많아졌다. 당시 교회는 부유한 신자들이 궁핍한 사람들을 배려하고 돌보는 것을 잘 감당하지 못했다. 부자와 가난한 사람이 동등하게 대우 받지 못한 것도 큰 문제였다. 큰 사업 하는 사람은 노동자들을 착취하는 상황에서도 "서로 사랑하며 삽시다"라는 공허한 말뿐이었다. 야고보는 '행함이 없는 믿음은 죽은 것' 이라고 폭로함으로써 행함 있는 믿음이 참 믿음이라고 말한다.

기록 목적 _ 바울의 복음을 잘못 이해하여 실천적인 삶이 결려된 사람들에게 올바른 그리스도인의 삶을 제시하고 바로잡고자 했다.

저자 _ 야고보(예수님의 동생) **기록연대** _주후 46–49년

주제 _ 참된 믿음은 삶으로 증명되어야 한다

성경관통 _ 야고보서는 히브리식 사고로 보아야 한다

참 믿음은 무엇인가?

우리가 예수 믿는다고 말할 때 참 믿음을 어떻게 증명해 보일 수 있는가? 그것은 행함으로 입증되어야 한다. 행함으로 입증되지 않은 믿음은 죽은 믿음이다. 참 믿음은 반드시 행함이 따라오게 된다. 야고보는 행함을 강조하는 것이 아니라 참 믿음을 강조한다. 우리는 열매를 보고, 그 나무를 알 수 있다.

히브리 사고에 의하면 행함과 믿음은 따로 있는 것이 아니라 하나라고 여긴다. 믿음은 곧 행함이고, 경건함은 곧 행동이다. 믿음은 행함으로 증명된다. 믿음이 있다고 하면서 행동이 없으면 참 믿음이 아니다. 헬라식 사고의 문제는 믿음과 행함을 서로 분리시킴으로써 우리 삶에 행함이 없어지도록 한 것이다. 믿음이 무엇인가 정의만 내리다가 어떻게 행해야 하는지를 별개로 취급하고 말았다. 루터는 야고보서를 '지푸라기 서신'이라고 하면서 무시했다. 칼빈의 제자들은 오직 믿음으로 구원을 받는다는 것을 강조함으로써 오해를 만들었다. 성경은 '믿음은 곧 행함이다'라고 말한다.

강신권은 "바울은 창세기 15장을 근거로 '믿음의 인정'을 말하고, 야고보는 창22장을 근거로 '믿음의 행함'을 말한다. 바울이 의롭다고 말한 것이 완성 되려면 창세기 15장에서 창세기 22장까지 나아가야 한다"고 말했다. 우리에겐 15장의 인정과 22장의 완성, 이 두 가지를 가져야 한다. 행함으로 증명된 믿음이 참 믿음이다. 믿음과 행함을 분리시키는 헬라식 사고를 버리고 하나님의 의도와 일치하는 히브리식 사고로 야고보서를 보아야 한다.

시련은 나를 변화 시킨다 _ 1-2장

아무리 성공한 사람이라도 시련이 있기 마련이다.
일이 잘 풀리지 않을 때가 있는 것이다. 인생의 고난이 찾아 올 때 우리의 본래 모습이 드러난다. 시험은 항상 있다. 누구에게나 있다. '이런 불행이 찾아온 것은 내가 하나님께 벌을 받는 것이 아닌가?' '내가 죄를 지었기 때문에 이런 고난이 있는 것이 틀림없어'라고 단정 짓지 말라. 하나님이 주시는 모든 시련은 우리를 벌하는 것이 아니다. 시험은 우리를 점검하는 시간이 된다. 우리를 변화시켜 복을 주시려는 하나님의 계획이다. 하나님은 환난이라는 시험을 통해 우리가 깨끗이 청소하고 새롭게 되기를 원하신다. 시련은 축복으로 이끄시는 하나님의 초청장이다. 시험을 주시는 목적은 하나님이 원하는 작품으로 빚으시기 위함이다. 우리가 시험을 통과 하면, 우리는 다이아몬드같이 빛날 것이다.

시험에는 하나님이 주시는 시험과 유혹에 빠지는 시험이 있다. "주님, 저는 주님을 잘 섬기고 봉사하며 살았습니다. 그런데 왜 저에게는 좋은 차와 집을 주지 않습니까?"라며 하나님께 불만을 토로하는 사람이 있다. 하나님의 응답이 없으면 실망하고 좌절한다. 그래서 스스로 유혹에 빠져 시험을 자초하는 경우도 있다. '나도 남들처럼 행복하게 살고 싶어'서 감당할 수 없는 카드빚으로 고통을 받는 경우가 있다. 이런 경우는 하나님이 주신 시험이 아니라 정욕대로 잘못 구하고 처리한 것이다. 이렇게 될지라도 하나님께 나아오라. "누구든지 지혜가 부족하거든 꾸짖지 아니하시고 후히 주시는 하나님께 구하라 그리하면 주시리라"고 하셨다. 하나님의 원칙은 주위 상황을 바꾸기 전에 우리 생각부터 바꾸는 것이다. 우리는 "이 환경을 바꾸어 주시면 제가 변화되겠습니다"에서 "하나님 저를 바꾸어 주십시오. 이 환경을 바꾸겠습니다"로 되어야 한다. 하나님이 자주 시험이라는 궁지로 몰아가는 것은 우리를 성장시키려는 것이다. 시험은 우리를 멋있는 작품으로 빚으시는 과정이다. 그러면 시험이 오면 어떻게 해야 하는가?

시험이 올 때 우회하지 말라. 믿음으로 돌파하라. 그러면 불 가운데서도 하나님이 함께 하심을 경험하게 된다. 시험은 하나님이 우리를 단련하는 도구이기 때문에 피할 수 없다. 시험이 올지라도 하나님이 모든 것을 합력하여 선을 이룰 것을 믿으라.

믿음은 혀를 사용한 만큼 축복을 받는다 _ 3-4장

히브리인들은 입이 화의 근원임을 잘 알고 있었다. 신이 인간에게 두 개의 귀와 한 개의 입을 주신 것은 말하기보다 듣기를 두 배로 하라는 뜻으로 여겼다. 그들은 함부로 말하고 싶을 때 마다 "말은 입 속에 있는 동안은 당신의 노예이지만, 입 밖으로 나가버리면 당신의 주인이 된다"라는 격언을 기억하며 살았다.

야고보는 형제가 헐벗고 양식이 없는데 "평안히 가서, 배 부르게 하고 살라"고 말하고 실제로 도와 주지 않는 행함 없는 말은 죽은 믿음이라고 하였다. 성도가 믿음이 참 믿음인지 거짓 믿음인지는 그가 한 말대로 행함이 있는지에 달려 있다.

「물은 그 답을 알고 있다」 의 저자 에마토 마사루는 말 한마디의 효력을 '밥'을 가지고 실험하였다. 밥에 '감사합니다'라는 글과 '망할 놈의 자식'이라는 글을 써 붙였다고 한다. 한 달이 지난 후에 놀라운 사실이 드러났다. '감사합니다'라는 밥은 발효되어 누룩 냄새가 났고, '망할 놈의 자식'이라는 밥은 형편없이 검은 색으로 썩어 있었다. 사람의 언어는 물질에도 영향을 미친다.

우리의 혀는 무서운 힘을 가지고 있다. 살리고 죽이는 것은 칼이 아니라 말에 의해 이루어진다. 말은 상상을 뛰어넘는 위력을 가지고 있다. 인생을 묶고 푸는 것도 혀에 달려 있다. 우리의 언어는 우리의 믿음과 비례한다. 우리가 가진 믿음만큼 언어를 사용하게 된다. 그리고 우리가 믿음의 언어를 사용하는 만큼 우리의 미래가 밝아지게 된다. 우리가 사용하는 언어에 따라 인생이 달라진다.

어떤 말을 하느냐에 따라 우리의 행복이 좌우된다. 예수님께서도 축복을 빌어 주는 말을 하라고 하셨다. 우리가 축복을 빌어주면 그 축복이 임할 것이고, 만일 상대방이 거절한다면 그 축복이 자신에게 돌아오게 될 것이다(마 10장). 남을 축복하고 칭찬하는 말을 자주 하라. 내뱉은 말은 모두 부메랑이 되어 자신에게 돌아온다. 특히 자녀들에게 희망과 격려의 말을 하라. 자녀들이 그 말을 들으면, 믿음으로 쑥쑥 자랄 것이다.

혀 (3장)	
1. 방향을 결정하는 힘	재갈 · 키
2. 파괴하는 힘	불 · 짐승
3. 기쁘게 하는 힘	샘 · 나무

세상적인 것 (4장)	
1. 정욕	욕심들은 육신을 자극함
2. 세상	세상 속에서, 세상 방식으로
3. 마귀	세상과 육신대로 살 때 공격

당신의 말에 기적을 만들려면 말에 권세가 있어 '말하는 대로 이루어질 것이다'라는 믿음이 있어야 한다. 생각으로 믿는 것은 생각이지 믿음이 아니다. 믿음은 마음에서 나온다. 내가 믿는다고 생각만으로는 안 된다. 기적을 만드는 말은 믿음에서 출발한다.

참 믿음이란? (2-4장)	
1. 참된 믿음은 행함으로 증명된다(2장)	↔ 행함 없는 믿음
2. 참된 믿음은 혀를 제어한다(3장)	↔ 악한 말
3. 참된 믿음은 참된 지혜를 생기게 한다(3장)	↔ 세상적 지혜
4. 참된 믿음은 겸손하게 만든다(4장)	↔ 싸움과 다툼
5. 참된 믿음은 하나님을 의지한다(4장)	↔ 자기 자랑

믿음은 행함으로 축복을 받는다 _ 5장

이 세상에는 희망을 잃고 사는 사람이 많다. 병든 자, 낙심한 자, 실직한 사람들이 있다. 그들에게는 희망을 주고, 하나님의 자비를 보여 줄 사람이 필요하다. 이 세상은 무조건적인 사랑과 자비에 목말라 하고 있다. 이 세상 어디에선가 누군가 우리의 사랑을 기다리고 있는 자들이 있다. 우리가 남의 필요를 채우면 반드시 하나님은 우리의 필요를 채워 주신다. 사람들의 필요가 곧 내가 해야 할 영역의 일이다. "다른 사람들이 하겠지"라고 스쳐지나가지 말라. 축복의 기회를 놓치지 말라. "저 사람은 하나님의 축복을 주기 위한 통로로 나에게 보내 준 천사야"라고 여기라.

엘리야는 특별한 사람이 아니라고 야고보는 말한다. 우리와 똑같은 사람이었지만 그의 기도는 역사를 변화시키는 힘을 가졌었다. 고난당하는 자가 있다면 중보기도를 해보라. 병든 자가 있다면 교회 지도자들과 함께 그를 위해 기도해 주라. 믿음의 기도는 병든 자를 회복시킬 것이다. 그러므로 병 낫기를 위해 서로 기도하라.

나눔의 축복 _ 나에게 있는 시련은? 내가 보여야 할 행함은?

38-1 소망의 씨앗을 심으라 _ 베드로전·후서

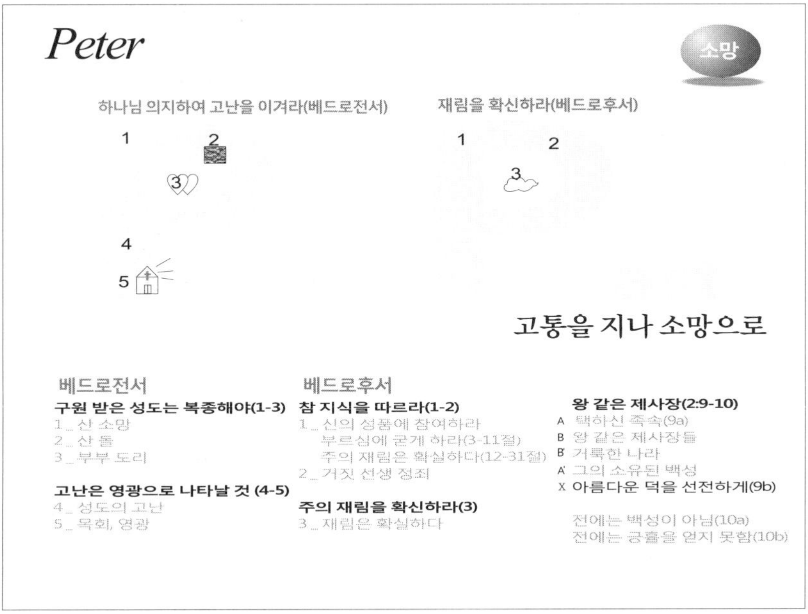

선을 행하다가 도리어 고난을 받는다면 어떻게 해야 하는가?

당시 1세기의 로마 가정에서는 남성 가장이 절대적인 권세로 군림하였다. 기독교로 개종한 아내와 자녀, 노예들은 로마의 문화와 종교의 관례를 따르기가 힘들었다. 베드로는 이러한 전통을 따르지 않는 부인들과 노예들에게 고난 중에도 소망을 가지고 인내하며 선한 행실로 모범을 보이라고 권면하였다. 만일 선을 행하다가 고난을 당할 때, 베드로는 소망의 편지를 통해 "산 소망"되신 주를 바라보고 인내하고 살면 반드시 회복 될 것이라고 위로했다.

기록목적 _ 예수 믿는 이유 때문에 고난 받을 때 어떻게 대처해야 하는지를 가르쳐 주기 위해 쓴 것이다.

저자 _ 사도 베드로

기록연대 _ 주후 63-64년

주제 _ 재림의 주를 바라보며 고난을 하나님 의지함으로 이겨내라.

●● 성경관통 _ 소망의 씨를 뿌려야 열매를 볼 수 있다

씨를 뿌려야 열매를 기대할 수 있다.

우리가 수확을 기대한다면 반드시 씨앗을 뿌려야 한다. 재물의 복을 거두고 싶으면 남에게 재물을 심어야 한다. 행복을 거두고 싶으면 행복을 심어야 한다. 이것이 하나님이 정하신 법칙이다. 우리가 열매를 거두지 못하는 것은 씨앗을 뿌리지 않았기 때문이다. "나는 너무 바빠서 남에게 씨앗을 뿌릴 시간이 없어"라고 생각한다면, 결코 열매를 수확할 수 없다. "나 같은 실패자가 무엇을 할 수 있겠어"라고 좌절하지 말라. 완전히 실패했지만 성공적으로 산 사람이 있다. 바로 베드로이다.

베드로는 완전히 실패자였다. 예수님을 부인했을 뿐 아니라 맡겨진 일도 포기한 적이 있었다. 그런 그에게 예수님은 소망의 씨앗을 주셨다. 교회의 기초가 되도록 하신 것이다. 베드로는 그런 일을 해낼 인물이 못되었지만 하나님은 그에게 위대한 계획을 진행시키셨다. 하나님은 싸구려를 작품으로, 짝퉁을 명품으로, 실패를 영광으로 바꾸시는 분이시다. 우리 눈에는 실패한 듯 보이는 인생이지만 하나님은 성공으로 이끄신다.

환란이 있고 핍박이 있는 순간에 우리는 더욱 포기하고 싶어 한다. 베드로는 초대교회의 성도들이 핍박으로 인하여 믿음을 저버리는 것을 보고 소망을 가지라고 권면하고 있다. 자신이 예수님을 부인하였던 실패자였지만 지금은 하나님이 자신을 사용하고 있음을 베드로서를 통해 간증한다.

복을 받기 원하는가? 복을 기다릴 필요가 없다. 씨를 뿌리라.

너희는 행복한 백성이다 _ 베드로전서 2장

성경은 결코 우리의 삶 속에서 풍요와 번영, 그리고 하나님의 축복을 경시하지 않는다. 복은 영적인 것과 삶의 모든 풍성함을 포함하는 전인적인 것이다. 복은 이 세상뿐 아니라 내세까지 영원한 상급이 포함되어 있다. 하나님은 우리가 하나님을 사랑함으로 "그 후손이 땅에서 강성하고 정직자의 후대가 복이 있으리라"(시 112:1-2)를 통해 우리가 축복을 누리는 백성이 되기를 원하신다. 그리고 하나님이 복을 주시는 목적은 '만민이 주를 자랑하게 하려는 것'이다. 하나님께 영광을 돌리기 위한 것이다.

하나님이 우리를 부르신 목적은 "오직 너희는 택하신 족속이요 왕 같은 제사장들이요 거룩한 나라요 그의 소유된 백성이니 이는 너희를 어두운 데서 불러내어 그의 기이한 빛에 들어가게 하신 자의 아름다운 덕을 선전하게 하려 하심"이다(벧전 2:9). 우리는 하나님의 복을 받은 '왕 같은 제사장'의 특권을 받았다. 우리가 사람들을 축복해주는 것은 신성한 권리요 의무이다. 이것은 하나님이 우리에게 주신 사명이다. 복을 빌어 주는데 주저하지 말라.

하나님 외에 어떤 것도 큰 복을 줄 수 없다. 돈이나 쾌락은 잠시 풍요를 가져다주는 듯 보일 수 있다. 그러나 이것은 일시적이다. 하나님만이 유일한 생명과 축복의 길이기 때문에 그분을 따르는 길이 가장 행복한 것이다. 믿음 안에서 주신 부와 풍요는 가치가 있다. 이것을 하나님께 영광 돌려 영원한 가치를 두게 하라. 우리는 복을 빌고 복을 간구하지만 하나님의 영광을 위해서 사용되어져야 비로소 행복을 누릴 수 있게 된다. 바로 당신이 복덩어리다.

고난은 참 소망을 가지게 한다 _ 베드로전서

로마 제국 전체에서 기독교인들에 대한 적개심과 핍박이 확산 되어 가고 있었다. 만민이 평등하다는 사상과 하나님의 왕국을 로마제국보다 더 사모한다 생각했기에 성도들은 따돌림을 받았다.

우리는 누구인가(베드로전서 2장)	
1. 하나님 가족의 자녀들	신령한 양식인 말씀을 먹고 살라
2. 하나님 성전의 돌들	하나님의 영광을 위하여 성전을 이루어 가라
3. 새로운 나라의 시민들	왕 같은 제사장으로 하나님의 자녀답게 살라

베드로는 핍박당하고 있는 가운데 정부와 상전, 그리고 이교도 남편에게 그리스도처럼 복종하는 것이 믿는 자의 정체성이라고 하였다. 그리스도인은 그리스도가 고난 받으셨던 것처럼 정당치 못한 고난을 받아들여야 한다(1장). 왜냐하면 당시에 이교도 남편을 둔 그리스도인 아내들은 가정에서 발언권이 없었지만 그들은 삶의 방식을 통해 그리스도를 드러낼 수 있기 때문이다(3장). 주님께서는 다른 사람들의 구원을 위해 죄가 없으심에도 불구하고 묵묵히 고난을 당하셨다. 우리도 선을 행하며 살 때, 사람들이 "너희 안에 있는 소망이 무엇이기에 이런 고난을 참느냐?"라고 물으면 대답을 할 수 있어야 한다. 그러므로 선을 행하면서 받는 고난에 낙심하지 말아야 한다. 성도가 고난 속에서도 기쁨으로 감당하며 소망을 가질 수 있는 까닭은 주님의 부활에 있다.

성도는 소망을 가진 존재이기 때문에 이전에 따랐던 육체의 정욕을 더 이상 좇아서는 안 되며 하나님의 뜻을 좇아야 한다(4장). 하나님의 뜻을 따르는 사람은 주위 사람으로부터 미움을 받지만, 그럴 때 일수록 만물의 종말이 가까이 왔다는 종말의식을 가지고 살아가야 한다. 의로운 일로 말미암는 고난에는 복이 있다. 왜냐하면 그것은 그리스도의 고난에 참여하는 것이기 때문이다. 한마디로 고난 중에도 소망을 가지고 인내하며 불신 사회생활 속에서 선한 행실로 모범을 보여야 한다. 이러한 삶을 살 수 있는 힘은 고난 가운데서도 항상 주님의 은혜가 함께 하실 것이기 때문이다.

마지막으로 베드로는 교회를 이끌고 있는 지도자는 맡기신 양떼들을 부지런하고 온유한 목자처럼 양육하라고 하였다(5장). 모든 성도들이 염려하지 말고, 늘 깨어 있어야 하며 고난 가운데에서도 믿음을 굳게 서서 신앙을 지켜야 한다.

주의 재림을 소망하며 살라 _ 베드로후서

베드로전서에서는 불신자로부터 성도들이 당하는 핍박을 다루었지만, 베드로후서에서는 교회 안에서의 훨씬 더 파괴적인 변절에 대하여 이야기 한다. 교회 안에서 독소가 미치는 악영향을 제거하기 위해서는 우리가 영원한 진리로 무장하여 계속 성장해 나아가는 길이 최선이다. 거짓 선생들은 말씀을 변질시켜 부도덕하고 반항적인 삶을 즐기라고 가르쳤다. 베드로는 거짓 선생들의 유혹과 그리스도 재림을 부인 하는 자들에게 재림은 확실히 있다는 것을 심어 주기 위하여 베드로후서를 기록하였다. 주님의 재림이 확실하므로 경건한 삶을 살아야 하며, 이방인처럼 사는 것은 소돔과 고모라와 같은 심판을 받게 되어 다가와 멸망에 이르게 될 것이다. 말세에 살고 우리들은 예수님으로 인하여 고난을 당할 수 있지만 예수님이 재림하신다는 소망으로 고난을 이겨야 한다.

그 당시 교회에 주의 재림과 종말 심판을 부인하는 거짓 선생들이 나타나 도덕적으로 방종한 자유를 가르쳤다. 이들은 집회를 열어 성도들까지 유혹하였다(2장). 베드로는 유혹에 빠진 성도들에게 자기가 변화산에서 변화된 예수님을 직접 보았다고 말하였다. 우리도 예수님이 재림하면 예수님처럼 변화될 것이므로 소망을 잃지 말아야 한다. 주의 재림은 구약 선지자들의 예언을 통해 분명하게 예언한 것이므로 성도들이 거짓 선생들을 따르는 것은 멸망을 자초하는 길이다(2장). 재림이 확실하므로 거룩하고 선한 삶을 살아야 한다(3장). 바른 종말론적인 삶은 신의 성품에 참여하여 경건하고 흠 없이 믿음으로 굳게 서서 살아가는 것이다.

맥잡기 베드로는 종말에 거짓 가르침으로 주의 재림을 부인하는 자들이 많을 것이라고 말한다. 그들은 창조 이후로 지구는 멸망하지 않고 그대로 있기 때문에 종말이 없다고 조롱하는 자들이다. 지구가 멸망하지 않는 이유는 하나님은 한 사람도 멸망치 않기를 바라시며 오래 참고 기다리시기 때문이다. 재림을 간절히 기다리는 사람들은 고난과 유혹이 있을지라도 세상 속에서 빛된 삶을 살아야 한다.

주의 재림을 확신하라 (베드로후서)	
1장 신의 성품에 참여하라	경건한 삶으로 열매 맺는 자가 되라
2장 거짓 선생을 멀리하라	주를 부인하고 믿음을 흔드는 것에 돌아서라
3장 재림을 확신하고 살라	재림의 지연은 더 많은 영혼 구원을 위함

주의 날 (베드로후서 3장)	
1. 기억하라	예언자들과 사도들이 지적한 하나님의 말씀을 기억하라
2. 잊지 말라	하나님은 한 사람도 멸망하지 않기를 원하여 더딘 것이다
3. 힘쓰라	너희가 구원 받은 바를 굳게 하고 주님 오심을 준비하라

나눔의 축복 _ 낙심하게 하는 것은? 베드로전후서가 주는 소망은?

39. 사랑하며 사는 인생 수업 _ 요한서신

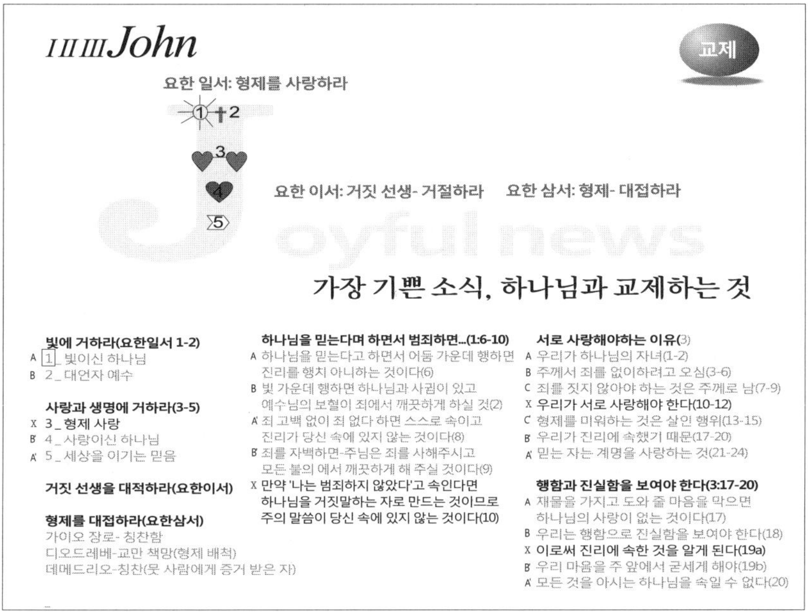

참된 신앙이란? 진정한 교제란 무엇인가?

사도 요한은 예수님의 성육신 탄생을 부인하고, 믿기만 하면 죄가 없어진다고 고집을 피우는 사람들은 하나님의 자녀가 아니라고 단호하게 말한다. 하나님의 자녀의 3가지 특징은 첫째, 예수님의 성육신과 십자가의 대속적 죽음에 대한 바른 신앙 고백을 하는 자들이다. 둘째는 예수님이 우리를 사랑하듯이 형제를 사랑하는 것이다. 셋째는 상습적으로 죄를 짓지 않는 것이며, 말씀에 순종하는 의로운 삶을 사는 것이다. 그러므로 참된 신자는 하나님과의 교제의 기쁨을 누리기 위해서는 하나님과 사귐이 있어야 한다.

기록 목적 _ 요한은 독자들이 하나님과의 사귐을 통해 하나님 안에 거하고 있다는 확신을 갖게 하기를 원해 썼다.

저자 _ 사도 요한　　　　**기록 연대** _ 주후 90년

주제 _ 하나님과의 교제는 형제사랑으로 나타나야 한다.

인생수업에서 최고의 과목은 사랑이다 _ 요일 1-2장

인간은 누구나 예외 없이 '삶이라는 학교'에 등록되어 있다. 하루 24시간을 사는 동안 누구나 수업을 받게 된다. 우리가 배워야할 과목 중에 최고는 '사랑'이다. 삶이라는 여행을 하는 동안 우리는 누군가를 사랑해야만 한다. 싫든지 좋든지 우리는 가족, 동료, 직장 상사들을 만나야 한다. 인간의 만남 여행 가운데 궁극적인 행복은 '사랑'에 있다. 하나님이 우리에게 주신 최고의 선물은 '사랑'이다. 시간이 다 되면 우리는 인생수업을 마치고 하나님에게로 돌아가게 된다. 지금 살아있는 이 순간 우리는 서로 사랑하면서 살아야 하는 인생수업 진행 중이다. 먼저 사랑하며 살기 위해서는 자기 자신을 사랑할 수 있어야 한다. 자기 자신 안에 있는 모든 장애물을 치워버려야 한다. 자신 안에 가시가 있는데 다른 사람의 들보를 뺄 수 있겠는가? 상처가 있다면 소독하고 치료받아야 하지 않겠는가? 상처가 있으면 당연히 소독을 하고 치료를 해야 한다. 이것이 자신의 몸을 아끼는 것이다. 어떻게 치료를 해야 하는가?

먼저 자신에게 좌절감, 죄책감, 수치심이 있다면 덮어두지 말라. 어두움을 하나님 앞에 드러내어 치료를 받아야 한다. 빛 되신 하나님께서 사랑으로 우리를 회복시켜 주신다. 만일 우리가 자기의 죄를 발견하여 고백하면 주님이 모든 잘못을 깨끗하게 치료해주실 것이다(요일 1:9). 그렇게 하지 않고 우리가 계속 자신을 사랑하는 일을 한다면 하나님의 은혜를 거부하는 것이다. 또한 계속 죄를 짓는다면 결국은 어리석은 자가 될 것이다. 오늘날도 '주님이 죄 용서 해 주셨기 때문에 죄를 지어도 상관이 없다'는 거짓 가르침을 버리고 진리의 말씀에 순종해야 한다.

사랑하는 것이 최고의 점수를 받는 것이다 _ 요일 3-5장

당신이 하나님 앞에 서는 날 이런 질문을 받게 될 것이다. "내가 너를 사랑한 것 같이 네 몸과 같은 사랑을 베풀었느냐?"라고 물어 보실 것이다. 우리는 하나님의 사랑을 받아들이고 다른 사람을 사랑함으로써 자신을 사랑하는 법을 배워야 한다. 사랑은 관계이다. 하나님을 사랑한 만큼 다른 사람에게 사랑을 주어야 한다.

우리는 항상 행복한 만남만을 기대한다. "저 사람하고 결혼하면 모든 일이 행복할 거야", "이 사람을 사귀면 돈을 저절로 벌겠구나"라고 생각한다. 대부분의 사람들은 잘 맞는 짝을 만나면 사랑할 것이라고 착각을 한다. 에로스의 사랑에는 에로가 많다. 왜 우리는 좋은 조건의 만남과 환경에도 행복을 느끼지 못하는가?

오스왈드 교수는 "사람들은 몇 천 달러 더 벌면 분명히 더 행복해질 거라고 생각하지만 그들이 생각하는 행복의 수준은 대부분 과장돼 있다"고 진단했다. 그는 "좋은 인간관계에서 얻는 행복이 높은 연봉으로 얻는 행복보다 훨씬 크다"며 "행복해지려면 차라리 좋은 남편이나 아내를 찾아다니는 게 훨씬 낫다"고 했다. 그럼에도 불구하고 왜 많은 사람들이 돈으로 행복을 사고자 하는 것일까? 그것은 두려움 때문이다. 사람들은 항상 무언가 부족한 것을 느끼고, 그것을 채우기 위해 '조금만 더 갖기만 하면 모든 것이 해결 될 거야'라고 생각한다. 사람과의 관계에서 거부를 당하면 사람의 밑바닥은 두려움이 깔리게 된다. 모든 두려움의 맨 아래층에 있는 것은 죽음에 대한 두려움이다. 이 마지막 층인 본질적인 두려움 앞에서는 모든 사람들이 떨게 된다. 따라서 근원적인 두려움을 초월할 수 있는 감정은 사랑 밖에 없는 것이다!

	요한복음	요한서신	요한계시록
강조점	**구 원**	**성 화**	**영 화**
내 용	과거의 역사	현재의 체험	미래의 소망
그리스도	우리를 위해 죽으심	우리 안에 살아계심	우리를 위해 오심
말 씀	육신이 되심	우리 안에 실재가 됨	승리하심

위런 위어스비의 <핵심성경연구>

요한일서-사랑 받은 자는 형제사랑으로 나타나야 한다	
1–2장 빛이신 하나님과의 교제	죄를 고백–용서 받음–하나님과 사귐
3–4장 사랑이신 하나님과 교제	하나님을 알면 형제 사랑을 행함으로
5장 생명이신 하나님과 교제	예수를 믿음으로 영적 생명을 얻음

왜 형제를 사랑해야 하는가? (요일 4장)	
1. 그리스도–우리를 위해 죽으심	이같이 사랑하셨은즉 우리도 사랑해야
2. 성령이 우리에게 도우신다	사랑의 성취는 성령의 능력으로
3. 하나님은 우리를 사랑하신다	사랑해야 함은 그가 먼저 우리를 사랑

요한이서- 거짓 선생을 멀리하라	
1–6 하나님의 계명을 지키라	사랑은 진리 안에서 행하는 것이다
7–13 거짓 선생들을 거절하라	주를 부인하는 자, 거짓 교훈을 경계하라

요한삼서 (1:2)	
1. 영혼이 잘 됨같이	영적으로 하나님과 좋은 관계를 가짐
2. 범사가 잘 되고	모든 일이 제자리 질서가 잡혀 형통하게 됨
3. 강건하기	히브리들은 몸은 영혼을 담는 그릇으로 생각함

나눔의 축복 _ 사랑해야 하는 이유? 하나님과 교제 이유?

39-1 끝까지 조심하라 _ 유다서

믿는 자들을 타락시키는 거짓 선생들과 이단은 항상 존재해 왔다. 이들은 반드시 정죄함을 받을 것이다. 우리들은 믿음 안에서 굳건히 서서 성장하여 진리를 위해 싸우는 자가 되어야 한다. 또한 의심하고 믿음이 약한 자들을 위해 중보 기도하며 그들을 도와주는 것을 잊지 말아야 한다. 우리는 바른 신앙 고백을 사수하라는 유다서의 목소리에 귀 기울여야 한다.

교회 가운데 "몰래 스며들어 온" 일부 거짓 선생들이 있었다. 그들은 공동체 내에서 성도들로부터 인정을 받았고, 애찬에 동참하였다. 순회 선지자로 활동을 하였으나 "당을 짓는 자며 육에 속한 자며 성령이 없는 자들" 이었다. 그들은 "은혜를 도리어 색욕거리로 바꾸고", "이성 없는 짐승같이" 그들 자신의 악한 욕망을 따르는 자들로 성적으로 부도덕한 일을 저지르며, "권위를 업신여기며 영광을 훼방하였으며" "원망하는 자며 불만을 토하는 자"였고 교회를 분열시키는 자들이었다. 그러한 사람들은 하나님의 확실한 심판을 받을 운명이다. 우리는 그들에 맞서 대항해야 한다.

기록 목적 _ 거짓 선생들의 등장으로 "믿음의 도를 위하여 싸우라"고 권면할 필요를 느꼈다. 이단들에 꾀임에 빠져 있는 사람들을 '끌어내어 구원'해야 한다고 가르치고 있다.

저자 _ 주의 동생 유다 **기록연대_** 주후 66–68년

주제 _ 이단들을 대항하라

7. 최후의 승리를 기대하며 살라

열매 수확하기 | 성취시대

최후의 물결

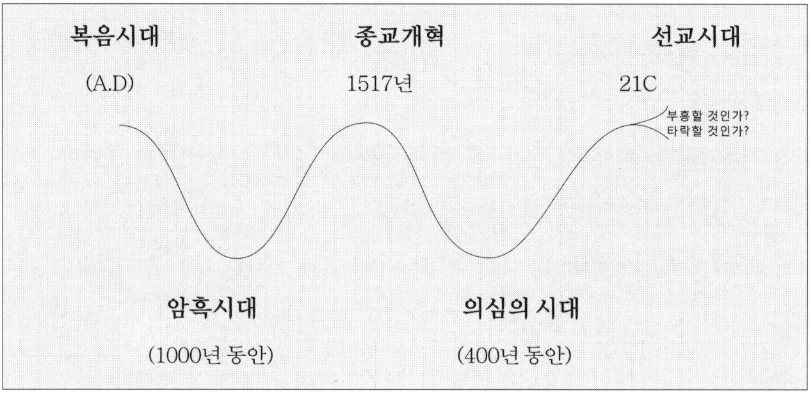

©성경맥관통학교

그리스도의 초림	그리스도의 재림
고통과 눈물이 있는 세상에 오심	고통과 눈물이 없는 천국에 초대함
아기로 오심	왕으로 오심
낮고 가난함	높으시고 부유하심
멸시 받고 거부 받음	모든 사람이 무릎 꿇고 절함
불의, 불안, 불행의 자리에 오심	평안, 안식, 풍요한 혼인 잔치
죄를 위해 죽었다가 부활하심	재림하여 죽음을 없애고 통치하심

에덴동산 (실락원)	새 예루살렘 (복락원)
죄로 죽음이 왔음(롬 5:12)	사망과 애통이 없는 삶(계 20:4)
충만하게 다스리라(창 1:28)–실패	왕노릇 하리라(계 20:4)– 성취
땅에 거주함(창 1:28)	새 하늘과 새 땅에 거함(계 21:1)
하나님과 함께 거함(창 2:16)–실패	하나님이 함께 계심(계 21:3)–성취

누구나 최후 승리를 꿈꾼다.

인생은 기대를 따라 살게 된다. 놀랍게도 정말로 인생은 기대하는 대로 흘러간다. 승리의식을 품으면 승리하는 인생으로 살게 되지만 패배의식에 사로잡히면 패배하는 삶을 살게 된다. 요한계시록을 읽으면 사람들의 반응은 두 가지로 나타난다. 두려움의 마음을 가지고 "혹시 마귀의 유혹이나 환란 등으로 믿음을 저버리지 아니할까?"라고 하는 자도 있지만, "예수님이 반드시 승리 하실 것이다. 나는 믿음으로 살 것이다"라는 승리의식으로 사는 사람들이 있다. 승리의식으로 살기를 선택하라. 하나님이 요한 계시록을 주시는 목적은 "너희는 승리자이다. 그러므로 두려워하지 말고 승리자답게 살라"고 격려하기 위해 주심이다. 예수님은 우리가 하나님의 나라 완성을 이루기 위한 목적을 가지고 살기를 원하신다.

당신은 최후의 승리 인생이 되기 위해 무슨 목표를 가지고 살고 있는가? 카데린 앤 포터는 "나는 대부분의 사람들의 삶에서 목적의식이 없음에 놀라워합니다. 50%의 사람들은 자신이 어디로 가고 있는지에 대해 관심이 없고, 40%의 사람들은 결정을 하지 않고 무조건 아무 방향으로 나아갑니다. 오직 10%의 사람만이 자신들이 원하는 것을 알고 있지만 그들마저도 그 목적을 향해 가고 있지 못하고 있습니다"라고 말했다. 따라서 무엇을 향해 달려가야 할지를 알고 가는 사람은 행복한 사람이다.

오늘은 하나님이 주신 위대한 날이다. 영원한 축복을 누리는 길이 있음을 믿는다면 오늘 하루 최선을 다하는 삶을 선택하라. 최후의 웃는 자가 되기 위해 결코 후회하지 않는 삶을 살자!

40. 최후에 웃는 자가 되라 _ 요한계시록

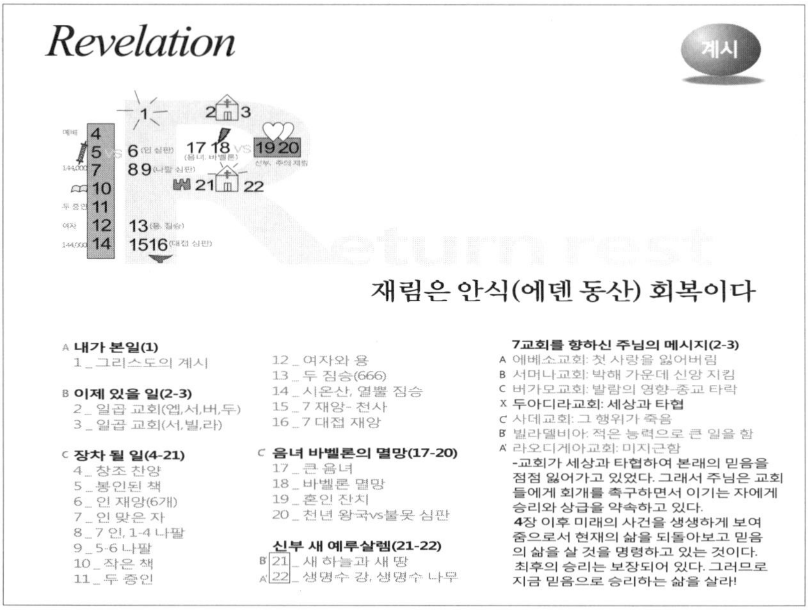

신자는 세상 종말에 어떻게 될 것인가?

하나님은 하나님의 백성들이 고통을 당하고 있는 가운데 있을 때에 뒷짐만 지시고 계신가? 아니다. 만일 그러하셨다면 심각한 문제가 일어났을 것이다. 하나님은 지금도 지구를 붙들고 계시듯이 역사를 운행하고 계신다. 계시록 1장에 나타난 대로 주님은 마지막 시대에 교회들을 붙잡고 계신다. 계시록은 우주 만물을 경영하시는 하나님의 경영학이다. 모든 역사는 하나님의 의도를 이루어 가고 있는 것이다.

기록 목적 _ 95년경, 대 핍박으로 인해 고난당하는 성도들이 용기를 잃지 말고 그리스도를 섬기며, 소망을 두고 살라고 권면한다.

저자 _ 요한 **기록연대** _ 66년 초(혹은 95년경–도미티안 황제 박해)

주제 _ 하나님의 구원 계획은 반드시 성취됨을 믿으라.

성경관통 _ 계시록을 주신 하나님의 의도는?

인생이란 야구 경기와 같다.

야구 경기의 묘미는 마지막 9회 말에 있다. 9회 말 마지막 순간까지도 경기는 끝난 것이 아니다. 기적적인 역전승을 보면서 "바로 이것이야"라고 소리칠 것이다. 신화적인 야구 선수였던 요기 베라는 "다 끝나기 전에는 끝난 것이 아니다"라고 했다. 역전승을 기대하라. 이때까지 고통 가운데 있을 지라도 승리의 노래로 마지막 장식을 할 수 있을 것이다. 최후에 웃는 자가 최후의 승리자이다. 현실이 절망적일지라도 포기하지 말아야 하는 것은 마지막이 아직 남아 있기 때문이다. 하나님의 도우심으로 멋지게 역전승이 울려 퍼지는 그날까지 우리는 미래의 창을 닫지 말아야 한다.

"계시록을 읽으면 너무 무서워요. 마귀가 핍박을 해오면 저는 견디기 힘들 것 같아요"라고 미리 걱정하는 사람도 있다. 절대로 걱정하지 말 것은 하나님이 우리가 승리할 것을 계시록을 통해 미리 보여 주셨기 때문이다. 인생은 선택이다. 우리가 어떤 선택을 하느냐에 따라 방향이 결정된다. 선택을 할 때 고려해야 할 사항은 장기적인 안목을 가지고 선택해야 한다는 것이다. 당장에는 힘든 길이라고 할지라도 영원한 미래를 준비할 수 있는 길을 선택해야 한다. 강준민은 "모든 것을 잘못 선택한다 하더라도 한 가지를 잘 선택해야 합니다. 그것은 하나님을 선택하는 것입니다. 그리고 전능하신 하나님을 붙잡으면 설령 우리가 잘못된 선택을 하며 살았다고 할지라도 모든 것이 역전될 수 있습니다"라고 하였다. 최후에 웃는 자가 최후의 승리자가 될 것이다.

지구에 종말이 오면 이 땅은 어떻게 될 것인가? 히브리인은 종말에 에덴동산이 완벽하게 회복되어진 성이 건설될 것이라고 믿는다. 이 땅은 '질적으로 완전히 다른 모습'(카이노스)이 되고, 이 땅에 새 예루살렘이 이루어질 것을 기대하였다.

1. 내가 본 일(1장) : 예수 그리스도의 계시

요한은 밧모 섬에서 앞으로 일어날 일에 대해서 그리스도의 "계시"를 받았다. "이 예언의 말씀을 읽는 자와 듣는 자들과 그 가운데 기록한 자들이 복이 있나니 때가 가까움이라"고 하셨다. 요한은 일곱 교회들에게 편지를 보내어 하나님의 의도를 전달하였다.

2. 이제 있을 일(2-3장): 일곱 교회

당시 교회가 겪었던 가장 크고 어려운 문제는 '왜 속히 오시겠다고 약속하신 주님은 오시지 않는가' 하는 것이었다. 요한은 이에 일곱 교회에게 편지를 보내면서 위로와 격려의 말씀들을 전해 주셨다. 흥미로운 사실은 각 메시지의 서두에 그리스도의 이름, 칭찬과 책망, 그리고 이기는 자에게 주어지는 약속들이 있었다는 것이다. 서머나 교회와 빌라델비아 교회를 제외하고는 모두가 책망을 받았다. 에베소 교회는 첫 사랑을 잃어버렸고, 버가모 교회는 니골라 당의 교훈을 지키는 자들이 교회 안에 있음을 책망 받았고, 두아디라 교회에게는 자칭 선지자라 하는 여자 이세벨을 용납한 것에 대해서, 사데 교회는 살았다고 하지만 실제로 죽은 행실을 하고, 라오디게아 교회는 믿음이 차지도 덥지도 않은 미지근함을 책망 받았다. 반면에 서머나 교회는 궁핍한 가운데서도 믿음을 저버리지 않고 지키고 있음을 칭찬하고 "죽도록 충성하라, 그리하면 생명의 면류관을 주리라"는 약속을 해준다. 빌라델비아 교회에게는 적은 능력으로도 사단의 회당을 물리치고 믿음의 승리자가 된 것을 칭찬한다. 이러한 상황에 처한 교회들에게 주시는 위로와 격려의 말씀들은 오늘날도 여전히 우리에게 주시는 말씀들이다.

3. 장차 될 일(4-21장): 세 개의 심판시리즈와 승리 시리즈

계시록의 처음 2-3장과 마지막 21-22장은 당시 고난과 핍박을 받고 있는 그들을 위로해 주기 위해 교회의 모습을 보여 준다. 전투하고 있는 현재의 교회(2-3장)는 미래에 승리하는 교회(21-22장)로 나타날 것이다. 반면 악의 세력은 세 개의 심판 시리즈를 통해 제거될 것이다. 또한 그 악의 세력을 완전히 제거함으로써 새 예루살렘은 에덴을 회복하게 될 것을 약속하고 있다.

당시 전 세계는 로마가 지배하고 있었다. 그런데 하나님께서는 환상을 통하여 로마 위에 하나님의 더 높은 통치가 있고, 자기 백성을 지키시며, 여전히 영광과 존귀와 능력을 받기 에 합당하신 분이라는 것을 하늘 보좌 모습을 통해 보여준다(4장).

당시 로마의 유언장은 보통 일곱 개의 봉인으로 인 쳤다. 이 서류에는 억압받고 고난 받는 사람들에게 '원수를 갚아 주겠다'는 약속 등이 담겨 있다. 세 개의 일곱 심판 시리즈는 출애굽 사건 중 애굽에 떨어진 열 가지 재앙이다(6-16장). 요한은 하나님이 출애굽 할 때와 같이 원수를 갚아 주고 백성들을 구출해 주실 것을 그 심판들 가운데에서도 하나님의 백성들을 고센 땅(보호처)에서 철저하게 보호하듯이 지켜 주실 것이다.

인과 나팔 재앙은 인간의 욕심으로 빚어진 자연계의 파괴가 있을 것이다. 땅의 파괴는 지구의 온난화로 이어지고 기근이 있을 것이며, 그에 따라 전쟁이 있을 것이다. 첫째 재앙은 땅과 수목의 1/3이 타게 될 것이다. 둘째는 전쟁으로 인한 환경오염으로 바다의 1/3이 파괴된다. 셋째는 강과 물의 1/3에 수질 오염이 있게 된다. 넷째, 해와 달과 별 1/3이 비췸이 없어 어두워지는 대기 오염이 있을 것이다. 지구에 임한 재앙은 결국 인간의 욕심 때문이고, 이 때문에 자연의 심판이 있을 것이다. 예수님은 곳곳에 기근과 지진 그리고 전쟁은 재난의 시작을 알리는 신호이고, 땅 끝까지(이스라엘) 복음이 전파되고 나면 그제야 끝이 올 것이라고 하셨다. 마지막 늦은 비 성령의 대 부흥이 일어나 유대인은 대규모로 회개하며 주께로 돌아올 것이다(6-16장). 복음의 물결은 물이 바다를 덮음과 같이 여호와를 인정하는 부흥의 날이 오게 될 것이다. 생수의 강이 흘러 이스라엘은 소생하게 될 것이다. 이 일은 성령의 비를 내림으로써 가능하다. 이스라엘에서는 이른 비와 늦은 비가 내린다. 늦은 비는 여름에 가뭄으로 곡식들이 말라갈 때 추수를 위해 내려지는 엄청난 소나기를 말한다. 늦은 비 성령의 은혜가 폭포수같이 임할 것이다. 이방인이 충만하게 돌아오는 사역과 이스라엘의 구원을 위한 복음의 물결에 당신도 동참하지 않겠는가? 우리는 복음을 이스라엘까지 전파하기 위해 마지막 시대에 마지막 사명에 부름을 받았다.

반면 음녀 바벨론은 결국 하나님의 심판으로 무너질 것이다(17-18장). 그러나 하나님의 백성들은 에덴동산이 완전히 회복된 새 하늘과 새 땅에서 살게 될 것이다. 이 땅에서의 사망이나 애통, 아픈 것이 사라지고, 하나님과 함께 살게 될 것이다.

성경관통 _ 음녀와 두 증인의 실체는 무엇인가?

음녀는 하나님의 말씀을 왜곡시키며 비진리로 배도를 일으키는 세력이다. 이 시대에 종교다원주의 사상이 음녀 역할을 하고 있다. 종교다원주의 사상이란 타종교의 다양성을 인정하고 세계화를 이루자는 것이다. 그리하여 음악, 경제, 종교의 통합운동을 유도하는 이론으로 모든 종교에 구원이 있다는 주장이다.

최초의 음녀를 예표하는 하와는 “동산 각종 나무의 실과는 네가 임으로 먹되 선악을 알게 하는 나무의 실과는 먹지 말라 네가 먹는 날에는 정녕 죽으리라”는 말씀을 마음대로 빼고 더하기도 하였으며 ‘죽을까 하노라’로 하며 말씀까지 약화시켰다. 앞으로 거짓 선지자와 선생이 많이 나타나 큰 표적과 기사를 행하여 할 수만 있으면 성도들을 미혹하려 할 것이다. 하나님의 말씀으로부터 멀어지게 하고 하나님을 등지게 만들려고 할 것이다.

그러나 두려워하지 말라. 하나님은 음녀와 거짓 선지자들을 이길 수 있는 일꾼들을 세워 반드시 승리하도록 하실 것이다! 이 일꾼이 바로 ‘두 증인’이다. 그들은 예수님으로부터 권세를 받아 놀라운 성령의 대부흥의 역사를 일으킬 것이다. 두 증인은 다시 오실 예수를 예비하며 추수의 사명을 감당하는 일꾼들이다.

	세례요한	두 증인
시 작	회개하라 천국이 가까왔느니라	권세를 가지고 땅을 칠 것이다
사 역	초림 예수를 선포	다시 오실 예수를 선포
결 과	예수님이 큰 자라는 칭찬 받음	하늘로 올라감, 영광 돌림

역사는 하나님의 무대이다 _ 교회역사

요한이 일곱 교회에 보낸 편지에는 세 가지 해석이 있다. 당시 7교회로 한정, 전 세계 모든 교회, 신약시대 7구분으로 해석이 있다. 이 편지는 일차적으로 일곱 교회에 보내진 역사적 편지이며, 현재 전 세계의 모든 교회에게 주시는 진리의 말씀이다. 7시대로 나누기도 한다. 필자는 세 가지 종합 해석을 지지한다. 신약시대를 7개로 구분하는 것은 어려움이 있지만, 참고할만한 자료가 되기 때문에 소개하고자 한다.

우리가 기억해야 할 것은 책망이 있는 교회에게도 이기는 자들에게 축복의 약속이 있다는 것이다. 이기는 자는 21-22장의 축복을 받게 될 것이다. 2-3장에 회개할 기회가 주어지지만 21-22장에서는 기회가 없다. 지금이라도 주님의 책망을 받아들이고 삶을 바꾸는 자가 이기는 자이다.

교회	에베소교회	서머나교회	버가모교회	두아디라교회	사데교회	빌라델비아	라오디게아
예표	초대교회시대	순교시대	국교시대	암흑시대	종교개혁시대	선교시대	종말시대
화폐	열매	면류관	사단의 위	주문	두루마리	열린 문	닫힌 문짝
주님 모습	일곱별 붙잡고 일곱 금촛대 사이 다니시는 이	처음이요 나중이요 죽었다가 살아나신 이	좌우에 날선 검을 가지신 이	눈이 불꽃, 발이 주석과 같은 하나님의 아들	하나님의 일곱 영과 일곱별을 가지신 이	거룩하고 진실하사 다윗의 열쇠를 가진 이	아멘이요 충성, 참된 증인, 창조의 근원이신 이
칭찬	행위, 수고, 인내 악한 자, 거짓 선지자 드러냄	철저한 환난과 궁핍 가운데 신앙을 지킴	예수 이름을 굳게 잡고 배반치 않음	사업사랑, 섬김 나중 행위가 처음보다 나음	옷을 더럽히지 아니함	적은 능력을 가지고 지킴 이름 배반 안함	없음
책망	처음 사랑을 버림	없음	우상 재물을 먹음. 행음 니골라당 용납	이세벨을 용납	살았다 하는 이름 가졌으나 죽은 자의 행위	없음	미지근한 신앙 곤고, 가련, 가난 벌거벗음 모름
권고	처음 사랑을 가지라. 회개하라	죽도록 충성하라	회개하라	내가 올 때까지 굳게 잡으라	회개하라 어떻게 받고 들었는지 생각	가진 것 굳게 잡아 내 면류관 빼앗지 못하게	불로 연단한 금을 사라. 흰옷 사라 안약 바르라
약속	낙원에 있는 생명나무 열매를 줌	생명의 면류관 둘째 사망의 해를 면함	만나와 흰 돌을 줌	새벽별을 줌 철장 권세	생명책에 이름 흐리지 않음 이름을 시인함	성전의 기둥될 것	더불어 먹으리라 보좌에 함께 앉게 하심

이광복 '성경 종말론'

에베소 교회는 초기 기독교시대에 매우 주도적인 역할을 담당한 도시에 있었다. 에베소는 '인내.' '미끄러지다'의 의미로 첫사랑을 통하여 세워졌기에 사도들과 성도들의 인내가 대단한 교회였다. 그러나 이 에베소교회는 처음 사랑을 잃어버린 초대교회인 사도시대의 교회와 잘 부합된다. 당시 에베소는 경제적 부요로 화폐 디자인은 '나무 열매'였다. 그것은 초대 교회가 예수님 부활 후에 남긴 열매와 같음을 예표한다.

서머나 교회는 에베소와 더불어 쌍벽을 이룰 정도의 아름다운 도시에 있었다. 서머나는 "씀"이라는 뜻이며, 당시 화폐 디자인은 '면류관'으로 순교시대 모습을 예표한다. 당시 황제 숭배가 시행되어 교회는 핍박을 받았고 지도자였던 폴리갑이 순교하였다. 당시 서머나 교회 성도들은 신앙 때문에 '궁핍'하였다. 이에 주님께서는 "실상은 부요한 자"라고 위로를 하셨다.

버가모 교회는 비옥한 강의 계곡을 끼고 지중해를 볼 수 있는 문화와 예술의 도시에 있었다. 로마의 속령으로 이탈리아 족의 수도로서 '헬라 문명의 가장 아름다운 꽃'으로 불리었다. 버가모 교회는 로마 정부로부터 국교로 공인되자 정치와 교회가 야합하여 급속한 타락을 가져왔던 국교시대를 예표한다. 버가모 시의 화폐 디자인은 '보좌 위에 뱀'이 그려져 있다. 로마 정부에 의한 안디바의 순교에도 신앙에 흔들림이 없었던 그들은 칭찬받았지만, 교회의 머리가 되신 주님의 두 가지 책망을 들어야만했다. 그것은 발람의 교훈을 따라 정치와 야합하여 신앙의 정절을 버렸다는 것이며, 이방 종교의 관습인 니골라당을 용납했다는 것이다.

두아디라 교회는 버가모와 사데를 잇는 길목에 위치해 있어 비잔티움을 잇는 중요 도시에 위치해 있다. 당시 만연하였던 우상숭배의 제사를 중지하지 않고 계속 드려 신앙의 문제가 있었다. 발굴된 비문 등에서 발견할 수 있는 것은 로마 통치 아래에서 제조업과 시장이 발달 되었다는 것이다. 이런 두아디라 화폐에는 '주문'이 적혀 있었다. 이는 이교와 연합하여 우상 숭배가 만연했던 중세 암흑시대를 예표한다. 두아디라 교회는 학교와 교회를 세우는 일로 주님의 칭찬을 받았다. 중세 암흑시대에 카톨릭이 양로원과 학교 세우는 일을 주로 하였기 때문에 칭찬을 받았다. 그러나 주님은 '자칭 선지자라는 하는 이세벨을 용납한 것'에 대해 책망하셨다. 중세 암흑을 예표하는 카톨릭은 431년에 마리아에게 하나님의 모친이라는 칭호를 부여 하였고 마리아 승천설까지 만들었다. 주님이 '그에게도 회개할 기회를 주었다'는 것에는 길이 참으시는 하나님의 사랑을 볼 수 있다. 주님은 회개를 촉구하셨다.

사데 교회는 높은 암벽으로 둘러싸인 천연 요새지이고 험준한 곳에 위치한 사데 도시에 있었다. 이 도시는 주전 17년에 끔직한 지진이 있었고, 티베리우스 황제가 특혜를 베풀어 재건된 도시이다. 사데의 이름은 '새로 태어난' 또는 '새로 되다'라는 뜻으로 대체적으로 '개혁'이라는 의미로 표현되었다. 사데의 디자인은 '생명책'으로 종교개혁으로 말씀을 찾을 것을 예표적으로 보여준다. 주님은 '옷을 더럽히지 아니한 몇 명'으로 당시 만연하였던 신전 제사에 가담하지 않는 것을 칭찬하셨다. 이는 복음적으로는 신앙의 정절을 지킨 것을 말한다. 그러나 '살았다 하는 이름은 가졌으나 죽은 자'라는 책망을 받았다. 그 이유를 바클레이는 "천연적인 요새지로서 요새의 힘만 의지하며 안일함 속에서 두 번이나 함락되었던 역사적인 사실에서 찾을 수 있다"고 하였다.

빌라델비아교회는 아시아의 일곱 도시 중에 짧은 역사를 지니고 있으며, 무역로의 교차지점에 위치한 변방의 국경 도시에 있었다. 빌라델비아는 '형제사랑'이라는 뜻으로 미국의 최초 수도 이름이기도 하다. 이것은 미국의 주도 아래 전 세계에 복음을 전파한 선교시대를 예표한다. 짧은 시간 동안 번창하였던 이 도시는 한쪽은 군사 요새지가 있고 동북쪽에는 넓은 농장 재배 단지가 있었다. 당시 화폐의 디자인은 '열린 문'으로 선교시대를 예표한다.

빌라델비아 교회는 책망이 없고 칭찬만 있는 교회이다. '적은 능력을 가지고도 예수의 계명을 지켰을 뿐만 아니라 그 이름을 배반치 않은 것'이다. 이렇게 큰일을 할 수 있던 비결은 주님께서 열린 문을 두사 능히 닫을 자가 없게 하셨기 때문이다.

라오디게아 교회는 활발하게 발달된 도로망 덕분에 무역과 상업이 발달된 도시에 자리 잡고 있었다. 이광복은 "이 도시 이름은 '민중의 비유를 맞추다'라는 민주주의 의미가 있다"고 하였다. 상업의 요충지로 은행과 재정의 중심지여서 주님의 '자칭 부요한 자'라는 명칭을 얻을 만하였다. 화폐는 '닫힌 문짝'으로 현대 교회를 예표한다. 타협한 이들에게 주님의 칭찬은 없었고 책망만 있었다. 미지근한 이들을 두고 "내 입에서 너를 토하여 내치리라"고 경고하셨다. 자칭 부자라는 영적 자만에 빠진 이들에게 "네가 열심을 내라 회개하라"고 권면하셨다. 그리하여 문 밖에서 두드리고 계신 주님의 음성을 듣고 맞이하여 더불어 먹으리라고 하셨다. 여기서 '먹으리라'는 것은 당시 저녁식사를 말하는 것으로 저녁밥은 종말을 상징한다. 시대를 분별하는 자가 지혜로운 자이다.

한 가지 주목할 만한 사실은 우리 시대의 교회 모습이 라오디게아 교회가 처한 상황과 비슷하다. 물질적으로 풍부하지만 열정이 부족하다는 것이다. 종말 의식을 가지고 주님과 의 교제 회복이 시급한 과제다

Acts 29 _ 마지막 시대, 마지막 사명

하나님의 목적을 알게 되면 당신의 존재목적을 발견하게 된다. 우리가 이 세상에 태어난 것은 절대로 우연이 아니다. 하나님이 쓸모없다고 생각하셨으면 이 세상에 우리가 태어나지도 않게 하셨을 것이다. 이 세상에 태어났다면 반드시 사명이 있다. 하나님을 만나면 목적을 알게 되고 자신의 존재 이유를 알게 될 것이다.

예수님은 목적을 가지고 이 땅에 오셨고 그 목적을 이루기 위해 목적 지향적인 삶을 사셨다. 예수님은 "인자가 온 것은 잃어버린 자를 찾아 구원하려 함이니라"고 분명하게 말씀하셨다(눅 19:10). 바로 나를 구원하고 인류를 구원하려고 오신 것이다. 나를 구원하신 주님은 각자에게 목적을 주셨다. 우리는 그 목적을 찾고 이루어 내는 사명을 받았다. 그것은 바로 영혼을 구원하는 일이다.

"하지만 저는 부족한 것이 많아서." "너무 바빠서 시간이 없어요." "성공하면 한번 해보겠습니다"라고 핑계를 대는 사람이 많다. 사람들이 핑계를 대는 이유는 혼자서는 감당하기 힘들기 때문이다. 솔직히 혼자서는 하기 힘든 일이다. 이에 이 일을 이루기 위해 하나님께서는 교회를 세우셨다. 교회는 함께 세계를 복음화하고 열방을 구원하는 일을 감당해야 한다. 이 목적은 성령의 도우심이 있어야 가능한 일이다. "오직 성령이 너희에게 임하시면 너희가 권능을 받고 예루살렘과 온 유대와 사마리아와 땅 끝까지 이르러 내 증인이 되리라"고 하셨다(행 1:8). 성령의 능력이 함께 할 때 땅 끝까지 복음을 전할 수 있게 되기 때문이다.

이 비전을 이루기 위해 Acts 29가 필요하다. Acts 29란? 사도행전에 바울이 하나님 나라를 전파하고, 주 예수 그리스도에 관한 것을 가르치는 사역이 28장까지 기록되어져 있지만, 이제 우리가 계속해서 사도행전 29장의 역사를 진행해 나아가자는 뜻이다. 사도행전 29에 동참함으로 최후에 웃는 자가 승리자가 되지 않겠는가?

예수님께서는 “너희가 천기는 분별할 줄 알면서 시대의 표적을 분별할 수 없느냐”라고 말씀하시면서 시대를 분별하라고 하셨다(마 16:3). 또 “무화과나무의 비유를 배우라 그 가지가 연하여지고 잎사귀를 내면 여름이 가까운 줄을 아나니 이와 같이 너희도 이 모든 이을 보거든 인자가 가까이 곧 문 앞에 이른 줄 알라”고 말씀하셨다(마 24:32-33). 예수님께서 무화과나무의 비유를 배우라고 말씀하신 까닭은 그것이 중요하기 때문이다. 따라서 우리는 그것을 배워야 한다. 무화과나무는 이스라엘을 상징하는 나무이다. 이스라엘 무화과나무 열매는 1년에 두 번 맺힌다. 첫 열매는 이른 봄에 열매가 열리는데 이것은 먹지 못하는 열매이다. 두 번째 열매는 여름 절기 6월에 열매를 수확한다. 여름이란 단어는 알곡을 거두어들이는 시기로 곧 ‘종말’이라는 단어의 의미를 가지고 있다. 무화과나무는 이스라엘 민족의 미래 회복을 말한다.

이스라엘이 1948년에 독립한 것은 세계 역사 속에서 상상을 뒤엎는 사건었이다. 이 사실은 주님의 재림의 때가 임박해 오고 있음을 보여주는 징조임을 부인할 수 없다. 가지가 연하여지고 싹이 나는 것은 이스라엘의 독립을 통해 하나님이 역사를 주관하시고 계심을 보여주고, 우리에게 주님의 재림을 알리는 징조임이 증명된 것이다. 이스라엘 백성(씨)은 1948년 독립하여 전 세계에 살고 있는 유대인들이 귀환하였다. 1967년 6일 전쟁에서 승리함으로 성읍이 있는 예루살렘(땅)을 회복하였다. 이젠 하나님의 약속(뜻)이 성취될 날만을 기다리고 있다. 하나님의 뜻은 유대인들이 회심하여 주님께로 돌아오는 것이다.

여기에서 주목할 것은 "무화과나무와 모든 나무를 보라"고 하셨는데 모든 나무는 모든 나라를 상징하는 것을 볼 수 있다. 1,2차 세계 대전 이후에 약 100개국이 독립하였으며 이젠 지구상에 식민지 국가는 없다. 주님은 모든 민족에게 복음이 증거 될 것을 예언하였다. 성경번역선교회는 2030년에 모든 민족에게 성경을 보급하고자 하는 목표를 가지고 사역을 하고 있다. 주님의 재림이 이루어 지기 위해서는 모든 민족에게 복음 전파 하는 것과 이스라엘 회심이라는 두 바퀴가 있다. 지금 세계 선교는 활발하게 이루어지고 있으며, 이스라엘의 회심의 역사가 일어나기만을 기다리고 있다.

그러나 "이스라엘이 저렇게 완악한데 과연 구원받을 것인가?"라고 의문을 품는 사람이 있다. 바울은 "이방인의 충만한 수가 구원받을 때까지 이스라엘은 더러 완악하게 된다"고 말하였다. 이것은 유대인이 넘어짐으로 도리어 이방인이 구원받아 이스라엘로 시기 나게 하려는 하나님의 의도가 숨겨져 있는 것이다(롬 11:11). 주님께서 "성령이 임하면 권능을 받고 예루살렘과 온 유대와 사마리아와 땅 끝까지 이르러 내 증인이 되리라"고 하셨다. 복음은 서쪽으로 진행되고 있는 물결과 같다. 이것은 멈출 수 없다. 결국 다시 이스라엘로 흘러들어가게 될 것이다. 이 복음의 물결은 물이 바다를 덮음과 같이 여호와를 인정하는 부흥의 날이 오게 될 것이다. 생수의 강이 흘러 이스라엘은 소생하게 될 것이다. 우리는 복음을 모든 민족과 이스라엘까지 전파하기 위해 마지막 시대에 마지막 사명에 부름을 받았다. 기회는 바로 지금이다. Acts 29를 이루기 위해 말씀으로 무장하고 성령의 능력으로 나아가야야 한다. 때가 가까왔다. 복음 들고 땅 끝까지 나아가자!

<table>
<tr><th colspan="2">남 유다</th><th colspan="2">북 이스라엘</th></tr>
<tr><th>왕</th><th>선지자</th><th>선지자</th><th>왕</th></tr>
<tr><td>1. 르호보암</td><td rowspan="6">스마야
잇도 선견자</td><td rowspan="2">아히야</td><td>1. 여로보암 ●</td></tr>
<tr><td>2. 아비얌</td><td>2. 나답</td></tr>
<tr><td rowspan="4">3. 아사 ★</td><td rowspan="3"></td><td>3. 바아사 ●</td></tr>
<tr><td>4. 엘라</td></tr>
<tr><td>5. 시므리</td></tr>
<tr><td rowspan="2">엘리야</td><td>6. 오므리 ●</td></tr>
<tr><td>4. 여호사밧 ★</td><td rowspan="3">아하시엘
오바댜</td><td>7. 아합</td></tr>
<tr><td>5. 여호람</td><td rowspan="4">엘리사</td><td>8. 아하시야</td></tr>
<tr><td>6. 아하시야</td><td>10. 여호람(요람)</td></tr>
<tr><td>7. 아달랴</td><td rowspan="3">요엘</td><td>11. 예후 ●</td></tr>
<tr><td>8. 요아스 ★</td><td>12. 여호아하스</td></tr>
<tr><td>9. 아마샤 ★</td><td rowspan="2">호세아
요나</td><td>13. 요아스</td></tr>
<tr><td rowspan="5">10. 웃시야 ★
(아사랴)</td><td rowspan="8">이사야
미가</td><td>14. 여로보암 2세</td></tr>
<tr><td rowspan="2">아모스</td><td>15. 스가랴</td></tr>
<tr><td>16. 살룸</td></tr>
<tr><td rowspan="4"></td><td>17. 므나헴 ●</td></tr>
<tr><td>18. 브가히야</td></tr>
<tr><td>11. 요담 ★</td><td>19. 베가</td></tr>
<tr><td>12. 아하스</td><td>20. 호세아</td></tr>
<tr><td>13. 히스기야 ★</td><td colspan="2" rowspan="8">왕국 분열 - 931년(구세주여 하나되게)
북이스라엘-앗수르에 의해
722년(치리리 받아) 멸망
남유다- 586년(오팔려) 바벨론에 포로
★ 유다의 8명의 선한 왕
● 북왕조 창설한 왕</td></tr>
<tr><td>14. 므낫세</td><td rowspan="3">나훔
스바냐</td></tr>
<tr><td>15. 아몬</td></tr>
<tr><td>16. 요시야 ★</td></tr>
<tr><td>17. 여호아하스</td><td rowspan="2">예레미야
하박국</td></tr>
<tr><td>18. 여호야김</td></tr>
<tr><td>19. 여호야긴</td><td rowspan="2">에스겔, 다니엘</td></tr>
<tr><td>20. 시드기야</td></tr>
</table>

구약을 손으로 기억한다

창세기 _시작

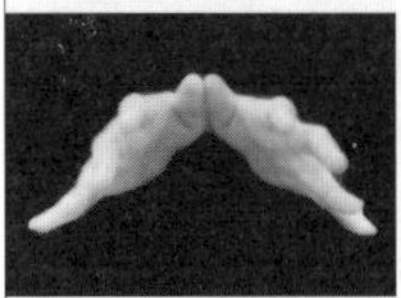

출애굽기 _탈출

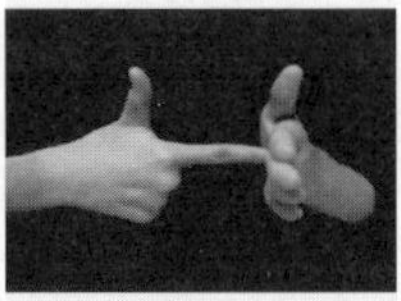

레위기 _예배

민수기 _방황

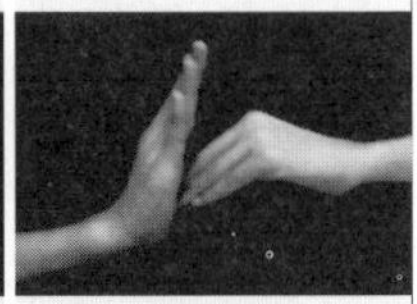

신명기_순종

여호수아_정복

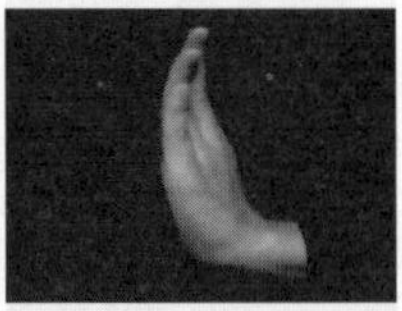

사사기_악순환

룻기_헌신

사무엘상_사울(무심)

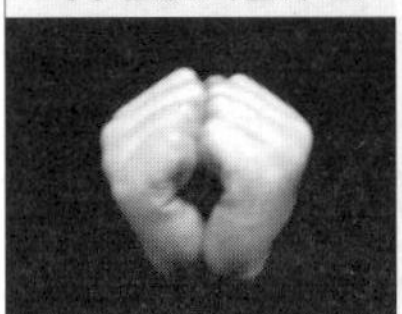

사무엘하_다윗(전심)

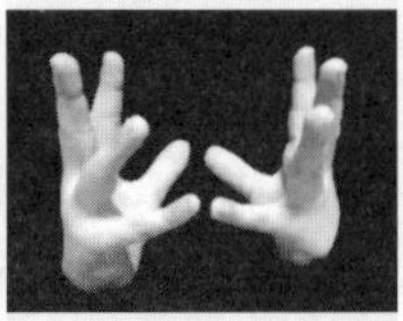

왕상_솔로몬(반심)

왕하_분열

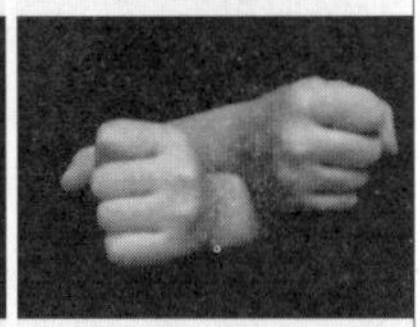

역대상_다윗 왕 보라

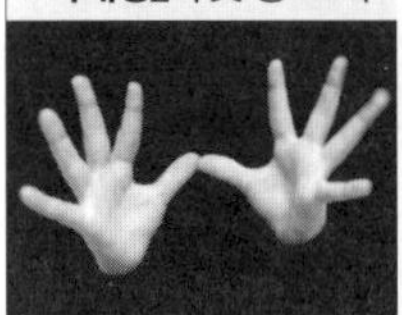

역대하_유다 왕 보라

에스라_성전 재건

느헤미야_개혁

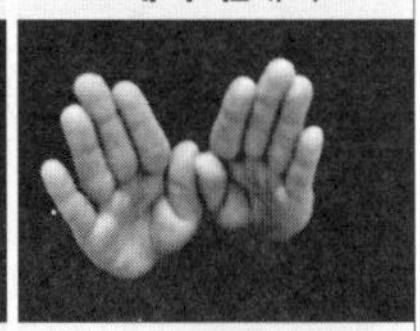

에스더_위기 전환

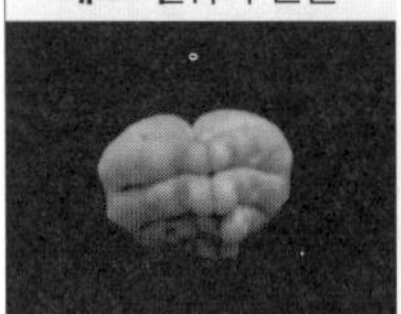

욥기 _고난

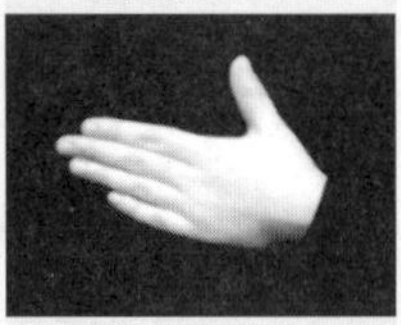

시편_찬양

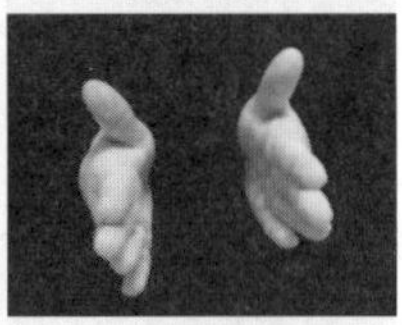

잠언_지혜

전도서_만족

아가서_연애

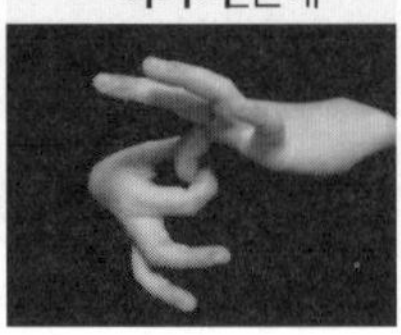

이사야_구원

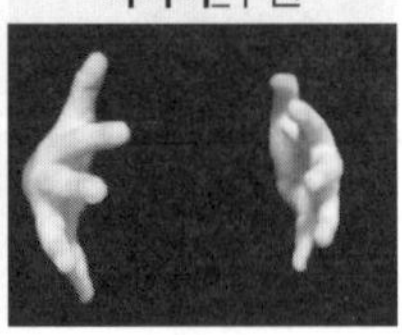

예레미야_멸망

예레미야 애가_눈물

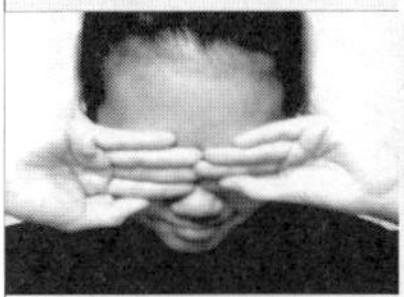

에스겔_회복

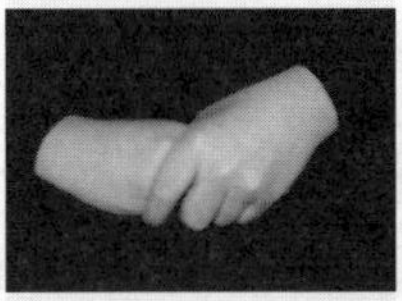

다니엘_형통

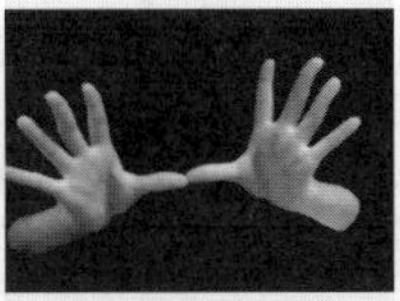

호세아_사랑의 줄

요엘_성령 약속

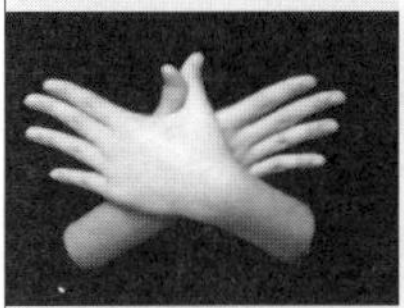

아모스_공의 세움

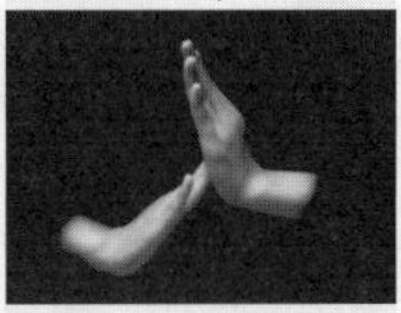

오바댜_에돔 no!

요나_물고기

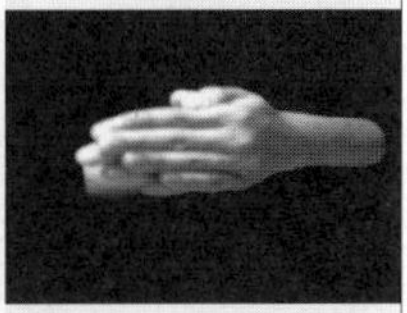

미가_심판의 날

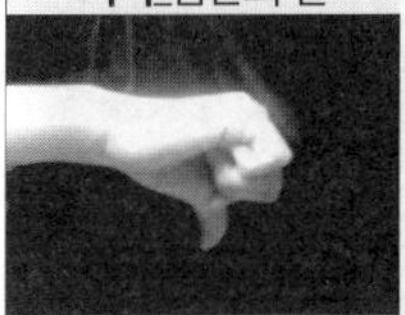

나훔_니느웨 쓸어버림

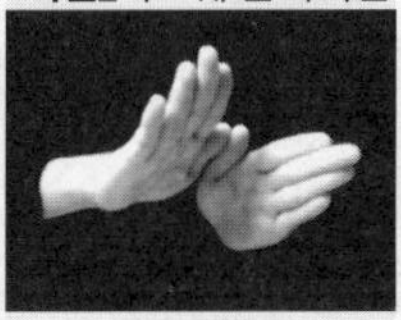

하박국_오직 믿음

스바냐_여호와의 날

학개_성전 건축

스가랴_메시아

말라기_십일조

신약을 손으로 기억한다

마태복음_왕

마가복음_종

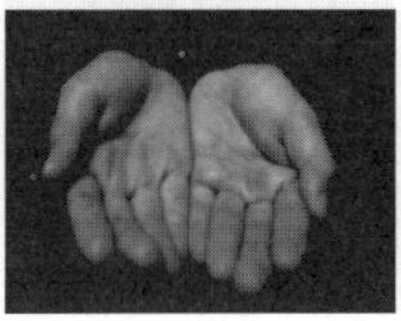

누가복음_인자

요한복음_아들

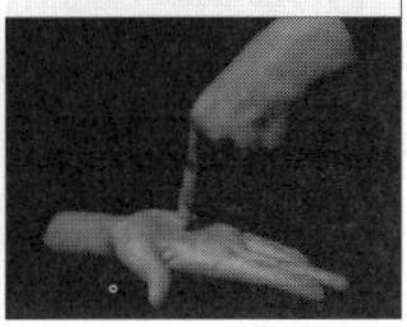

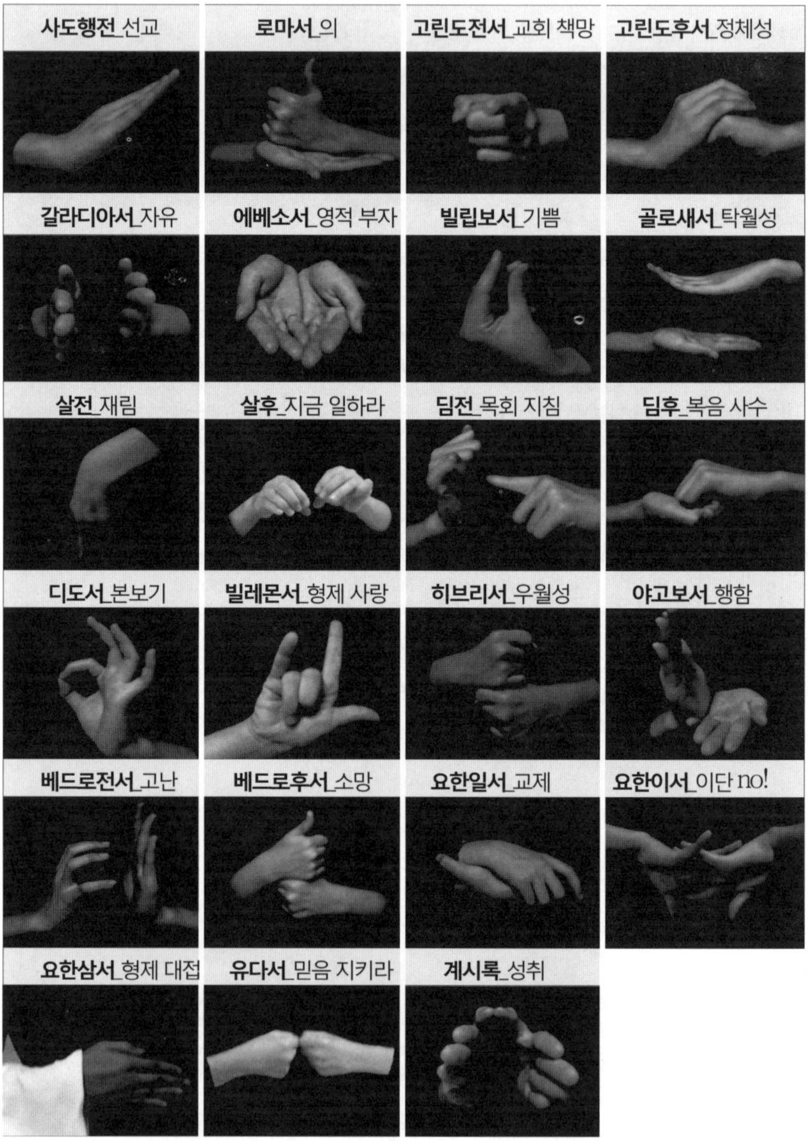

손 모양은 양승헌 교수의 '한눈에 보는 성경' 을 참고하여 만들었음

구약 성경 읽기 _ 3개월, 6개월, 9개월 코스

주	주	본문	장수	시간	월	화	수	목	금	토	암송
1	1	창	50	2:40	1-11	12-21	22-27	28-36	37-44	45-50	12:2-3
	2	출	40	2:10	1-8	9-18	19-24	25-29	30-34	35-40	19:5-6
2	3	레	27	1:32	1-5	6-10	11-16	17-22	23-25	26-27	19:2
	4	민	36	2:12	1-5	6-12	13-19	20-22	23-27	28-36	20:12
3	5	신	34	2:00	1-4	5-11	12-18	19-26	27-31	32-34	10:12-13
	6	수	24	1:20	1-4	5-8	9-12	13-17	18-21	22-24	1:8
4	7	사·룻	25	1:32	1-2	3-8	9-12	13-16	17-21	룻기	룻1:16
	8	삼상	31	1:50	1-5	6-10	11-15	16-20	21-27	28-31	18:7
5	9	삼하	24	1:30	1-4	5-10	11-14	15-18	19-22	23-24	7:16
	10	왕상	22	1:35	1-4	5-7	8-11	12-16	17-19	20-22	9:4-5
6	11	왕하	26	1:24	1-4	5-8	9-13	14-17	18-24	25-26	23:27
	12	대상	29	1:35	1-4	5-9	10-16	17-21	22-25	26-29	29:11
7	13	대하	36	1:50	1-4	5-9	10-16	17-25	26-33	34-36	7:14
	14	스느에	33	1:40	스1-6	7-10	느1-7	8-13	에1-4	5-10	스7:10
8	15	욥기	42	1:30	1-6	7-14	15-21	22-26	27-37	38-42	37:23-24
	16	시편	150	3:30	1-12	13-24	25-41	42-55	56-66	67-72	시1:1-3
9	17	시편			73-89	90-106	106-118	119	120-135	136-150	시23:1-3
	18	잠언	31	1:12	1-4	5-9	10-16	17-23	24-29	30-31	1:5-6
10	19	전·아	20	1:10	1-3	4-6	7-12	아1-3	4-5	6-8	잠12:13
	20	사	66	3:10	1-12	13-23	24-35	36-39	40-52	53-66	53:6
11	21	렘·애	58	3:00	1-12	13-25	26-36	37-44	45-52	애가	7:23-24
	22	겔	48	2:40	1-11	12-24	25-32	33-36	37-39	40-48	36:26
12	23	단·호	26	1:30	1-4	5-7	8-12	호1-3	4-7	8-14	단2:21-22
	24	선지서	53	2:30	욜·옵	암	욘·나	미·합	습·학	슥·말	욘4:11

* 참고: 읽는 장절 수는 가급적 제목 단위, 문맥 단위로 나눔으로 장수가 다르다.

1. 구약– 총 929장 52시간, 신약–총 260장으로 18시간 소요 된다.
2. 구약 6개월 코스(2 학기 코스)는 강의 마친 후에도 방학기간 동안 성경을 읽을 수 있다.
3. 구약 3개월 코스(1 학기 코스)는 강의와 함께 역사서 위주로 성경 읽기를 하는 것이 좋다.
4. 주일 마다 성경 공부를 할 경우 40주–52주로 강의를 진행할 수 있다.
5. 일년 일독 성경을 추천함 – 구약 9개월, 신약 3개월 과정을 이용하면 된다.
6. 성경 읽기를 너무 무리하게 진행하면 힘들다. 참석자의 분량에 따라 진행하면 좋다.
7. 성경 읽기는 성령의 도우심이 절대적으로 필요하므로 기도를 하면서 진행하세요.

신약 성경 읽기_ 50일, 3개월, 6개월 코스

주	주	본문	장수	시간	월	화	수	목	금	토	암송
1	1	마	28	1:40	1-4	5-10	11-15	16-20	21-24	25-28	16:16-17
	2	막	16	1:06	1-3	4-6	7-8	9-12	13-15	16	10:43
2	3	눅	24	1:50	1-4	5-9	10-13	14-16	17-19	20-24	19:10
	4	요	21	1:30	1-4	5-9	10-12	13-14	15-17	18-21	3:16-17
3	5	행	28	1:45	1-3	4-7	8-12	13-18	19-26	27-28	1:8,28:31
	6	롬	15	48분	1-2	3-4	5-8	9-11	12-13	14-16	1:16-17
4	7	고전후	29	1:20	1-6	7-11	12-16	고후1-7	8-9	10-13	고후5:17
	8	갈엡빌	15	45분	갈1-4	5-6	엡1-3	4-6	빌1-2	3-4	갈2:20
5	9	골살후	12	30분	골1-2	3-4	살전1-3	4-5	살후1	2-3	살전3:13
	10	딤디빌	14	32분	딤전1-3	4-6	딤후1-2	3-4	디도서	빌레몬	딤후3:16-17
6	11	히·약	18	50분	히1-3	4-7	8-10	11-13	약1-4	5-6	히12:2
	12	벧요유	16	40분	벧전1-3	4-5	벧후1-3	요일	요이삼	유	요일5:12
7	13	계	22	48분	1-3	4-5	6-9	10-14	15-20	21-22	계1:19

성경의 맥 관통 세미나

초급	구약 초급반		
	월	화	수
오전	창세기-요셉	역사서-여호수아	서신서-엘리야
오후	성경 관점	역사서-다윗	총정리
저녁	출애굽기-모세	선지서-다니엘	

신약 초급반		
월	화	수
복음서1	사도행전	서신서3
복음서2	서신서1	계시록
복음서3	서신서2	

중급	월	화	수	목
오전	성경 관점	역사서1	선지서2	복음서2
오후	모세오경1	역사서2	시가서	서신서
저녁	모세오경2	선지서1	복음서1	계시록

* 일정은 변경 될 수 있음

1. **성경의 맥 관통 세미나**는 초급반, 중급반, 고급반을 따로 운영합니다.

   고급반- 지도자 과정으로 성경 구조 분석과 각장 이미지 설명을 자세히 합니다.

2. **성경의 맥 통독 집회**는 강의와 성경통독을 함께 진행합니다.

3. **강의 초청 및 문의** www.3927ok.com, 825491@naver.com